日本史の現在6

近現代②

山川出版社

『日本史の現在』(全6巻)刊行にあたって

二〇二〇年から始まった新型コロナウイルス感染症の拡大、二〇二二年に起きたロシアによるウクライナ侵攻、二〇二三年のパレスチナ・イスラエルの紛争の激化など、予想もできなかった事態がつぎつぎと起こり、私たちは、世界が、日本がどこに向かっていくのかわからない、きわめて不安な時代に暮らしています。その中で改めて歴史を考えることが重要なのではないでしょうか。現在に生きる私たちは、過去の「歴史」に問いかけることで、未来への手がかりを探すことができるのです。

「歴史」は日々、様々な研究がなされ、その積み重ねのもとに形成されていきます。ただ、歴史叙述は決して不変のものではなく、新史料の発見や史料の解釈、発掘調査などの研究の進展により、書き改められていくのです。

身近なところで、歴史の教科書を例にとってみると、数十年前と今現在とでは、記述内容が変わっている箇所が少なくありません。もちろんそれは書き手による叙述の違いが理由の一つではありますが、その背後にはいくつもの研究と、その積み重ねがあります。また、一つの歴史事象をめぐっても、多角的な見方・考え方があり、その事象をどのようにとらえるか、どのように評価するか、研究者のあいだでも議論があります。

ただ、そうした研究の進展や議論のすべてが教科書に記述されるわけではありません。そこで、本企画『日本史の現在』では、そうした日本史における研究・議論を、第一線で活躍している研究者に分かりやすく解説してもらい、日本の歴史学の「現在」を読者にみなさんに紹介することにしました。本書が、日本史の研究を志す方々や、歴史教育に携わる方々、さらに日本史に少しでも興味があるすべての人に、届くことを願っています。そして、日本史を学ぶための、そしてこれからの未来を切り開くための手がかりとなれば、幸いです。

なお、本シリーズは分野・時代区分ごとに以下の6巻構成としました。
『日本史の現在1　考古』／『日本史の現在2　古代』／『日本史の現在3　中世』／
『日本史の現在4　近世』／『日本史の現在5　近現代①』／『日本史の現在6　近現代②』

二〇二四年四月

『日本史の現在』編集委員
設楽博己　鈴木　淳
大津　透　山口輝臣
高橋典幸　沼尻晃伸
牧原成征

はじめに

6巻(近現代②)は、主として、昭和戦時期から戦後に至る日本近現代史を対象としている。近現代史全体に関わる総論的な解説に関しては、5巻(近現代①)「はじめに」をお読みいただければ幸いである。ここでは、おもに6巻の特徴について、本巻において設定したテーマを紹介しつつ述べておくことにしよう。

最初に指摘しておきたいことは、本巻は昭和戦時期から戦後を対象としているが、同時に視点別テーマを設定している点である。具体的に述べれば、テーマ18〜30は、時代順にテーマを配列しており、その後半は戦後史を対象としたテーマとなる。これに対して、テーマ31〜34は視点別に近現代史を見通すテーマとなっている。視点別のテーマを挙げれば、「31 公害と環境史」「32 多民族社会としての日本」「33 財閥、独占、財閥解体、企業グループ」「34 感染症と衛生」であり、各テーマに即して近世や明治期にまでさかのぼって叙述されている。視点別のテーマは、近年の時代状況の中で、現状のこれらの問題群への関心が高まっているテーマでもある。そのような問題関心を、どのように歴史に投影すればよいのか。歴史のどの時期にどのようにフォーカスし、長期的スパンから理解すればよいのかという点は、必ずしも自明ではない。本巻の各論稿は、これらの点について解き明かしてくれている。テーマ18〜30に関しても、近代を含む長期的スパンで執筆されている場合がある。これも同様の理由からである点、ご了解願いたい(この点は、5巻「はじめに」も参照されたい)。

テーマ18〜30に関しては、「18 日本の戦時体制をどうとらえるか」「19 日本における共産主義運動」「22「東亜新秩序」と「大東亜共栄圏」」「26 地主・小作関係と農地改革」「27 象徴天皇制をどうとらえるか」「30 高度経済成長期の社会変容」など、教科書においてもなじみ深いテーマを中心に取り上げた。他方で、「20 近代の公娼制度」「23「国家神道」と諸宗教」「28 戦後家族とジェンダー」など、教科書にあまり登場しない、あるいはその叙述が十分とはいえない項目も設定した。その詳細に関しては各論稿をご確認いただきたいが、本シリーズ「日本史の現在」全体を通してのねらいである「一つの歴史事象をとっても、多角的な見方・考え方がある」という場合に、そこでの一つの「歴史事象」自体が、固定的に——あるいは「分析用語」としての枠組みから——理解されてきた場合がある点に、読者は気づかされよう。

「多角的な見方・考え方」をとくに意識して設定したテーマとしては、国際的連関——なかでも第二次世界大戦後における東アジアの中の日本に視点をすえたテーマを挙げることができる。「24 戦争責任・戦後責任と東アジア」「29 東西冷戦下の東アジア、沖縄と日本」などがそれにあたる(視点別のテーマである「32 多民族社会としての日本」も、このことに深く関わる)。これらのテーマから見れば、戦前の植民地支配と戦争との関連、さらには東西冷戦とその中での沖縄の位置との関連から、戦後日本の姿が浮き彫りになる。このような「多角的な見方・考え方」は、本巻のほかの論稿においても見出すことができよう。一例として、「25 戦後史をどのように時期区分するか」では、時期区分の相違とその背後にある歴史の見方・考え方の検証を行っている。歴史に対する見方・考え方が歴史叙述に集約的に示されるのは、時期区分だからである。

本巻が取り上げたテーマのもう一つの特徴は、教科書検定との関わりから、その叙述の中身や用語が争点となったテーマを取り上げた点である。「21 総力戦下の日本帝国の労務動員」はその一つである(「20 近代の公娼制度」や「24 戦争責任・戦後責任と東アジア」も、教科書検定で問題となった点を論じている)。これらの論稿をひもとくことで、教科書記述のみでは十分に理解し難い「日本史の現在」を知ることができるし、同時にそのことをふまえて教科書記述の意味をより深く理解することが可能となろう。

本巻が取り上げることのできなかったテーマも、数多くにのぼる。とりわけ戦後史においては、日本国憲法をはじめとする法制史や、政党政治史、社会運動史、教育史、文化史などに関する、本来欠かすことができない種々のテーマを立てることができなかった。ただ、本巻をお読みいただければわかるように、各テーマが参照している文献は、とくに対象が戦後史の場合、歴史学分野の諸研究のみならず、隣接諸科学の研究に至るまで、多岐にわたっている場合が多い。むしろその点に、本巻としての特徴(=「多角的な見方・考え方」)が色濃く現れている。そのため、テーマ間で、研究史に対する見解に相違がみられる場合がある点を、ご了解願いたい。

読者諸氏が、本巻の各テーマから、教科書の記述を思い起こしつつ、そこからはただちに読み取ることができない、「日本史の現在」の間口の広さとその奥行きを感じ取っていただければ、幸いである。教科書の叙述と歴史学における研究とのあいだの相互交流が、今後よりいっそう図られることを願っている。

沼尻　晃伸

日本史の現在6　近現代②

目次

凡例

・原則として、年代は西暦を主とし、日本の年号は（　）の中に入れた。明治五年までは日本暦と西暦とは一カ月前後の違いがあるが、年月は日本暦をもとにし、西暦に換算しなかった。改元のあった年は、原則としてその年の初めから新しい年号とした。

・教科書については、平成元・十一・二十一年告示の高等学校学習指導要領の科目「日本史A」「日本史B」は「日A」「日B」、平成三十年告示の高等学校学習指導要領の科目「日本史探究」は「日探」のように、適宜、科目名を略記した。

・本書各テーマの執筆にあたっては膨大な先行研究や文献を参照しているが、紙幅や体裁の制約から、参考文献の掲載は一部にとどまり、十分な注記はできなかった。この点、ご理解いただければ幸いである。

日本史の現在6

近現代②

18

日本の戦時体制をどうとらえるか

古川 隆久

はじめに

一九三七(昭和十二)年七月七日早朝、中国北京郊外の盧溝橋付近で演習をしていた日本軍部隊(陸軍の支那駐屯軍)に撃ち込まれた一発の銃弾が原因で日中両軍の小競り合いが起きた。盧溝橋事件である。この銃弾は中国軍部隊によるものと推測されている。現地で停戦協定がまとまりかけたが、日中両国政府(第一次近衛文麿内閣、蔣介石政権)はともに強硬姿勢をとり、七月二十八日、華北地方で日本軍が本格的な軍事行動を開始した(北支事変)。

これに影響されて上海でも緊張が高まり、八月十三日、上海で日中両軍の戦闘が始まった(第二次上海事変)。八月十五日、日本政府は、日本の正当な権益や主張を理解しない中国政府(蔣介石政権)を懲らしめることが「事変」の目的であると明示し、大規模な派兵を開始した。九月二日、日本政府は華北と上海の「事変」を合わせて「支那事変」と名づけた。
「事変」とは戦前日本における宣戦布告をしない戦争を表す言葉である。今回の場合、日中両国とも、宣戦布告をするとアメリカの中立法の適用を受け、軍需物資をアメリカから輸入できなくなるため、どちらも宣戦布告をしなかった。しかし、事実上は本格的な戦争だったので、現在日本では「日中戦争」(中国では「中日戦争」)と呼ばれている。

当初、日本側は、早急に大規模派兵をすればすぐに日本の勝利で決着すると考えていた。そこで、当面の大規模な軍需動員を乗り切るため、九月四日から八日まで臨時議会を開いて臨時軍事費特別会計を設定し、工業生産を軍需生産最優先とするために軍需工業動員法を発動する法律と臨時資金調整法を制定し、軍需物資の輸入を最優先するため輸出入品等臨時措置法を制定した。戦時体制が始まったのである。

しかし、戦争は長引き、英米など連合国との全面戦争である太平洋戦争にまで発展し、結局は八年余り(足かけ九年)にわたる大戦争となった。その間、戦時体制は継続・強化された。そこで、この八年間の戦時体制をどうとらえたらよいのかについて考えていく。

1　戦時体制に至るまで

日中戦争の原因

戦時体制が始まるきっかけとなった日中戦争。局地的な軍事衝突がなぜ大規模な戦争に発展したのか。話は日露戦争(一九〇四〜〇五年)の勝利で関東州を租借地とし、南満洲にあったロシアの権益を獲得したが、いずれも当時の中国の王朝である清朝の領域である。だから「租借」先は清朝である。清朝は欧米列強の軍事力を背景にした植民地侵略への対応が不十分だったため、一九一一(明治四十四)年に起きた辛亥革命で倒れ、中華民国が誕生した。しかし、中国各地は軍閥(軍隊を所有する地域の有力者)が割拠する状況となった。

一九一四(大正三)年、第一次世界大戦が始まると、日本は英仏などの連合国側で参戦し、対華二十一箇条要求で日本の中国における植民地権益の拡大を図った。これ以後、中国では排外感情が高まり、日本についても日本製品のボイコット運動が何度か起きることになる。

一九二八(昭和三)年二月、蔣介石が中国の国民党政権の指導者となり、中国統一、植民地権益回収のための軍事行動を開始した(北伐)。その影響が満洲の日本権益におよぶことを危惧した関東軍の一参謀が、満洲の日本領化を目指して満洲地域の軍閥政権の指導者張作霖を中国側の仕業と偽って爆殺した。張作霖爆殺事件である。しかし、日本の仕業であることはすぐに露見し、政権を継承した息子の張学良は国民党政権への帰順を表明した。謀略は失敗した。

第一次世界大戦を教訓とした国際協調と軍縮気運は、一九二九年の世界恐慌を機にしだいに崩れた。再度の世界大戦を予期した陸軍の一部エリート将校は、満洲の権益確保を目指し、一九三一年九月、満洲事変を起こした。彼らは中国側の仕業と偽って奉天付近の南満洲鉄道(日本の権益の一つ)を爆破した。関東軍(満洲地域の日本権益の警備部隊)を主力とする日本軍は、日本の居留民・権益保護のためと称して満洲地域全土を占領した。そして、関東軍が地域の有力者に強要して、一九三二年三月一日、満洲国を建国させた。一九三二年一月には満洲事変に連動し、日本陸軍の謀略で第一次上海事変も起きた。

中国は国際連盟に対し、日本の行動は連盟規約違反の軍事侵略だとして提訴、日本は軍事行動は居留民や権益保護の自衛行動、満洲国建国は住民の自主的行動で、連盟規約違反に当たらないと主張した。連盟はリットン調査団を送って調査させた結果、日本の主張は認められないと結論、日本は一九三三年三月、連盟脱退を宣言した。満洲事変は一九三三年五月の塘沽停戦協定で一応終結したが、今度は、満洲国の安全と華北の資源確保をねらった陸軍の華北分離工作が進められた。これに対し、一九三六年十二月の西安事件を契機に、蔣介石の国民党政権と毛沢東の共産党政権が共同して日本に対抗する方向になりつつあるなかで(一九三七年九月に第二次国共合作が成立)、日中戦争の勃発となったのである。

準備はされていた国家総動員

ところで、日本の戦時体制の開始にあたって、軍需工業動員法が発動されたことからわかるように、日本の戦時体制はある程度事前の準備があった。第一次世界大戦は四年の長期にわたり、ドイツ・ロシア・フランス・イギリスなど、戦場となった主要参戦国は国家の総力をあげて戦うことになった。これを教訓に、戦後各主要国で、万一の戦争に備え、国家総動員体制を計画・実行するための仕組みや法令が整えられていった。

日本の場合、いち早く第一次世界大戦末期の一九一八(大正七)年四月に軍需工業動員法が制定され、欧米主要国での国家総動員準備の進展をふまえ、一九二七(昭和二)年、内閣に資源局が設置されて、将来の戦争の際の国家総動員に関する政府の調査研究が進められた。

陸海軍はそれぞれ独自に戦時の動員計画と軍需品(兵器など)の生産計画(軍需動員計画)を立てていたが、その内容は秘密で、それに必要な物資の種類と量のみが資源局に伝えられた。満洲事変や華北分離工作は、軍需動員のための資源確保という側面が多分にある。資源局は、軍の要望と、日本の生産力・輸入力を勘案し、ソ連や英米との全面戦争という想定で、重要資源や労働力の調達と配分の計画(国家総動員計画)と計画実施に必要な各種の法令案を作成した。資源局は、資源小国の日本では、戦争が始まると資源確保が難しくなることに気づいていたが、十分な対策を講じる前に日中戦争が偶発的に始まってしまう。

一方、一九三六年にロンドン海軍軍縮条約が失効し、世界的に軍備競争が再開されると見た日本の軍部は、大規模な軍備拡大を一九三七年度から行うことを決めた。資源小国の日本では、兵器生産に必要な鉄鋼の多くは輸入せざるをえない。そのため外貨不足となり、軍需資材の値上がりが物価急騰を引き起こした。しかも、軍需生産向けの工業力も不十分だった。

そこで政府は輸出入の国家管理と生産力の拡充を計画し、後者のために一九三七年四月に企画庁が内閣に設置された。同年六月に成立した第一次近衛内閣は、軍備拡大を実現するために大規模な経済統制を行う方針(財政経済三原則)を掲げた。しかし、その実現を見る前に日中戦争が勃発した。準備も国力も不十分な状態で、日本は全面戦争に突入していく。

2　戦時体制の成立

戦時立法と臨時軍事費特別会計

日中戦争に話を戻すと、日本は、一九三七(昭和十二)年九月までに華北地方に八個師団(一五万人程度)、上海に五個師団(一〇万人程度)という大兵力を派遣した。大規模派兵が固まった八月下旬、政府は戦費調達と戦時立法のため臨時議会の実施を決意し、先述のとおり、臨時議会で三つの法案と一つの特別会計が可決された。

軍需工業動員法にもとづく工場事業場管理令により、兵器など軍需品を生産する民間工場は軍の管理下に入った。臨時軍事費特別会計は、該当の戦争が終わるまでを一会計年度とする制度で、国家予算なので帝国議会でその都度審議はされたが、細目は軍事機密とされたので、この費目の議会審議は形骸化した。

輸出入品等臨時措置法によって輸入は鉄鋼と石油優先となり、生活物資の輸入は制限された。臨時資金調整法によって企業の設備投資も軍需生産優先に制限された。政府は国民の戦争協力を促進するため、九月四日に国民精神総動員運動の開始を宣言し、全国市長会、全国神職会など各種の民間団体を集めて国民精神総動員中央連盟を結成させ、官公庁と連携した講演会や宣伝活動を行わせていく。国民への戦争協力の呼びかけには、神格化された天皇像が盛んに用いられた。神の子孫である天皇を頂点とするすばらしい国に生まれたのだから、私欲を捨てて国家に奉仕せよという理屈である。

企画院の設置

しかし、中国側の抵抗は強く、戦火が終息する気配はなかった、そこで日本では、一九三七(昭和十二)十月二十五日に資源局と企画庁を統合して企画院を設置した。戦時動員と生産力拡充を連携させて進めるとともに、戦時統制の法令を一本化するため、資源局の調査結果をもとに国家総動員法案の作成が企画院で進められた。十一月十八日に陸海軍の統合参謀本部である大本営が設置されたが、かたちばかりの組織で、実態としては陸海軍は分立したままであった。

激戦となった上海戦は、日本が約八万人の援軍を送り、十一月に日本の上海占領で終結した。上海戦では日本側だけで戦死約九〇〇〇人余り、戦傷約三万一〇〇〇人の犠牲が出た。日本は戦争に決着をつけようと、引き続き中国の首都南京を攻略、十二月に占領した。しかし、無理な急進軍だった関係で南京戦の際に日本軍は大量の中国軍民を殺害して(南京事件、または南京大虐殺事件)日本の国際的評価をさらに低め、しかも中国は首都を奥地の重慶に移転して抗戦を続けた。その結果、三七年末の段階で、中国で戦う日本軍は約五〇万人に達した。

日本は一九三七年末に中国に対して和平交渉を試みたが、条件が過酷だったため中国側が拒否、翌三八年一月十六日、近衛首相は「爾後蔣介石の国民政府を対手にせず」という声明を出して蔣介石政権とは和平を結ばないことを宣言し、戦争の長期化が決定的となった。

国家総動員法の制定

一九三八(昭和十三)年二月、政府は帝国議会に国家総動員法案を提出した。物資、労働力、資金から報道に至るまで、国家総動員の範囲をあらゆる分野に広げ、細目は政府の判断(勅令)で定めるという内容である。概要が報道されると、二党合わせて衆議院の過半数を占める保守系政党の政友会・民政党が激しく反対した。議会の立法権を形骸化する委任立法は違憲であるという理由である。そのため政府は、報道関係の条項を除き、勅令発動時の諮問機関として帝国議会議員を委員に含む国家総動員審議会を設ける条文を追加したうえで議会に提出した。

しかし、衆議院での審議は紛糾した。政府は、あらかじめ国家総動員の内容を広く国民に知ってもらうためにこのかたちが望ましく、憲法違反には当たらないとしたが、政友会・民政党側は、違憲であるだけでなく、官僚統制が強まる結果、国民の自発的な戦争協力が阻害されるとして猛反対し、必要な統制はその都度議会に法案を出すか、緊急性がある場合は憲法に定める緊急勅令(事後に議会で可否を審議)を使えばよいとした。

しかし、マスコミは政友会・民政党の行動を旧弊にこだわるものと批判的に報じた。しかも、政府が緊急勅令で保守系の候補者に不利なかたちに選挙法を改正して総選挙を行う意向だと報じられたこともあって、政友会・民政党は、国家総動員審議会の委員の過半数を帝国議会議員とすることでしぶしぶ同意し、原案が可決された。貴族院でも反対する議員はいたが多数決で可決された。国家総動員法は四月に公布、五月に施行され、施行と同時に軍需工業動員法は廃止、工場事業場管理令は総動員法に引き継がれた。

こうして、国家総動員法をはじめとする戦時立法、軍需動員に対応する国家総動員計画を立案する企画院、国民に戦争協力を呼びかける国民精神総動員運動、この三要素によって日本の戦時体制の仕組みの基本ができあがった。

3 軍需景気と闇取引

軍需景気

日中戦争勃発直後は応急的な物資動員計画が資源局で作成されて実施され、一九三八(昭和十三)年に関しては企画院が物資動員の年間計画を作成し、実施された。ところが、アメリカの不景気で日本の対米輸出が不振となったため外貨不足となった。そのため、衣料の主力だった綿製品の原料の綿花の輸入を制限したが、それでも鉄鋼や石油をはじめとする軍需物資を軍が要求するほどの量は輸入できなかった。そのため、一九三八年六月以降、鉄鋼、綿花、石油、ゴム、皮などで、配給制や政府が決めた価格以外の価格での売買を禁止する公定価格制度が導入され、代用品が奨励されはじめた。また、動員対象は電力やのちには労働力にも拡大した。

衣料では、綿製品に代わって、合成繊維(ステープルファイバー、略称スフ)の製品が出回りはじめたが、まだまだ技術的に未熟で、洗濯すると破れやすく、着心地も悪かった。ガソリンの代わりに木炭ガスでエンジンを動かす木炭自動車も登場したが、馬力が出ず、上り坂で客がバスを押す悲喜劇も起きた。鋼材不足で競技場や展示施設が作れないということで、一九四〇年に東京で開催予定で準備が始まっていたアジア初のオリンピック大会は返上、万国博覧会は戦争終了後まで延期となった。

一方で、工業地帯をもつ大都市部では、軍需産業や軍需関連産業の労働者の賃金が上がり、軍需景気という現象が起きた。仕事が増えただけでなく、人員を増やすため企業が好待遇で求人したからである。軍需景気は、大規模軍拡が決まった一九三六年から始まり、日中戦争勃発後はやや沈静化していたが、一九三八年から再燃し、雰囲気としては四〇年頃まで続いた。週末に近郊の観光地や温泉地への一泊旅行が増え、デパートや料亭の売り上げが激増し、映画館数や入場客の数が毎年一割以上増加していった。敗戦前の華やかな大衆文化(映画、流行歌など)が花開いたのはこの頃である。代表例は一九三八年から三九年にかけての松竹映画『愛染かつら』三部作の大ヒット、一九四〇年の東宝映画『支那の夜』の大ヒットである。国内旅行は、神話にもとづいて建国二千六百年を祝う紀元二千六百年奉祝の年となった一九四〇年が、聖地巡礼などの旅行が激増し、敗戦前最大規模となった。

戦時統制の拡大と闇取引

一方で、男の働き手を大量に戦争にとられた農村部では経済は沈滞した。統計上は日中戦争勃発を境に食糧、衣料、燃料の供給量指数の平均は下落が続き、日本全体としては戦時期に入るとともに生活水準は低下していった。しかも、日本は豊富な資金力や信用力をもつ英米との関係が悪化し、日露戦争の時のように戦費を海外から借りることができない。政府は国民に国債の購入や郵便貯金を奨励しはじめ、のちには町村ぐるみの割当制などで事実上強制していく。国債はもちろん、郵貯の資金は政府が運用できるからである。

国家総動員計画は一九三九(昭和十四)年から年度計画となったが、陸海軍は、軍需動員を、当面の戦争への対応だけでなく、日中戦争勃発前に計画していた将来の戦争に備える軍備拡大にもおよぼした。しかも、資材の輸入難もあって生産力拡充は挫折したため、日本全体の工業生産量増加率も日中戦争勃発以後、減少傾向となっていた。経済の民生部門の圧縮はますます進んだ。

そのため、国家総動員法が発動されて、不要不急産業から軍需産業への労働力の配置転換が進められる一方、庶民生活に関わる物資の配分がさらに制限されはじめた。政府は消費節約奨励のため、一九三九年九月一日から毎月一日を興亜奉公日とし、料亭などの休業、神社参拝、日の丸弁当(ご飯に梅干一つだけ)を奨励した。しかし、運悪く一九三九年夏は干ばつで米が不作になったこともあり、軍需景気もあって物価高騰が激しくなった。

これでは、軍や軍需企業としても資材の買い入れ価格が高騰して目標とされる生産量を達成できず、軍需産業従事者以外の庶民も生活苦で不満が高まる。そこで、政府は一九三九年十月一日に国家総動員法にもとづく価格等統制令を発した。すべての物価を一時的に同年九月十八日(九月十八日は満洲事変が起きた日である)現在に凍結し、政府が品目ごとに公定価格を定めることとしたのである。ついに統制は生活物資全般におよんだ。

しかし、公定価格を決めなければならないほど受容と供給のバランスが崩れたとなると、買いだめ、売り惜しみが生じるのは避けがたく、違法取引(いわゆる闇取引)が多発した。一九三八年下半期には闇取引の警察の摘発人数がすでに一〇万人に迫っていたが、一九四〇年には年間七二万人を超えた。警察から注意されるだけで放免された人は一九四〇年で六三〇万人に達しており、経済統制違反は現在の交通違反と同程度に蔓延した。

4 戦時体制の強化

新体制運動

英米ソが被侵略国である中国を支援したこともあり、戦争は長引き、日本は中国大陸に一九三八(昭和十三)年末段階で七〇万人もの将兵を釘付けとせざるをえなかったため、日本経済はますます疲弊した。しかも日本は英国の中国支援に反発し、一九三九年六月からイギリスの租界を封鎖したので(天津租界問題)、七月にアメリカは日米通商航海条約の破棄を日本に通告、同条約は一九四〇年一月に失効した。アメリカは一九四〇年七月以降、しだいに対日経済制裁を発動していく。一方、物資動員計画も、陸海軍の対立で決定が遅れたためや計画自体の不備などから、実施中に修正が繰り返される事態となっていった。経済計画はうまく機能しなかったのである。

日本は蔣介石政権を崩壊させようと、近衛首相は一九三八年秋、親日政権とであれば中国と和平して経済協力をするという東亜新秩序声明を出し、蔣政権の有力者汪兆銘をおびき出した。しかし、新政権の自主性は名ばかりのものであることを香港に脱出した汪の側近により暴露されたため、追随する者はほとんどおらず、一九四〇年四月に成立した汪兆銘の国民政府(中国の親日政権)は弱体であった。日本の謀略は失敗したのである。

当然経済統制はさらに強化されていく。一九四〇年七月六日、商工省と農林省は奢侈品等製造販売制限規則を公布し、七日から実施した(七・七禁令)。絹織物、宝石、銀製品をはじめとする高級品の製造販売が事実上禁止された。これと前後して小麦の配給も始まった。

こうした中、一九四〇年六月、新体制運動と呼ばれる政治改革運動が始まった。ヨーロッパではドイツのポーランド侵攻によって一九三九年九月一日に第二次世界大戦が始まっていたが、一九四〇年四月からドイツは北欧や西欧各地を急襲し、七月には英国を除く北欧と西欧の大部分を支配下においた。これに影響され、日本でも戦勝のためにはドイツのナチスのような国論を統一できる政治のあり方が望ましいという考えが生じたのである。

運動が起きたもう一つの背景として、国民精神総動員運動が闇取引や軍需景気の抑制に十分に機能しなかったため、戦時体制のいっそうの強化のためには資本主義経済を否定すべきであり、そのためには政治も変革すべきだという意見が、国家社会主義者や経済官僚の一部(革新官僚と呼ばれた)や陸軍の一部に強まっていたことがあった。

近衛文麿枢密院議長が、議長を辞職して運動の先頭に立つと声明したことから始まった新体制運動は、ほぼ全政党の解散と、陸軍の主導による第二次近衛内閣の成立を引き起こした。七月二十二日に成立した第二次近衛内閣は、「基本国策要綱」を決定し、高度国防国家と大東亜共栄圏の建設のため、経済を公益優先に変革することを政策に掲げた。

日本は中国への英米の支援をやめさせるため、九月に北部フランス領インドシナ(仏印)に進駐、さらにアメリカのアジアへの関与をやめさせるため日独伊三国同盟(軍事同盟)を結んだ。十月は近衛首相を総裁とし、政財官各界を網羅した大政翼賛会が結成された。同会は公益優先で国家に国民が奉仕するための運動を推進する政治的な組織とされた。結成当時の政府の広報誌には、こうした一連の新体制は、戦争に勝って日本がアジアの指導者となるまでの一〇年間、我慢していくための政治・経済の改革であるという趣旨の文章が掲載された。

しかし、旧政友会・旧民政党の保守系政治家とナチスのような全体主義政党化を目指す国家社会主義者たちによる同会の主導権争い、そして、公益優先、資本と経営の分離を掲げる企画院原案の経済新体制要綱案をめぐる財界と革新官僚の対立が同時進行した。

その結果、一九四〇年十二月、経済新体制要綱案は大幅に骨抜きされて閣議決定となり、経済統制は国家総動員法を改正して進めることとなった。帝国議会では議員の側から大政翼賛会は共産主義的組織ではないかなどの翼賛会批判があいつぎ、翼賛会への政府補助金予算は、翼賛会の政治性をなくす改組を条件にようやく議会で認められた。一九四一年四月、大政翼賛会は、戦時統制の強化のための宣伝活動をおもに担う政府の外郭団体に改組された。

日本の全体主義化は実現しなかったが、経済統制の強化はさらに進んだ。一九四一年四月一日から米や木炭の配給制、酒の切符制、外食券制度(切符制の一種)が始まった。同年四月の鉄鋼統制会を皮切りに業界ごとの統制会の設立が始まった。政府の主導で、雑誌の統合、地方新聞の一県一紙化が推進された。工場や鉱山の労働者は産業報国会にまとめられ、各種の文化団体を含むその他の職種でも働く人々は、「〜報国会」などの組織に一本化された。国防婦人会をはじめとする女性団体も、一九四二年に統合されて大日本婦人会となった。

これらの各団体は、形式上は大政翼賛会の下部組織であったが、実態としては、その職種や業種を管轄する監督官庁の監督下にあった。

太平洋戦争の開戦

一九四一(昭和十六)年四月の日ソ中立条約締結と前後して日米交渉が始まった。アメリカは、日本が中国から手を引けば経済制裁をやめるとしたが、日本はこれを拒否した。軍需資源の入手に苦慮した日本は、東南アジア、とくにオランダ領インドシナ(蘭印。現在のインドネシア)の豊富な資源に注目した。一九四〇年後半以降、同地に使節を送って資源獲得を目指したが拒否された。

一九四一年六月、蘭印に圧力をかけるため日本軍は南部仏印に進駐したが、これがアメリカを刺激し、アメリカは七月に在米日本資産凍結と対日石油禁輸を発動した。経済断交状態となったのである。近衛首相は第三次近衛内閣を組織して日米首脳会談で打開を目指したが、アメリカがこれを拒否、近衛は退陣した。代わって陸軍の東条英機が内閣を組織、昭和天皇の指示で日米交渉を続けたものの平行線をたどり、十二月八日、日本はハワイ真珠湾のアメリカ海軍基地を奇襲し、米英蘭中に宣戦布告して太平洋戦争(当時の日本は大東亜戦争と呼称、現在はアジア・太平洋戦争ともいう)が始まった。

日中戦争勃発以後、報道や言論の統制はしだいに厳しくなっていたので、日米交渉の状況や政府内の動きは一切報道されず、国民は勇ましい言葉で結果を知らされるだけだった。

戦勝を目指して戦時体制は強化されるが、それが不十分なため戦争の解決が長引くという悪循環が拡大し、結局はほぼ全世界を敵に回す大戦争に至ってしまったのである。

5　戦時体制の崩壊

社会の荒廃

太平洋戦争の緒戦は日本の勝利続きだった。そこで政府は、国際情勢緊迫化のため一年延期していた任期満了にともなう衆議院の総選挙を行うこととした。国民世論の一体性を内外に示すため、政府の要請で集まった各界有力者が設立した推薦団体(翼賛体制協議会)が候補者を推薦することとなった(翼賛選挙)。旧弊を脱するため新人を推薦するか、地域の分裂を生まないために現職議員を中心に推薦するかについて協議会内では対立が生じたが、結局は新人も含めつつ現職中心で推薦候補が立てられた。ただし、憲法の規定に従い、その他の立候補も可能で、投票も従来通り秘密投票となった。選挙は一九四二(昭和十七)年四月に行われ、一部の地域では官憲による選挙干渉(有権者に対する推薦候補への投票強要、非推薦候補者への嫌がらせ)もみられたが、当選者の二割は非推薦候補だった。国民は政府の方針に盲目的に従ったわけではなかったのである。

一九四二年に入ると、都市ガスや調味料類の配給制、衣料品の切符制が始まり、生活必需品のほぼすべてが広い意味での配給品となった。太平洋戦争開戦後は、船舶の多くが計画以上に軍に徴用されたうえ、残された船舶もアメリカ軍の潜水艦や軍用機の攻撃により、新規造船量を上まわるペースで撃沈されていったため、海上輸送は日本側の計画通りには進まなかった。しかも軍への大量動員と、農業資材の不足のため農業生産量は一九三九年頃を境に減少に転じていた。そのため、生活物資の不足が深刻化した。食糧、衣類、燃料などの供給量はしだいに減少し、戦争末期には日中戦争勃発時の六割まで低下した。

そのため公共施設の電球や椅子の布をもち去る、食堂で隙を見て隣席の人の持ち物を盗む、職場の出征者がまだいることにして配給を多めに受けて山分けする、配給担当者が配給量をごまかして自分の懐に入れるなどの事態が頻発した。都市部から農村部に買い出し(これ自体が闇取引で違法であるが)に行く人も現れた。しかし、一九二九年の世界恐慌以来長らく不況に悩んだ農村住民は、軍需景気でよい思いをした都市住民に心を開くことは難しかった。社会の雰囲気はしだいに荒廃していったのである。

そして、戦時下にふさわしくないとマスコミなどで厳しく批判された女性のパーマネントも実際には継続されており、美容室には女性たちが殺到していた。国家は人々の内面すべてまでを支配することはできなかったのである。

戦争経済の崩壊

政府は、軍の要求に応じ、軍需増産に努めたので、重工業生産は一九四四(昭和十九)年まで増加を続けた。しかし、内実は、陸海軍の資材の取り合いが激しく、物資の配分計画がなかなか決まらず、決まっても、製品段階では需要と計画がなかなか合致せず、結果として目標通りに生産は進まなかった。そこで政府は一九四三年十一月に軍需会社法を制定して軍需工場をすべて民有国営とし、国家総動員計画も商工省の一部と企画院を統合した軍需省が担当するようにしたが、戦局好転には結びつかなかった。

兵力については徴兵年齢引き下げ(二〇歳から一八歳)、学徒出陣(文系大学生)を実施するなど、徹底した軍事動員が図られた。その結果、日中戦争勃発時には一〇〇万人を超える程度だった陸海軍将兵の数は敗戦時約八二六万人までふくれあがることになる。そして、こうした根こそぎの軍事動員で不足する労働力を補うため、学生・生徒の勤労動員、女性の徴用や、朝鮮や中国占領地からの強制動員が行われた。

しかし、圧倒的なアメリカの国力には勝てず、一九四四年七月にサイパン島が陥落すると、本土空襲は不可避となり、その責任をとるかたちで東条内閣は退陣した。都市の空襲に備え、建物疎開(防火地帯をつくるために住居や建物を強制的に取り壊す)、学童疎開なども始まったが、防空法によって一般の大人は空襲時の消火などのため都市にとどまることが義務づけられていた。

アメリカ軍による日本の本土空襲は同年十一月以降本格化し、日本は特攻隊などで抵抗したが戦局は悪化するばかりであった。一九四五年に入ると東京や大阪などの大都市の無差別爆撃が始まり、多くの民間人が犠牲となっていく。その結果、都市住民の戦意や工業生産は衰えていった。

一九四五年六月、政府は、天皇の指示でひそかに和平への動きを始める一方、本土決戦の準備もすることに決し、本土の分断に備えた戦時緊急措置法を制定、大政翼賛会に代わり国民義勇隊を設けたが、八月にはアメリカによる広島・長崎への原爆投下、ソ連の対日参戦により、連合国(米英ソ中など)への事実上の無条件降伏を決意、八月十五日、天皇のラジオ放送で国民は終戦を知らされた。九月二日、日本の軍部と政府の代表による降伏文書調印で正式に日本は敗北し、連合国軍の占領下に入ったが、北方領土や日本の傀儡国家であった満洲国では、日本人住民の悲惨な避難行動が続き、集団自決や残留孤児の悲劇を招いた。

八年間の戦争で、日本だけで軍人二三〇万人(うち餓死と海没死が一〇〇万人)、民間人八〇万人が死亡し、国富の四分の一が失われた。アジア地域や交戦各国の人々の犠牲は一九〇〇万人と推計されている。判断ミスを取り返せない権威主義的な政治制度、上の判断に従うことをよしとする教育のあり方、ひいてはそうした国家づくりをした明治藩閥政治下の判断ミスが招いた無謀な戦争の結末だったとしかいいようがない。

おわりに

日中戦争から太平洋戦争にかけての戦時体制とは、戦勝のために国民生活を極限まで切り詰めていくための仕組み(法令や制度)とその実施過程であった。仕組みの特徴は、国家主導による計画化と平準化である。この仕組みは、戦後の復興や高度経済成長にも活用された。しかし、仕組みの意味は戦時と戦後では根本的に異なる。

戦時中は、神格された天皇が治める国家の戦勝に奉仕するという建前のために、分け隔てなく生活を切り詰めさせる手段であったが、戦後は、国民主権のもと、豊かな生活を広くいきわたらせる手段となったからである。政治のあり方の変化を基準に、太平洋戦争敗戦を機に近代と現代を区分する教科書的な時期区分は、それなりに意味があるのである。

〈**参考文献**〉

赤木須留喜　一九九〇年『翼賛・翼壮・翼政――続　近衛新体制と大政翼賛会』（岩波書店）
飯田未希　二〇二〇年『非国民な女たち――戦時下のパーマとモンペ』（中公選書）
板垣邦子　二〇〇八年『日米決戦下の格差と平等――銃後信州の食糧・疎開』（吉川弘文館）
加藤聖文　二〇二〇年『海外引揚の研究――忘却された「大日本帝国」』（岩波書店）
太平洋戦争研究会編・森山康平　二〇〇〇年『図説　日中戦争』（河出書房新社）
長島修　一九八六年『日本戦時鉄鋼統制成立史』（法律文化社）
中村隆英編　一九八九年『日本経済史7　「計画化」と「民主化」』（岩波書店）
秦郁彦　一九九六年『盧溝橋事件の研究』（東京大学出版会）
平山昇　二〇一五年『初詣の社会史――鉄道が生んだ娯楽とナショナリズム』（東京大学出版会）
古川隆久　一九九二年『昭和戦中期の総合国策機関』（吉川弘文館）
古川隆久　一九九八年『皇紀・万博・オリンピック――皇室ブランドと経済発展』（中公新書。のち吉川弘文館二〇二〇年）
古川隆久　二〇〇一年『戦時議会』（吉川弘文館）
古川隆久　二〇〇三年『戦時下の日本映画――人々は国策映画を観たか』（吉川弘文館。のち新装版二〇二三年）
古川隆久　二〇一一年『昭和天皇――「理性の君主」の孤独』（中公新書）
古川隆久　二〇一五年『近衛文麿』（吉川弘文館）
古川隆久　二〇一六年『昭和史』（ちくま新書）

古川隆久　二〇二〇年『建国神話の社会史――史実と虚偽の境界』(中公選書)
水島朝穂・大前治　二〇一四年『検証　防空法――空襲下で禁じられた避難』(法律文化社)
森靖夫　二〇二〇年『「国家総動員」の時代――比較の視座から』(名古屋大学出版会)
森武麿　一九九九年『戦時日本農村社会の研究』(東京大学出版会)
柳澤治　二〇〇八年『戦前・戦時日本の経済思想とナチズム』(岩波書店)
山崎志郎　二〇一二年『物資動員計画と共栄圏構想の形成』(日本経済評論社)
山田朗　一九九七年『軍備拡張の近代史――日本軍の膨張と崩壊』(吉川弘文館)
山中恒　一九八九年『暮らしの中の太平洋戦争――欲シガリマセン勝ツマデハ』(岩波新書)
歴史学研究会編　一九九七年『日本史史料［5］現代』(岩波書店)

19

日本における共産主義運動

福家 崇洋

はじめに

戦前日本の共産主義運動は、どの高等学校日本史教科書でも取り上げられるテーマである。ただし、各教科書を比べると、そこには興味深い差異が認められる。社会運動の分野は歴史認識や時代状況と連動しやすく、出版社の個性が出るためである。

その記述の差異は以下で検討するとして、この運動の大枠を教科書に沿って示しておこう。

①第一次世界大戦後に社会主義運動が盛り上がり、一九二二(大正十一)年に日本共産党が生まれた。

②一九二八(昭和三)年の第一回普通選挙で無産政党から八名が当選した。無産政党の一つに日本共産党の影響がおよんでいたことに危機感を抱いた田中義一首相は、三・一五事件、四・一六事件で全国の共産主義者を弾圧した。

③一九三〇年代初頭にナショナリズムや軍国主義が高まる中で、獄中の日本共産党幹部は自らの共産主義思想を放棄する転向声明を発表し、大量転向につながった。

戦前の日本共産党は非合法ゆえ小規模だったが、その軌跡は「大正デモクラシー」から「ファシズム」へ至る日本のターニングポイントを活写する。

本稿では、以上三つのできごとに着目し、各教科書の記述や近年の研究を概観してみたい。参照した教科書は実教出版、清水書院、東京書籍、山川出版社の「日本史B」である。以下、煩瑣を避けて出版社名のみ記す。

1 日本共産党の結党をめぐる検証

日本共産党結党の説明

日本共産党がいつ、どのように、いかなる背景で結党されたのか。この点については、各教科書で微妙な記述の違いがある。

東京書籍は、「社会運動の展開」という小見出しのもと「労働運動の高まりは、社会主義者の活動を再開させ、一九二二年に日本共産党がひそかに結成された」(『新選日本史B』二〇二〇年)とする。実教出版の記述には、「改造の時代」の小見出しのもと「一九二二年、堺利彦・山川均らは、政府の弾圧をさけて、秘密のうちに日本共産党を結成した」(『高校日本史B』二〇二〇年)とある。いずれもシンプルな記述である。

対して、山川出版社と清水書院はより詳しい描写が見られる。前者の小見出しは「社会運動の勃興」、後者のそれは「社会主義運動の復活」である。

社会主義勢力内部では大杉栄らの無政府主義者と、堺利彦らの共産主義(マルクス・レーニン主義)者が対立していたが、ロシア革命の影響で社会運動全体における共産主義の影響力が著しく増大し、一九二二(大正十一)年七月には、堺や山川均らによって日本共産党がコミンテルンの日本支部として非合法のうちに結成された。(『詳説日本史　改訂版』山川出版社、二〇二〇年)

一九二〇年には、社会主義者の大同団結の組織として日本社会主義同盟が発足した。しかし、社会主義運動は、普選の実現をめざす右派と、革命を実行しようとする左派に分かれ、さらに左派内部も、大杉栄らの無政府主義(アナーキズム)と、山川均・堺利彦らの共産主義(ボルシェヴィズム)がはげしく対立した。やがて、共産主義が有力となり、ソヴィエトのコミンテルン(各国共産党の国際組織)の指導をうけて、一九二二年、山川・堺を中心に日本共産党が秘密のうちに結成された。(『高等学校日本史B』清水書院、二〇二〇年)

いずれも行き届いた記述だが、とくに清水書院の方は充実している。日本社会主義運動の再興とともに、社会主義者の統一戦線を経てアナ・ボル対立が生まれ、後者の思想による人々が日本共産党を結党した。国外共産主義運動の浸透が背景として紹介され、社会主義内部の思想対立にまで言及するなど、日本共産党結党が広い視野で描かれている。

争点としての結党時期

創立期日本共産党の研究は、これまで犬丸義一、岩村登志夫、加藤哲郎、黒川伊織、松尾尊兊、村田陽一、山極潔各氏らによって担われてきた。一九九〇年代からモスクワでコミンテルンの内部資料が公開され、「コミンテルン文書——日本共産党ファイル」(マイクロフィルム)を日本でも見ることができるようになったことが研究の転機となった。

近年では、同ファイルを用いて、日本共産党の歴史を見直す研究が盛んである。その一つの論点が、日本共産党の結党時期を「一九二二年七月」と見るか否かである。

加藤哲郎氏は、同ファイルの新資料を紹介しながら、結党時期確定の歴史を以下のように述べる。「そもそも日本共産党創立が「一九二二年七月」とされたのは、一九三〇年の徳田球一予審訊問調書からであり、三一年の市川正一「日本共産党闘争小史」で三・一五、四・一六事件公判闘争の統一見解となった。七月一五日が創立記念日とされたのは、その「一〇周年」を記念する一九三二年『赤旗』七月五日号の岩田義道執筆という党中央委員会アピール「八月一日を準備せよ！」からである」[加藤一九九九]。

その後、同じく本ファイルを本格的に駆使しながら日本共産党史に検討を加えたのが黒川伊織氏である。黒川氏は、最新の研究『戦争・革命の東アジアと日本のコミュニスト　一九二〇——一九七〇年』(有志舎)で、党草創期の流れをつぎのように整理する。一九二一(大正十)年四月二十四日に堺、山川らが日本共産党暫定中央執行委員会を設け、一九二二年八月頃に山川の召集のもとで、「コミンテルン日本支部」として日本共産党暫定中央執行委員会を「再組織」する大会が開催された。この組織は、一九二二年十一月に開催されたコミンテルン第四回大会で承認された〔黒川 二〇二〇〕。黒川氏も七月十五日結党説に異議を唱えている。

これら加藤・黒川両氏の問題提起へ異論を呈したのが、中北浩爾『日本共産党――「革命」を夢見た一〇〇年』(中公新書)である。本書で党の通史を描いた中北氏は、七月十五日に日本共産党が正式に結成されたとして、以下のように述べた。

ただし、この創立記念日には少なからぬ異論があり、日本共産党準備委員会の発足をもって結党とみなす見解も存在する。だが、それは準備委員会にすぎず、結党大会と位置づけられる会合が一九二二年夏頃に行われたと考えるのが妥当である。また、いくつかの重要な証言がある七月一五日という日にちを明確に否定する根拠も存在しない。〔中北 二〇二二〕

一般的に、結党は記憶にも記録にも残りやすいできごとである。しかし、それすら約一〇〇年後の研究上の争点になるところに、日本の共産主義運動史の面白さがあるといえよう。

コミンテルン文書による検討

改めて、結党時期に関する論争を振り返ってみよう。中北氏の論で焦点になるのは、「日本共産党準備委員会」とは何かだろう。この名称は先行研究で用いられてきた分析用語である。本来は、コミンテルン文書に記載された、一九二二(大正十)年四月二十四日結成の日本共産党暫定中央執行委員会(the provisional Central Executive Committee of the Communist Party of Japan)を指す。ここに見られる、研究史上における同体異称への違和感については、早くは山極潔氏からの問題提起がある〔山極 一九九三〕。

この呼称の違いは何をもたらすのだろうか。「日本共産党準備委員会」ならばたしかに準備委員会にすぎず、結党に向けた準備が必要である。だが、日本共産党暫定中央執行委員会ならば、党はすでに存在する。少なくとも委員会結成者は、暫定なのは執行委員会の方だと考えていたことになる。

また中北氏の新書では、ロシアの極東諸民族大会(一九二二年一月開始)に出席した徳田球一と高瀬清が「コミンテルンから日本共産党を正式に結成するよう指示を受け、活動資金を携えて帰国の途に就いた」[中北 二〇二二]と記して、同年七月十五日に正式に日本共産党が結党されたとする。

しかし、ここでも検証が必要だろう。帰国した徳田・高瀬の二人から、コミンテルン幹部の片山潜に送られた二通の報告書(五月二十七日、六月五日)がコミンテルン文書から確認できる。その内容を見れば、最重要であるはずの党結党は報告の焦点にはなっていない。

後者の報告書(徳田球一・高瀬清の連名)でも、「将来ノ方針」として「私達ハ共産党ハ従来ノ侭トシ、ソノ中堅分子ヲ土台トシテ組織ヲ全然一変スルト共ニ」云々と記された[和田ほか 二〇一四]。彼らがこれから結党しなければならないと考えていたならば、この記述が出てくるとは考えにくい。

論争的な結党年月の検証は今後も必要だとしても、黒川らの研究にもとづけば、現時点の教科書記述は紙幅の許す範囲で修正が必要である。

山川出版社から述べると、支部になるためには親組織の承認が必要なので、「一九二二(大正十一)年七月には、堺や山川均らによって日本共産党が非合法のうちに結成され、同年十一月にコミンテルンの日本支部として承認された」という記述がより適切である。

清水書院の方も、アナ・ボル対立時には日本の社会主義者とコミンテルンの交渉は存在しているので、「やがて、ソヴィエトのコミンテルン(各国共産党の国際組織)との交渉が生まれるなかで、共産主義が有力となり、一九二二年、山川、堺を中心に日本共産党が秘密のうちに結成された」という時系列で記述した方が適切である。

2 共産主義運動と第一回普通選挙

無産政党進出と共産党弾圧の説明

つぎに、日本共産党が歴史教科書に登場するのは、普通選挙における無産政党の進出と共産党の影響に関する部分、そして田中義一内閣による共産主義者弾圧(三・一五事件、四・一六事件)についてである。

東京書籍は、「社会運動や労働運動の指導者らが結成した無産政党からも八人が当選した」(前掲『新選日本史B』)のみで、共産党からの影響は記載がない。このため、「立憲政友会の田中義一内閣は、最初の普通選挙の直後(三・一五事件)、およびその一年後(四・一六事件)に全国にわたって共産党員の大量検挙を行う」(同前)との記述からは弾圧の背景が伝わりにくい。

実教出版の記述は、普通選挙による無産政党進出と田中内閣による弾圧を連続して記載して、無産政党と共産党の関係が推測可能である(前掲『高校日本史B』)。実教出版の特徴は、この記載の前に、「山東出兵に対し、無産政党、とくに労働農民党は、日本農民組合などと対支非干渉全国同盟を結成して出兵に反対した」(同前)として、珍しく中国への侵略を批判した対支非干渉全国同盟の記載がある点である。国内の文脈でのみ語られる無産政党の対外運動を示すものとして、貴重な記述といえる。

これに対して、共産党の活動を説明しつつ無産政党との関係にも言及したのが清水書院である。そこでは、「国政選挙としてはじめて男子普通選挙が実施された一九二八年の衆議院議員選挙の最中に、非合法の日本共産党が中央機関紙『赤旗』を創刊するとともに、党員を労働農民党から立候補させるなど、公然と活動をはじめた。また、総選挙では、山本宣治(労働農民党)など無産政党から八名が当選し、田中内閣に脅威をあたえた」(前掲『高等学校日本史B　新訂版』)と記される。

このあとに三・一五事件、四・一六事件の言及もあるがとくにほかの教科書と変わらない。独自なのは『赤旗』創刊や山本宣治への言及にある。山本を取り上げたのは、四・一六事件の前月に起きた山本刺殺事件を視野に入れているのではないかと思われる。当時の無産政党がおかれた苛酷な状況を理解するうえでの重要な歴史的事実である。

最後に、山川出版社がもっとも行き届いた記述となっているので、引用しておこう。

普通選挙法成立後、労働組合・農民組合を基盤とする社会主義勢力は議会を通じての社会改造をめざすようになり、一九二六(昭和元)年、合法的な無産政党である労働農民党(労農党)が組織された。しかし、労農党内で共産党系の勢力が強まると、議会主義・国民政党路線をとる社会民衆党(社民党)、労農党と社民党との中間的立場に立つ日本労農党が分裂・離脱した。

一九二八(昭和三)年におこなわれた普通選挙制による最初の総選挙では、無産政党勢力が八名の当選者を出した。この時、これまで非合法活動を余儀なくされていた日本共産党が公然と活動を開始したので、衝撃を受けた田中義一内閣は選挙直後の三月十五日に共産党員の一斉検挙をおこない、日本労働組合評議会などの関係団体を解散させた(三・一五事件)。(前掲『詳説日本史 改訂版』)

無産政党の分岐や、労農党への共産党の影響、田中内閣による弾圧の背景もしっかり描かれていて理解しやすい記述といえよう。

無産政党結成の機運と日本共産党

以上、各教科書の記述を追ってきたが、なぜ日本共産党は無産政党に積極的に関わろうとしたのかが、初学者には理解しにくい記述になっている。

これは、第一節で見た党創立期の記述において、党の目的・方針の説明がないことが理由である。先の山川出版社の記述では、「共産党系」の路線と社会民衆党(社民党)の「議会主義・国民政党路線」の違いを意識させるように書かれているが、ここから日本共産党の目的・方針を把握できる高校生はいないだろう。

まず社民党の路線の検証が必要である。社民党は結党時の「宣言」で「我等は茲に、我が国民大多数を占むる労働者、農民、俸給生活者、小売商人、及び自由職業者等の利害を代表し」[松永 一九二七]と記すので、「国民政党路線」(同路線の説明なし)とはいえない。

これらの記述は、無産政党の研究が低迷していたことの傍証でもある。しかし近年、社民党機関紙『社会民衆新聞』が復刻されたり[福家ほか解題 二〇二一]、『法政大学大原社会問題研究所雑誌』七四〇号(二〇二〇年)で特集「無産政党の史的研究」が組まれたりと、再び日の目を見るようになっている。

各成果を受けた教科書への反映が今後進めばよいだろう。

つぎに、初期の日本共産党の路線が「議会主義」路線でなかったように読める点である。草創期の日本共産党の方針は、一九二二(大正十一)年九月にまとめられた党の「プログラム」(荒畑寒村・堺利彦の連名)を見ると、プロレタリア独裁を「究極目標」に掲げつつも、「ブルジョア民主主義」の促進を見越した「政治的行動」方針が掲げられている[和田ほか 二〇一四]。

この「プログラム」は、結局コミンテルン側では採用されなかったものの、これに代わってコミンテルン側(ブハーリンを中心とするコミンテルン執行委員会綱領問題委員会日本小委員会)が作成した「日本共産党綱領草案」でも、ひとまずの「ブルジョア民主主義」への闘争が掲げられた[村田 一九八六]。とはいえ、日本ではいまだアナ・ボル対立が続いていたため、共産党内部でも合法政党結成に向かうか否かで議論が二分していた。結局、コミンテルン側の「綱領草案」は日本共産党の大会で採択されないまま、堺利彦ら主要党員が検挙された第一次共産党事件や関東大震災後の厳しい状況下で解党論が優勢となり、一九二四年三月に解党に至った。

この解党決定に激怒したのがコミンテルン側(とくに幹部の片山潜)である。一九二四年六月からロシアで開催された第五回大会では、日本共産党の解党が厳しく批判された。コミンテルンの意向を受けて、日本側は党再建に向けて舵を切る。重要なことは、この再建の過程で、コミンテルンが求める合法政党結成が日本共産党の活動方針に位置づけられたことである。

日本共産党の再建と「二七年テーゼ」

日本共産党内で弾圧・解党のひと悶着があったあいだに、第二次護憲運動で普通選挙制度が実現に向けて動き出していた。新たな潮流を受けて、穏健な社会主義者や自由主義者、労働組合、農民組合が無産政党結党運動を推し進めた。

この運動に遅れをとった共産主義者たちは、挽回を目指して労働運動、水平運動、農民運動に関与して思想・運動の左派化を推し進めた。この過程で生まれたのが、日本労働総同盟から除名された人々が結成した日本労働組合評議会だった。

一九二六(大正十五)年三月に生まれた労働農民党は、当初は日本労働総同盟など右派による左派団体(政治研究会、日本労働組合評議会など)の排除を前提として結党された。しかし、個人加盟を認めていたため、党内で左派の意見がしだいに強くなった。

こうして左右対立が高まった結果、右派が脱退し、彼らが新党結成を目指す中で、右派の社会民衆党と中間派の日本労農党が誕生した。以上が、労働農民党に日本共産党の影響がおよぶことになった歴史的背景である[福家 二〇二二a]。

ただ、三党鼎立から第一回普通選挙まで一直線につながるわけではない。十二月に再建された第二次日本共産党の思想と運動方針がここに関係してくるためである。

新生共産党を理論的にリードしたのが幹部の福本和夫だった。留学先のドイツでマルクス主義を学んだ福本は、第二次日本共産党に参加しなかった山川均の理論を「折衷主義」と批判して、結合の前の分離を説いて、大衆運動よりも理論闘争を重視した。

福本の主張は、高等学校生や大学生など若くて高学歴のマルキストを中心に広まった。よって、福本とその理論の影響を受けた共産党においては、労働運動や無産政党運動への積極的な関与は導かれてこない。

これに危機感をもったのが、日本に滞在していたコミンテルンの代表者ヤンソンだった。彼は、党再建を目指す日本共産党幹部と深刻な対立におちいっていたと、コミンテルン宛の報告書に記す。労働運動を重視したヤンソンは、日本労働総同盟幹部が中間派の労働組合と組んで日本労農党を結党する動きを注視していた。彼は日本労農党と労働農民党の合同を提案したが、日本共産党幹部から拒否された。党幹部は日本労農党を分裂させ、その一部を労働農民党へ獲得すべきだと述べた［和田二〇一四］。

コミンテルン側を説得する必要を感じた日本共産党側は、福本を含む幹部をモスクワに派遣した。代表者から党内事情を聞かされていたコミンテルンは、福本と山川の理論を厳しく批判した。福本は自己批判することになり、日本共産党内で失脚した。

コミンテルンの意向を受けた日本共産党側は、コミンテルンに政治テーゼの作成を依頼し、ブハーリンらを中心に「日本問題に関するテーゼ」（二七年テーゼ）が策定され、日本共産党側はこれを採用した。

そこには、社会民主主義への批判が見られる。社会民衆党の「ボス」は「買収されたブルジョアジーの手先」で、日本労農党は「「左翼」社会民主主義者の裏切り的役割」とされた。

他方で、両党の「ボス」から大衆を引き剝がし、自らの支持のもとに置くというのが共産党の戦略だった。二七年テーゼでは、「特に共産党は、共産主義者の圧倒的な影響下にある労農党と、目下のところ中央派〔中間派〕の影響下にある日労党とを合同させるよう、今から全力で努めなければならない」との方針が示されている〔和田 二〇一四〕。

帰国前までに案が確定しなかったため、大枠としてこれらの方針を受け取って日本に戻った「国際共産党日本支部」の幹部は、初めての普通選挙に臨んだのである。

こうした経緯は、コミンテルン文書の公開で、以前より具体的にわかるようになった。しかし、その歴史を日本史教科書に反映させるとなると、国外のコミンテルンとの関係まで描く必要があるため、日本史・世界史の各執筆範囲をどうするかという問題が出てくる。

3 転向をいかに描くか

転向の説明

最後に取り上げる転向は、教科書での記述がもっとも多彩である。

まず実教出版には、転向の記載自体がない。東京書籍は、マルクス主義、自由主義、民主主義に対する弾圧に言及されたあと、「共産主義者には自らの思想を放棄して転向する者があいつぎ、無産政党は、軍部と提携して社会政策を実現しようと国家社会主義化していった」（前出『新選日本史B』）と記す。「軍部の台頭と国家主義思想の高まり」を念頭におきながら、一九三三（昭和八）年から同年代後半までの状況を圧縮して書いたという印象である。

清水書院の記述も、同様の趣旨でまとめられた。「政友会や憲政会など既成政党への批判や、国防国家の建設を掲げる軍部に対し、政界・財界にも協力者が増え、無産政党である社会大衆党や労働運動団体にも国家主義的な傾向が強まった。日本共産党でも、弾圧や転向によって、組織的な反戦活動は終息した。」(前掲『高等学校日本史B　新訂版』)

小見出しの「国家主義思想と転向」からわかるように、国家主義の広がりとともに転向を描いた。「転向」の記述は少ないが、弾圧や転向に注を振って丁寧な説明を加えたほか、転向が文壇や論壇など文化面にもおよんだことを記載した。

もっとも特徴的なのが山川出版社の記述である。小見出しに「転向の時代」と記して、時代のキータームとして「転向」をとらえながら、以下のように詳しく当時の状況を描き出す。

満州事変をきっかけに日本国内で生まれたナショナリズムの高揚は、国家による弾圧とあいまって、社会主義運動に大きな衝撃を与え、社会主義からの大量の転向という現象を発生させた。四分五裂を続けてきた無産政党も国家社会主義に転じ、一九三二(昭和七)年には、赤松克麿を中心に日本国家社会党が結成された。残った人びとは合同して当時最大の無産政党である社会大衆党を結成したが、しだいに国家社会主義化した。さらに一九三三(昭和八)年、獄中にあった日本共産党の最高指導者たちが転向声明書を発表したことは、大量転向のきっかけとなった。(前掲『詳説日本史B　改訂版』)

「転向」を時代現象ととらえて、共産党を軸に描きつつも、無産政党の分裂や国家社会主義化までもそこに含めたこと(それゆえ、「社会主義からの」になっている)、注で転向や国家社会主義の説明に加えて、共産主義者の転向状況もより詳しく記載したこと、転向の文化運動への影響も記されたことが確認できる。

無産政党の分岐と「国家社会主義」

転向の研究は、敗戦後から一九六〇年代頃まで思想や文学の領域で盛んだったが［思想の科学研究会一九五九—六二］、共産党や共産主義の社会的影響が相対化されるにともない下火になった。それでも、近年の転向やナショナリズムの研究が進むことで、上記の記述の修正につながる知見も出てきた。

山川出版社の記述は視野も広く、申し分ないといえるが、「四分五裂を続けてきた無産政党も国家社会主義に転じ」と書くと、無産政党全体が国家社会主義に転じていったと読めてしまう。そうではなく、無産政党から国家社会主義に転じる勢力が出て、そこから一九三二（昭和七）年に赤松克麿を中心とする日本国家社会党が結成された、というのがより実体に即した記述となる。これは、満洲事変後の国家社会主義勢力の離合を明らかにした田中真人の研究や拙著に詳しい［田中 一九七三、福家 二〇一〇、法政大学大原社会問題研究所ほか 二〇二四］。

また、無産政党が国家社会主義に転じたと読めてしまうと、なぜ残った人々が社会大衆党を結党して国家社会主義化していったのか、よくわからなくなる。この経緯をわかりやすく描くなら、「反ファシズム」に立った、もしくは国家社会主義を「ファシズム」と批判した人々は合同して社会大衆党を結党した、となるだろう。

なお、山川出版社の注では、国家社会主義を「国家の社会政策などによって資本主義の弊害を除こうとする立場」だとして、ファシスト党やナチ党もこれを唱えていたとの説明がある(前掲『詳説日本史　改訂版』)。この国家社会主義の定義は、明治期のそれがイメージされているのではないか。昭和初期の国家社会主義の定義は、統制機関である「国家」によって資本主義の廃絶を目指す思想で、社会政策や修正資本主義とは異なる[福家 二〇二二b]。

余談ながら、近年の日本のドイツ研究では、「ナチズム」(Nationalsozialismus)を「国家社会主義」ではなく、「国民社会主義」と訳して両思想を峻別しているので、各思想を区別なくとらえることには慎重でありたい。

つぎに、共産主義者の転向に関する教科書の記述を見たときに、なぜ一九三〇年代初頭に転向が問題となったのか、背景がわかりにくい。国家主義や軍国主義だけで説明できるのだろうか。例えば、山川出版社に掲載されている「労働争議・小作争議の消長」のグラフを見れば、両争議とも一九三〇年代初頭に盛んになっている(前者のピークは一九三〇年頃、後者は一九三六年頃)。これらを支援していた日本共産党の活動も同時期に高まっていたとすれば、なぜ大量転向が生まれたのかと思考する高校生がいてもおかしくない。

どの教科書でも、一九二〇年代末に日本共産党が弾圧された記述で終わっているためわかりにくいが、一九三〇年代初頭には党の運動はかなり盛り返してきていた。

しかも、同じ時期にコミンテルンから日本共産党にテーゼが届けられ、党の運動方針に位置づけられた。その一つが「日本における情勢と日本共産党の任務に関するテーゼ」(三二年テーゼ)である。ここで掲げられた二段階革命などの革命戦略は、同時期のみならず、戦後の共産党運動や文化運動、学問など広範な影響を与えていく。

転向は、教科書では国家主義の高まりが背景で語られる傾向にあるが、「三二年テーゼ」の受容とも関係している。山川出版社の転向の注には、党幹部の転向声明内で「コミンテルンが日本共産党に指示した天皇制打倒・侵略戦争反対の方針を批判し」(前掲『詳説日本史　改訂版』)と説明しているが、この「方針」が「三二年テーゼ」である。彼らの転向過程とその後の一国社会主義運動については拙稿で明らかにした[福家二〇一三]。

党幹部の転向も、実は佐野学・鍋山貞親の転向声明が初めてではなかった。一九二九年に獄中にいた党員の水野成夫が手記を発表し、「コミンテルン盲従主義」や「党の大衆よりの孤立」などを批判していた。その後、満洲事変を経て、党の運動も盛り返してきた中での幹部の転向声明がマス・メディアで発表・宣伝されることで、センセーショナルにとらえられた。

ナショナリズムや弾圧だけで同時期の日本の共産主義運動をとらえると、転向した人々の主体的な運動の方向性や、国外社会主義運動との緊張感が見えなくなる可能性がある。むろん、そこには時代下での限界や問題とすべき点も多いが、それらも含めた歴史的な検証のうえで、教科書の記述を見直していく必要があるだろう。

おわりに

以上が、戦前の日本共産主義運動をテーマとして見た「日本史の現在」である。各教科書での記述がどのように違うのか、その記述と関連する過去から現在までの研究はいかなるものなのかを検討してみた。近年の研究では、「戦後歴史学」の問い直しとともに、日本共産主義運動をコミンテルンや東アジアの社会運動と連動した書き方が増えているが、一国史的記述に軸を置く日本史の教科書では、そうした書き方を反映させるのは限界があるのかもしれない。

総じていえば、日本史の教科書において、社会運動の記述は「左」の共産主義運動から「右」の国家改造運動に至るまで周辺的な扱いであるうえ、社会運動が政治や文化といかにつながるのかが把握しにくい構成になっている。また今回、各教科書の記述を検討してみて、最新の研究が反映されるまでタイムラグが発生している印象を受けた。争点は争点として今後の検証を注視しつつ、新たな事実にもとづく記述と認識を反映していくことが望ましいと思われる。

〈参考文献〉

加藤哲郎　一九九九年「一九二二年九月の日本共産党綱領(下)」(『法政大学大原社会問題研究所雑誌』四八二号)
黒川伊織　二〇二〇年『戦争・革命の東アジアと日本のコミュニスト　一九二〇―一九七〇年』(有志舎)
思想の科学研究会　一九五九―六二年『共同研究　転向』(平凡社)
田中真人　一九七三年「「満州事変」と国家社会主義」(渡部徹・飛鳥井雅道『日本社会主義運動史論』三一書房)
中北浩爾　二〇二二年『日本共産党――「革命」を夢見た一〇〇年』(中公新書)

福家崇洋　二〇一三年「一国社会主義から民主社会主義へ――佐野学・鍋山貞親の戦時と戦後」(『文明構造論』九号)
福家崇洋　二〇一〇年『戦間期日本の社会思想――「超国家」へのフロンティア』(人文書院)
福家崇洋　二〇二二年a「無産政党の台頭と挫折」(筒井清忠編『昭和史研究の最前線――大衆・軍部・マスコミ、戦争への道』朝日新聞出版)
福家崇洋　二〇二二年b「国家社会主義と満洲事変」(山口輝臣・福家崇洋編『思想史講義』戦前昭和篇、ちくま新書)
福家崇洋・立本紘之・杉本弘幸解題　二〇二一年『社会民衆新聞・社会大衆新聞』(三人社)
法政大学大原社会問題研究所・榎一江編　二〇二四『無産政党の命運――日本の社会民主主義』(法政大学出版局)
松永義雄　一九二七年『社会民衆党とはどんな政党か』(社会民衆党出版部)
村田陽一　一九八六年『資料集・コミンテルンと日本』第一巻(大月書店)
山極潔　一九九三年「日本共産党の形成過程」(『東洋大学紀要』教養課程篇、三二号)
和田春樹、G・M・アジベーコフ監修・富田武、和田春樹編訳　二〇一四年『資料集　コミンテルンと日本共産党』(岩波書店)

20 近代の公娼制度

小野沢 あかね

1 教科書から欠落した「公娼制度」

近代日本の公娼制度とは、性売買業者(貸座敷)と、その性売買業者に人身売買で抱えられた女性(娼妓)に性を売らせることを、場所を限定して(その場所を遊廓と呼ぶ)公認し、客に性病を感染させないために娼妓に性病検査を強制するという制度である。女性を娼妓や芸妓・酌婦(芸妓・酌婦も性売買を黙認されていた)として貸座敷などに斡旋する業者(芸娼妓酌婦紹介業)も認められていた。

ちなみに、戦後の日本では金銭を受け取って不特定の相手と性交をすることを「売春」と称してきた。しかしその後、売る側ではなく、金の力で性行為の相手をさせる買う側こそが問題であるとの認識が深まり、買う行為を可視化する「買春」という言葉が登場した。さらに近年では、「売春」の「春」という字は行為を正しく表していない、「売春」ではなく「性売買」もしくは「性搾取」という呼称がふさわしいとする韓国のフェミニストの主張〔角田 二〇一三、シンパク・ジニョン 二〇二二〕に啓発され、日本でも「性売買」「性搾取」などの用語が使用されるようになった。一方、「買春」についても、代わりに「性買」「性購買」などの用語を使用する研究者もいるが、それらは現時点ではいま一つ定着していない。そこで本稿では「売春」は「性売買」と呼び変え、「買春」はそのまま使用することとするが、これらの言葉は今後も更新されていく可能性があることをお断りしておきたい。

「公娼制度」は、現在高校で使用されている「日本史探究」の教科書すべてにおいて記載されていない。ただし、「公娼制度」に関連する史実はわずかに登場している。例えば、『詳説日本史』(日探 山川出版社 二〇二三)では、「キリスト教会は布教のかたわら、人道主義の立場から教育・福祉活動や廃娼運動などに成果を上げげた」(二八九頁。傍線は筆者、以下同様)とある。また、「金解禁と世界恐慌」のところで、「東北地方を中心に農家の困窮は著しく(農業恐慌)、欠食児童や子女の身売りが続出した」(三〇四頁)とある。さらに、第二次世界大戦における「国民生活の崩壊」を論じた部分では(三二二頁)、注①で「戦地に設置された日本軍向けの「慰安施設」には、日本・朝鮮・中国などから女性が集められ、「慰安婦」として働かされた」と記載されている。

「廃娼運動」とは、公娼制度廃止運動の略称であり、また、「子女の身売り」先の多くは、公娼制度の娼妓か、さもなければ酌婦や芸妓だったが、教科書からその事実を理解するのは難しい。さらに、「慰安施設」「慰安婦」という記載だけでは、具体的な内実は理解できない。

日本軍「慰安婦」とは、主として日中戦争以降の時期に、日本軍兵士の性の相手をさせるため、植民地、占領地、日本内地から、日本軍が強制的に徴集した女性たちのことである。日本軍「慰安婦」

問題は、実は公娼制度と深く関係していた。したがって、公娼制度を理解しておくことは、現在も未解決である日本軍「慰安婦」問題という甚大な国家犯罪がなぜ生じたのかを理解するうえでも重要である。そこで本稿では、①まず「公娼制度」について、つぎに②同制度と日本軍「慰安婦」問題との関係を説明し、最後に現代の性売買についても言及したい。

2　近代公娼制度下の性売買

公娼制度とは何か

遊廓を公認する制度は、近世以来の長い歴史をもつ。近世では公認された性売買業者・その下に抱えられている女性は遊女屋・遊女と呼ばれたが、近代公娼制度下では貸座敷・娼妓と呼ばれた。維新政府は一八七二(明治五)年十月、太政官布告第二九五号を発し、娼妓、芸妓などの解放を命じた。理由は、「年季奉公」というのが名目にすぎず、実際は人身売買に等しいからだった。同月には「身代金」(人身売買の代金)などの借金取り立てを認めない旨の法令(司法省達第二二号)も出され、これら二つの法を合せて「芸娼妓解放令」と総称する〔国立歴史民俗博物館 二〇二〇、横山 二〇一八〕。

「芸娼妓解放令」は一定の効果を上げたが、その後、娼妓は座敷を借りて「自由意思」で性を売る存在であるという建前で公認された。貸座敷の統制は各府県に依託されて各府県警察行政の下におかれ、貸座敷と娼妓は特定の地域に限定して公認するという「集娼制度」が導入された。そして、遊客(遊廓にくる客のこと)に性病をうつさないようにするという理由で、娼妓に性病検査が強制された〔国立歴史

民俗博物館 二〇二〇］。

人身売買――「自由意思」という建前のもとで

公娼制度のもとでの性売買は、娼妓の「自由意思」によるというのは建前にすぎず、実際は人身売買だった。また、性病検査の強制も、娼妓に対する著しい人権侵害だった。人身売買の代金「身代金」は「前借金《ぜんしゃっきん》」に呼び名を変え、貸座敷は女性を娼妓として抱える際、前借金を支払ったが、それを受け取るのは本人ではなく主にその女性の親や親権者だった。娼妓になった女性はその前借金を返済するためという名目で、借金を完済するか、定められた年期が終わるまで、ほぼ廃業の自由なく客を取らされ続ける。しかも、前借金の返済を困難にするからくりがあった。

困難だった原因の第一は、揚代金《あげだいきん》(客から受け取る代金)のうちの娼妓の取分の少なさだった。例えば、一九二〇年代半ばの東京の遊郭についての調査では、揚代金の半分から四分の三程度があらかじめ貸座敷の取分となり、娼妓はその残りの自分の取分から、決められた割合で借金や利子の返済をするとされる。そこからさらに、賦金と呼ばれる一種の税を引かれた後の残額が娼妓の小遣いとなるが、小遣いから稼ぎ上必要な着物類などを購入しなければならず、親兄弟から要求される仕送りを賄う必要もあった。そのため小遣いでは足りず、貸座敷業者から新たな借金(追借金)を重ねる娼妓が多く、借金は減額するどころか増加していく場合がしばしばあり、自力での廃業はきわめて困難だった。つまり実態は人身売買に等しかったのである［中央職業紹介事務局 一九二六、草間 一九三〇］。

さらに、貸座敷が娼妓を抱える際の契約には、年期期間中の稼ぎ高全額が楼主の所得となり、娼妓の取分が皆無という制度も存在した。そのかわり、年期終了とともに前借金が返済されたとみなされる契約だが、稼業期間中、娼妓自身が購入しなければならないものが存在したため、追借金が必然化すると思われる制度であり、実際に年期終了とともに廃業できたのか疑問の残る制度である［人見二〇二二a・二〇二二b］。

以上の状況は、貸金の「計算帳」や、娼妓の書いた手紙などの一次史料を使用した研究から、近年克明に明らかにされつつある。例えば、長野県飯田市の二本松遊廓深川楼の娼妓たち二二人の前借金を計算して記した「計算帳」(一九一三〜二六〈大正二〜昭和元〉年)を分析した研究では、この期間中、最初に記された前借金よりも借金が多くなった娼妓は二二人中一五人にのぼるとともに、この期間中に借金を完済できた者は一人もいなかった。稼業上必要な着物などの購入、親への送金で追借がたびたび行われ、借金総額が増額していくありさまが明らかにされている［齊藤二〇一四］。

娼妓たちは稼業の場所を変えることによって事態が好転するかもしれないと一縷の希望を託して住み替える場合もあった。しかし娼妓の自己都合による住み替えにあたっては、違約金の支払いが義務化されており、むしろ借金が増額した。紹介業者のもとに寄せられた、住み替えを希望する娼妓の手紙を分析した研究からは、よりましな境遇を求める娼妓たちの意思を読み取ることができる。しかし同時に、娼妓たちは楼主や紹介業者に対する恩義や義理、「家」制度の道徳を内面化しており、貸座敷業者や紹介業者のつくり出した搾取の仕組みにたくみに利用されていたこと、その仕組みから脱出することがいかに困難であったかもわかる［人見二〇二一・二〇二二c］。

一九〇〇(明治三十三)年には「娼妓取締規則」が出され、借金の有無にかかわらず娼妓はやめたいときに廃業できる(これを「自由廃業」と呼ぶ)と記された。しかし、それでもたいていの娼妓たちが廃業できなかったのは、廃業しても前借金の返済義務は残るとの判決を大審院が出す場合が主だったからである。返済できない債務を負わせて人身を拘束する前借金契約自体を禁止しない限り、廃業の自由は実現できないのが明白だったのであり、裁判所が貸座敷業者の利益を優先したことは否定できない[川島 一九五一、牧 一九七一]。「娼妓取締規則」では、娼妓の通信・面接・物件所持の自由を妨げてはならないなどの記載もあったが、いずれも名目上のもので、一九三三(昭和八)年までは警察の許可なく外出することもできなかった。

日本が植民地化した国、勢力圏に組み込んだ地域にできた日本人居留民社会にも遊廓が許可・設置され、公娼制度が導入された。例えば、植民地となった台湾では一九〇六年に、朝鮮では一九一六年に、貸座敷と娼妓に関する統一的な取締規則が制定された。そして、これらの地域では日本以上に娼妓の自由がないがしろにされた。数例をあげると、日本では娼妓の年齢は一八歳以上と決められていたのに対し、娼妓は朝鮮では一七歳、台湾では一六歳以上とされた。さらに「自由廃業」の規定が朝鮮では欠如、台湾でも不備であり、その他の自由の規定も日本以上に不備であった。また、軍隊と遊郭は密接な関係をもっていたが、植民地では軍事的支配を背景に遊廓と日本軍の関係が日本以上に密接だった点が重要である。植民地では当初は日本人遊客が、日本から連れてこられた日本人娼妓を買った。しかし、日本がもち込んだ公娼制度の慣習は、しだいに植民地の民衆を巻き込み、朝鮮人や台湾人の娼妓や業者も増加していくことになった[金・金 二〇一八、吉見 二〇一九]。

娼妓の境遇(芸妓・酌婦の境遇も似ていた)から、娼妓や芸妓は奴隷に等しいと発言する人々は、戦前社会においても一般民衆から新聞記者、弁護士、名の知られた政治家まで、多様に存在していた［小野沢 二〇一五］。また、著名な法社会学者である川島武宜は、戦後すぐに娼妓や芸者の契約は「奴隷に等しい」と述べている［川島 一九五一］。

廃娼運動

公娼制度の廃止を要求し、貸座敷からの娼妓の逃亡を手助けをしたのが廃娼運動だった。一八八六（明治十九）年に東京婦人矯風会として発足した日本キリスト教婦人矯風会（以下、矯風会）や、救世軍など、キリスト教の人々がこの運動の中心を担った。矯風会は一八九四年に、遊廓から逃亡した女性たちを保護する慈愛館を設立している。

戦前の日本では、女性は厳しく貞操を強いられたが、男性は遊廓へ行ったり妾を囲うのが容認されていた。矯風会はこうした社会のあり方を批判し、公娼制度を廃止するために母親としての女性の権利が必要と主張した。母親としての権利の主張は今日から見れば保守的にも聞こえる。ただし、戦前の女性の暮らしを考えれば、こうした主張をした理由がわかる。人口の多くを占めた農家などでは、主婦は産休もなく過酷な農作業などを担っていた。しかし夫は酒を飲んで妻に暴力をふるい、妾を囲ったり（一夫多妻）、遊廓で買春して家計を破綻に追い込むことが多く、その結果、娘を身売りに出すことが常態化していたからである。［小野沢 二〇一〇］。

人身売買の隠蔽と「大衆買春社会」

一九二〇年代になると、性売買の強要から女性を保護する政策は世界的に進展したが、日本政府は人身売買の慣習を容認し続けた。一九二一(大正十)年に制定された「婦人及児童の売買禁止に関する国際条約」は、二一歳未満の女性を性売買に勧誘することを禁止するものだったので、一八歳以上の女性が娼妓になることを公認している日本の公娼制度はこれに違反していることが明らかだったにもかかわらず、日本政府は同制度を擁護し続けた。一九三一(昭和六)年には国際連盟が東洋婦女売買調査団を派遣して、日本では親の借金を返済するために娘が性売買をさせられているが、それは娘の「自由意思」による行為とはいえないのではないか、と日本政府を追及する局面もあった。しかし、日本の役人は、娼妓や芸妓は「自由意思」で商売している「独立した婦人」なのだと、その実態を隠蔽する回答をしたのである[小野沢 二〇一〇]。

一方で、一九一〇〜二〇年代は、遊廓での買春が大衆化し、買春客が急増した時代だった。遊廓では「遊客名簿」という帳面をつけることが義務づけられ、警察に管理されていたが、そこには、客の氏名、年齢、住所、消費金額、来店・帰りの日時、相手をした娼妓の名前などの情報が記録されていた。京都府の「遊客名簿」と統計を使用した研究では、一九一〇〜二〇年代には、壮年男性のほとんどがほぼ毎月遊廓へ行くというような社会になっており、三〇年代には周辺の農村部もそうなっていたと結論づけている。しかも、「遊客名簿」に見る買春客の住所からは、男たちは家族とともに住む自宅近くの遊廓で日常的に買春行為をする傾向にあったこともわかってきた[横田 二〇一四]。こうした状況を横田冬彦氏は、「大衆買春社会」と名づけた。

実際、公娼制度を肯定する論は根強かった。その論理(存娼論)はおおむね以下の三点にまとめられる。①男性の性欲は抑制できないので、その性欲処理のために公娼の存在は必要悪である、②公娼を廃止すれば私娼(公認されていない性売買女性)が増える、③公娼には性病検査があるので、社会衛生上の利点がある。このうち、①がもっとも主要な論拠であり、公娼を廃止すれば強姦が増え、良家の子女を守れないとする論法はきわめて多く、帝国議会議員の中で堂々とこうした意見を表明する議員も少なくなかった[村上 一九七二、吉見 二〇一九]。

しかしこれらの論は当時においても以下のようにすでに論破されていた。①遊廓が不可欠なほど男性の性欲が抑えられないのではなく、実際はその逆で、遊廓を公許しているから、娼妓、ひいては女性を、その人格を無視して性欲のはけ口の対象として見る見方を常識化してしまっている、②公娼があるので私娼の増加を制限できるというのは机上の空論で、現実には、日本社会に私娼は公娼以上に多数存在しており、むしろ遊廓のある地域に「私娼窟」もつくられている、③娼妓だけを性病検査する方法は効果がなく、遊客をはじめその他の国民も性病検査・治療を行わない限り性病蔓延は防げない[村上 一九七二]。

3 近代公娼制度と日本軍「慰安婦」問題

日本軍「慰安婦」問題とは

つぎに、公娼制度と日本軍「慰安婦」問題との関係について、①公娼制度下の性売買業者、②男性の買春という二つの側面から見ていくが、その前に日本軍「慰安婦」問題の概要を見ておこう。

日本軍の慰安所がその占領地域全域に設置されるようになったきっかけは、膨大な数の中国人女性が強姦、殺戮されたいわゆる「南京事件」(一九三七〈昭和十二〉年十二月)と深い関係にあった。表だった強姦が国際的な批判を買うことを恐れ，このとき上海派遣軍は、「強姦防止」を目的として南京に慰安所を開設した。日本軍はその後、戦線の拡大とともに各地に続々と慰安所を設置していったが、これには軍の中央や日本国家が深く関与していた。慰安所で女性に性行為を強要すること自体が強姦なので、「強姦防止」のために慰安所を開設するというのは矛盾している。しかし、兵隊には性的はけ口が必要であるとの日本軍の発想は根深く、日本軍は中国の各地に続々と慰安所を設置していったが、慰安所外での強姦も一向になくならなかった。一方、「性病予防」も慰安所開設の名目の一つだったが、慰安所によって性病を防ぐことはできなかった。定期的に性病の検査を受けさせる「慰安婦」を兵隊に提供することで、性病の蔓延を防ごうという完全に男性本位の発想である。「強姦防止」と「性病予防」という発想は公娼制度肯定論と酷似している。

一九四一年十二月、日本がアメリカ・イギリス・オランダなどに対して戦争を起こし、東南アジア・太平洋の広大な地域を占領すると、その占領地域にも日本軍は軍慰安所をつぎつぎと設置していった。その範囲は、日本軍の駐屯した地域全域にまたがり、植民地の朝鮮・台湾の女性たちに加え、占領地域全域の女性たち、つまり中国人、フィリピン人、インドネシア人、ベトナム人、ビルマ人、(インドネシア在住の)オランダ人などの女性たちが「慰安婦」にさせられた。彼女たちは、暴力的に連行されたり、「勉強もできてお金も儲かる仕事がある」などと騙されたり、人身売買されたりして徴集された。

背景には植民地をはじめとするアジアの人々への根深い差別があったが、日本人女性も「慰安婦」に徴集されていることも注目される。「慰安婦」被害者の総数について正確な数字は不明だが，数万から十数万のあいだではあろうと推計されている［吉見 一九九五］。

慰安所内では、一日に数十人の軍人の相手を強制される場合もあった。女性たちに外出の自由はなく、逃亡は困難だった。そもそも故郷を遠く離れて連れてこられた女性たちは、逃亡しても行く先がわからなかった。性行為の強要にあたっては、殴る、蹴る、軍刀で切りつける、性器を切り裂く、乳首をかみ切る、などの凄惨な暴力が加えられることもあり、彼女たちは抵抗を諦めざるをえなかった。たとえお金を支払ったとしても性暴力は許されることではないし、お金などもらわなかった女性たちが多かった。「慰安婦」にさせられた女性たちは、解放された後もPTSD（心的外傷後ストレス障害）に悩まされるなど、その生涯をだいなしにされたと訴える［アクティブ・ミュージアム「女たちの戦争と平和資料館」編 二〇〇六・二〇一〇、金・古橋 二〇二一］。

日本軍「慰安婦」徴集・慰安所設置の手先となった貸座敷・紹介業者

そして、ここで重要なことは「慰安所」の設置・「慰安婦」の徴集は、公娼制度下の性売買業者と深く関係していたことである。日本軍は設置・徴集を自ら行うだけでなく、公娼制度下の貸座敷業者や、芸妓置屋、酌婦を置く店の業者、そして芸娼妓酌婦紹介業の人々に指示して慰安所の設置・運営、「慰安婦」徴集を行わせることがあったのである。いくつか史料を紹介しよう。

例えば日本政府が公開した「警察庁関係公表資料」という資料群がある。この中には、貸座敷業者や芸娼妓酌婦紹介業者が、日本軍に指示されて上海派遣軍内陸軍慰安所で「慰安婦」に従事する女性を、日本の内地の様々な場所で集めていることがわかる資料がある［女性のためのアジア平和国民基金 一九九七］。また、軍人が戦後記した文献にも、上海派遣軍が内地の各地の遊廓に「慰安婦」徴集の協力を要請した結果、大阪、神戸、広島などの遊廓がこの要請に応じて、漢口慰安所に「出店」したと述べられている。彼らは女衒を通じて女性を募集したのであり、貧乏な家から娘を「買い付ける」のだとされている［山田 一九七八、長沢 一九八三、小野沢 二〇一四］。

日本軍「慰安婦」被害を認識できなくさせたもの

「慰安婦」に性交の相手をさせた大半の日本兵が、「慰安婦」にさせられた女性たちの苦悩に気づかなかったという点にも、慰安所と公娼制度との色濃い関係が見えてくる。日本軍「慰安婦」について旧日本兵にインタビューをすると、彼らは判を押したように同じ意見を述べたという。すなわち、「当時は貧しく身売りもあった。「慰安婦」は商売としてやっていたのだから仕方がなかったのではないか」「日本の遊廓と同じ。自分ですすんでやっていた。金儲けのためだった」などの意見である［池田 二〇〇〇］。

ここからわかることは、日頃から遊廓での買春に慣れ親しんできた日本人男性が、戦地の慰安所を遊廓同様の場所ととらえていたため、慰安所を利用することに罪の意識をもつことができなかったということだ。多くの日本軍「慰安婦」被害者が暴力や詐欺で集められたことには気づこうとすらしなかった。

つまり、戦争によって突発的に日本軍「慰安婦」問題が発生したわけでない。日頃から人身売買された女性に買春の相手をさせる公娼制度が存在したことが、戦時に大規模な日本軍「慰安婦」問題を引き起こす温床となったのである。

近代公娼制度から現代の性売買へ

一九四六(昭和二十一)年、GHQが出した公娼制度廃止の指令により、同制度は廃止された。そして一九五六年の売春防止法の制定で、前借金契約の禁止、女性に「売春」をさせる業などの処罰、女性たちが性売買から抜け出すのを支援する「婦人保護」政策が定められた(沖縄における同法全面施行は一九七二年)。一方で同法は「社会の善良の風俗」を守ることを目的の一つに掲げ、「性行又は環境に照して売春を行うおそれのある女子に対する補導処分及び保護更生の措置を講ずることによって、売春の防止を図る」とし、その第五条で、「公衆の目にふれる」などの方法で「売春」目的で客を勧誘する行為の処罰を規定している。

つまり、同法は「売春」する側に問題があるという論理になっており、一方で買春者は処罰しない。加えて、同法でいう「売春」は、「性交」を指すとの論理により、「性交」を含まない性行為(「性交類似行為」)の提供をうたう業者は、届け出により「性風俗関連特殊営業」として風営法のもとで合法化された。しかし、現実には風営法で許可された業者の中に「売春」、つまりは「性交」をさせるものがあることは周知の事実であり、現代日本では性売買をさせる業が事実上合法であるといっても過言ではない[角田 二〇一三]。その結果、買春はもちろん性売買をさせる業者は現在においても広く存在することになり、少なくない大学生・中高生が性売買に取り込まれている。

買春は金という権力で他人に自分の性交の相手をさせる行為である。にもかかわらず、なぜ買春者ではなく、その相手をさせられる側が処罰されるのだろうか。このことは、買春は男性の当然の娯楽とみなす考えが現在でもとても根深いことと深く関係しているだろう。しかも、現在でも、借金による強制や、貧困・虐待などで自宅にいられないなどの事情、ホストなどによる性風俗店への誘導によって性売買に取り込まれる人たちは少なくない［仁藤 二〇一六・二〇二二、兼松 一九九〇、宮本 二〇一六、荻上 二〇一二、井上 二〇一二］。つまり、「自由意思」に見えたとしても、実はそうとは言えない状況が存在する。一方、お隣の韓国では、日本が持ち込んだ前借金（前払金）の慣習がいまだに女性たちを苦しめており、借金返済のために日本に売られるケースも多い。そうした中、性売買を自己責任の問題に回収しようとする風潮に反対し、買春の相手をすることがいかに苦しいかを、性売買経験当事者自身が告発する運動を展開していることが注目される［性売買経験当事者ネットワーク・ムンチ　二〇二三］。

性売買とは決して自己責任の問題ではない。社会の問題なのである。公娼制度の歴史はそのことを私たちに教えてくれる。

〈参考文献〉

アクティブ・ミュージアム「女たちの戦争と平和資料館」編（西野瑠美子・金富子責任編集）　二〇〇六年『証言　未来への記憶——アジア「慰安婦」証言集〈1〉南・北・在日コリア編〈上〉』（明石書店）

アクティブ・ミュージアム「女たちの戦争と平和資料館」編（西野瑠美子・金富子責任編集）　二〇一〇年

『証言　未来への記憶――アジア「慰安婦」証言集〈2〉南・北・在日コリア編〈下〉』（明石書店）
池田恵理子　二〇〇〇年「旧日本軍兵士の性行動」（『日本軍性奴隷制を裁く　二〇〇〇年女性国際戦犯法廷の記録2　加害の精神構造と戦後責任』緑風出版）
井上理津子　二〇一一年『さいごの色街　飛田』（筑摩書房）
荻上チキ　二〇一二年『彼女たちの売春《ワリキリ》――社会からの斥力、出会い系の引力』（扶桑社）
小野沢あかね　二〇一〇年『近代日本社会と公娼制度――民衆史と国際関係史の視点から』（吉川弘文館）
小野沢あかね　二〇一四年「芸妓・娼妓・酌婦から見た戦時体制――日本人「慰安婦」問題とは何か」（歴史学研究会・日本史研究会編『「慰安婦」問題を／から考える――軍事性暴力と日常世界』岩波書店）
小野沢あかね　二〇一五年「性奴隷制をめぐって――歴史的視点から」（『季刊　戦争責任研究』八四号）
兼松左知子　一九九〇年『閉じられた履歴書――新宿・性を売る女たちの三〇年』（朝日文庫）
川島武宜　一九五一年「人身売買の法律関係(一)――芸娼妓丸抱契約の効力について」（『法学協会雑誌』六八―七）。
金富子・金栄　二〇一八年『植民地遊廓――日本の軍隊と朝鮮半島』（吉川弘文館）
韓国挺身隊問題対策協議会・二〇〇〇年女性国際戦犯法廷証言チーム編、金富子・古橋綾編訳　二〇二〇年『記憶で書き直す歴史――「慰安婦」サバイバーの語りを聴く』（岩波書店）
草間八十雄　一九三〇年『女給と売笑婦』（汎人社）
国立歴史民俗博物館　二〇二〇年『企画展示　性差の日本史』
齊藤俊江　二〇一四年「飯田遊廓と娼妓の生活」（佐賀朝ほか編『シリーズ遊廓社会2　近世から近代へ』吉川弘文館）

女性のためのアジア平和国民基金編　一九九七年『政府調査「従軍慰安婦」関係資料集成①』(龍渓書舎)
シンパク・ジニョン著、金富子監訳　二〇二二年『性売買のブラックホール――韓国の現場から当事者女性とともに打ち破る』(ころから)
性売買経験当事者ネットワーク・ムンチ　二〇二三年『無限発話――買われた私たちが語る性売買の現場』(梨の木舎)
中央職業紹介事務局　一九二六年『芸娼妓酌婦紹介業に関する調査』
角田由紀子　二〇一三年『性と法律――変わったこと、変えたいこと』(岩波新書)
長沢健一　一九八三年『漢口慰安所』(図書出版社)
「戦争と女性への暴力」リサーチ・アクションセンター編、西野瑠美子・金富子・小野沢あかね責任編集　二〇一三年『「慰安婦」バッシングを越えて――「河野談話」と日本の責任』(大月書店)
仁藤夢乃　二〇一六年『難民高校生――絶望社会を生き抜く「私たち」のリアル』(ちくま文庫)
仁藤夢乃　二〇二二年「日本の性売買の現場から」(前掲『性売買のブラックホール』)
人見佐知子　二〇二一年「娼妓の住み替えをめぐる一考察――娼妓の手紙から」(『近畿大学民俗学研究所紀要　民俗文化』三三号)
人見佐知子　二〇二二年a「娼妓と近代公娼制度――一次史料からみる娼妓の住み替えと廃業」(『歴史評論』八六六号)
人見佐知子　二〇二二年b「娼妓の前借金返済はなぜ困難だったのか」(『歴史科学』二五一号)
人見佐知子　二〇二二年c「娼妓からみた近代日本の公娼制度――周旋業者・借金・梅毒」(『近畿大学民俗学研究所紀要　民俗文化』三四号)

牧英正　一九七一年『人身売買』（岩波新書）
宮本節子　二〇一六年『ＡＶ出演を強要された彼女たち』（ちくま新書）
村上信彦　一九七二年『明治女性史　下巻　愛と解放の胎動』（理論社）
山田清吉　一九七八年『武漢兵站』（図書出版社）
横田冬彦　二〇一四年「『遊客名簿』と統計――大衆買春社会の成立」（前掲『「慰安婦」問題を／から考える』）
横山百合子　二〇一八年『江戸東京の明治維新』（岩波新書）
吉見義明　一九九五年『従軍慰安婦』（岩波新書）
吉見義明　二〇一九年『買春する帝国――日本軍「慰安婦」問題の基底』（岩波書店）

21 総力戦下の日本帝国の労務動員——法制度・計画と実態

外村　大

1　関心と研究の展開過程

加害の史実と否定論

総力戦では、兵士の戦闘だけでなく、それを支える非戦闘地域での生産活動が重要な意味をもつ。そのための国家による労働力配置、つまり労務動員は日本帝国の総力戦期にも展開された。そこでは、日本人(ここでは朝鮮人や台湾人ではない日本帝国臣民を指す)に限らず、朝鮮人や中国人なども対象となっている。

動員された人々は、厳しい環境の中で労働に従事した。とくに植民地の人々や外国人が担った労働は過酷であった。これは、同時代的には常識であったし、外国人への差別がなくならない現代の日本人にも容易に想像できることだろう。しかし、現在、日本社会では、日本帝国の加害の歴史を否定し、隠蔽しようとする主張が繰り返し語られている。

歴史教育にもその影響はないとはいえない。また、日本人と朝鮮人や中国人の労務動員がどのように異なるのか、それ以前の朝鮮半島・日本列島間の労働力移動との関係をどう考えるべきかなど、説明するべき点は多い。しかし歴史教科書ではそれらについて十分触れているわけではなく、市民社会においても理解が広まっていない現実がある。

市民の調査と研究の展開

日本帝国の労務動員については、中国人の被害がまず注目された。一九五〇年代初頭から日本各地に残る遺骨の返還の取組があったためである。また一九五八(昭和三十三)年には、戦中に動員され、戦争終結を知らないまま北海道の山中に隠れていた中国人の劉連仁が「発見」され、帰国したことも注目を集めた。このことに刺激を受けて、朝鮮人の被害の調査も進められ、一九六五年には、これに関連する政策展開や被害者の声をまとめた著作が刊行された[朴 一九六五]。さらに中国人・朝鮮人の被害の調査は、七〇年代以降、個別の地域ごとに深められ、九〇年代には戦後補償要求の裁判とも結びついて活発になった。このような活動は、日本人のあいだでのアジア近隣諸国に対する加害の歴史に目を向けさせた意味でも重要であった。

このように労務動員については、日本人よりも中国人・朝鮮人の被害がむしろ注目されることが多かった。これに対し、九〇年代後半から、一部の日本人から疑問の声があがるようになった。戦争で大変だったのは日本人も同じであるし、朝鮮人の場合は日本帝国の一員で差別はなかった、彼らは自己の意思で日本にきたのだ、といった声高な主張が目立ちはじめたのである。その背景には、労務動員について制度や労働の実情などについて民族的な差異を十分にふまえて説明した研究が提示されていなかったことがある。このような中で、史実を無視した、日本帝国の加害の否定論が九〇年代末頃から影響力をもつようになった。

しかし、二十一世紀以降、日本人の動員についても研究が進んだ[佐々木 二〇一九]。同時に、朝鮮人・中国人の労務動員についても、体系的な政策展開と労働の実情、日本人との差異などが明らかにされている[西成田 二〇〇二、山田・樋口・古庄 二〇〇五、外村 二〇一二]。

2 労務動員の計画と法制度

総力戦と労働力不足

国家による労務動員は、総力戦が始まり、兵役に就く青年男子の増大＝後方での各種産業の労働力人口の減少と軍需生産の拡大にともなう労働力需要の増加によって必要となった。ただし、日本では、総力戦以前にすでに労働市場で別な問題が生じていた。炭鉱や金属鉱山、港湾荷役、土木建築工事などで、労働力の確保が困難になっていたのである。これは労働条件が劣悪で、暴力的な支配を行う監獄部屋と呼ばれた宿舎におし込んでの使役もしばしば行われていたためである。しかも、軍需景気によって、機械工業や重化学工業などで相対的に好条件の雇用先が増え、これらの職種での人手不足はより深刻化する可能性があった。そして石炭の産出や輸送に支障が生じれば、様々な工場の稼働がストップしかねず、これらの職種の労働力確保は軍需生産にとっても死活問題であった。

これ以外でも総力戦遂行では、最低限の生活必需品の生産や、食料の確保も重要であった。日本帝国は、こうした課題に対応して、労働力配置を考えなければならなかったのである。

動員計画と動員数

そのために政府は、一九三九(昭和十四)年以降、日本内地での労働力配置についての年次ごとの計画を閣議で決定した。それは一九四一年までは労務動員計画、一九四二〜四四年については国民動員計画と呼ばれた(一九四五年の年次計画は確認できず)。動員計画は、産業別の需要とそれを充足すべき給源をどこに求めるかが記されている。給源は総力戦の初期には、日本人については、新たに労働力化する学卒者や農村の未就業者などであった。その後、軍需生産とは直接関係しない業種の転廃業者、女性の未就業者も給源となり、その比重を高めていった。そして一九四四年には、国民学校高等科の在籍生徒(現在の中学生に相当)も含む学校在籍の男女も給源に組み入れられることになる。これ以外に早い段階から給源とされていたのが、朝鮮半島在住の朝鮮人であった。さらに、同じ年には、給源の中に中国人労働者も計上されるようになった。

それらの人々についてどのような事業所に配置するかは、動員計画での細かい記載はない。ただし、朝鮮人や中国人の動員先は(一部の朝鮮人は機械、造船、鉄鋼などの金属工業の工場であったケースもあるが)、炭鉱・金属鉱山、土木建築、港湾荷役であった。他方で、日本人はこれらの職種に命令されて就かされることはあまりなかった(勤労奉仕作業や戦争末期の配置転換などで例外的な事例はある)。つまり、もともと日本人の多くから忌避され、すでに人員確保が困難となっていた職場での労働を担わされたのは、植民地の被支配民族と外国人だったのである。その意味で、日本帝国の労務動員は、明確に国籍・民族の差別にもとづく政策であった。

ただし、被動員者を国籍・民族別に見ると日本人が大部分を占める。政府統計によれば、日本敗戦時に日本内地に動員され就労していた朝鮮人は三二万二八九〇人、中国人は三万四〇〇〇人であり、これ以外のカテゴリー(日本人以外も含まれるが少数)では、被徴用者が六一六万四一五六人、動員学徒数が一九二万七三七九人、女子挺身隊が四七万二五七三人となっている[外務省 一九五二]。なお、敗戦時点では帰国、死亡、逃亡していた者もいるので、朝鮮人や中国人の動員数はこれより多い。日本政府が戦後まとめた資料によれば、朝鮮から日本内地・樺太・南洋群島に送出された朝鮮人は七二万四八七一人、中国人の日本内地への送出は三万八九三五人、日本内地事業所到着者三万八一一七人となっている。

付け加えれば、日本帝国政府の動員計画では記載されていないが、朝鮮人の場合は、朝鮮内部での炭鉱などへの動員、軍人や軍要員としての日本内地などでの就労もあり、中国人については満洲国への連行もあった。また、台湾人については、南方や中国南部の占領地要員としての配置が多いほか、技術習得のための少年工の日本の海軍工廠への配置があった。

職業紹介と法的な動員

歴史教科書の記述では、労務動員に関連して徴用について触れられることが多い。そして、徴用は、突然の命令でそれまでの仕事をやめ、家族とも別れて、指定された職場で慣れない仕事に就く、といったイメージでとらえられる。しかし、それが徴用のすべてではないし、労務動員は、そうした徴用を主要な方法として遂行されたわけではない。

必要な職場に必要な労働力の充足という労務動員の目標は、個々人の選択による就職でも達成しうる。むしろ、行政当局者にとってはそれが望ましい。徴用は、法的な制約もあり手続きも複雑だからである(後述)。そこでまず、新規学卒者の就業の指導、職業紹介機能の強化、転職の促進、家事労働のみに従事していた女性の労働力化による軍需産業などへの誘導の施策が展開される。職業行政機構の拡充とともに、「不要不急」の事業の整理や男子就労制限といった措置がとられたのである。それでも必要な労働力を得られない事業所などはもちろんあり、そこで、徴用が発動されることとなる。

では徴用とは何だろうか。法律用語としての徴用とは、国家総動員法第四条にもとづき、総動員業務(戦争のために必要な業務、具体的には同じ法律の第二条に列挙されている)に、日本帝国臣民を従事させることを意味する。これに応じない場合は、多額の罰金や懲役に処せられる。その手続きなどを記した法令が、勅令として出された国民徴用令である。

徴用は、通常、動員対象として登録されている人々から、選考のうえで選定された対象者に令書を交付することで実施される。徴用令書は、厚生大臣(ないしは朝鮮総督など)によって発せられ、従事すべき業務の内容や期間、事業所の場所が記されている。ただし、日本人対象の徴用では、地域社会の有力者の働きかけや家庭の事情を考慮し選定から除外される場合もあった。また、この徴用の発動は、当初は特定の技能者の軍や官公庁への配置で、職業紹介所で求人充足ができなかった場合に限るなど例外的な措置として想定されていた。だがそうした限定は、労働力枯渇とともに外され、徴用発動が一般化していった。

ただし徴用には、すでにある事業所で働いていた者を徴用する(現員徴用)、法令で指定した軍需会社などの従業員を徴用されたとみなす(軍需徴用)というケースがある。敗戦時に徴用されていた六一六万四一五六人のうち、新規徴用、つまり無業者や他の職場をやめさせての徴用は一六〇万九五五八人である。そして、日本人の場合は、炭鉱などの暴力的な労務管理で知られた職場にいきなり徴用で配置されることはなかった。

なお、国家総動員法にもとづく動員は徴用のほかに、法的には罰則規定がない、協力という制度もある(第五条)。これは地方行政団体や学校などが結成した組織が総動員業務に集団的に従事するものであった。もっとも、一九四四(昭和十九)年に出された女子勤労挺身令と学徒勤労令による動員は、基本的には協力ではあるが、拒否する者に国家総動員法第六条にもとづき命令を出すことで法的罰則の対象となりうるという強制力を準備していた。

しかし、朝鮮人や中国人に対する労務動員は、こうした、日本人に対する施策展開とは異なっていた。まず中国人は日本帝国臣民ではないので徴用の対象にはならない。また、朝鮮から日本内地への動員では、一九四四年まで、原則として徴用による要員確保は行われなかった。

3 朝鮮人・中国人の労務動員

朝鮮人労働力の統制の連続性

総力戦期の朝鮮人や中国人などの動員では、基本的に配置先は、炭鉱・金属鉱山や港湾荷役、土建工事場であった。これらの部門は、近代初期には、国内の困窮した民衆や被差別民、さらには囚人に労働力を求め、監獄部屋と呼ばれた暴力支配での労務管理を行う場合もあった。そのことから、やがて求人充足は困難となり、事業主は日本以外にも労働力を求めた。韓国併合後、朝鮮人の使用が拡大していったのである。この朝鮮から日本への労働力移動は、植民地支配下の経済変動(税金負担の増加など)を背景とした農民の困窮も関係している。生活の途を求める朝鮮農民のあいだでは、日本での就労希望者が増加していたのである。

これに対して、日本の行政当局は朝鮮人の大量移住が社会秩序に与える懸念から、不穏思想の持ち主ではないか、雇用先が確実かどうかなどをチェックし、渡日を制限した。しかし、渡日者は増加傾向を続けたため、日本帝国政府は、一九三四(昭和九)年、渡日希望の朝鮮人を朝鮮北部の工業地帯に振り向けるなどの方針を閣議決定している。だがその後も、事業主の雇用許可を得た朝鮮人の移住は続いた。つまり、事業主と国家が必要とした労働力に限っては移動を認めつつ、それ以外の者の渡日を阻止したのである。

このことは、日本帝国政府や事業主が朝鮮人労働者をどのように考え、対応したかは、総力戦以前と以後で一貫していたかをよく示している。つまり彼らは、自分たちの都合で移動や就労先をコントロールできる存在として朝鮮人を見て、そのように扱っていたのである。

ただし、ここで注意すべき点として、朝鮮人渡日抑制が続いていたことが労務動員の強制性についての議論の混乱を生んでいる事実がある。つまり、総力戦以前からの状況を考えれば日本内地への配置も自主的に希望した朝鮮人は多いはずだと考えてしまい、そう主張する者がいるのである。そうした理解は正しくない。渡日希望の朝鮮人たちは、すでに日本にいる知人らと連絡して相対的によい条件の職場を選ぼうとしていた。つまり日本であればどこでもよいから働きたいというわけではなかった。それゆえ動員先として指定された職場や職種と希望がマッチする事例ばかりではなかったのである。もちろん、生活困窮の度合いがはなはだしく、日本の事情に詳しくない朝鮮人の中に、どこでもいいから働きたいという者がいたことも否定できない。だが、朝鮮の地方行政機構は人員なども少なく、そうした個別の事情をふまえた要員確保は十分にはできなかった。そして、戦争遂行の過程では、朝鮮内でも労働力が枯渇しており、就労希望者を見つけ出すことは困難になっていた。

また、朝鮮人の労務動員は、それまでの渡日制限政策からの完全な転換ではない点にも留意すべきである。むしろ、許可を得ない渡日への取締りが徹底されるなど、移動の制限は強化されていた。これは当然のことである。知人などからの情報を得て戦略的に就労先を選択しようとしていた朝鮮人に、移動と職場選択の自由を付与した場合、従来から忌避されていた職場の労働力は充足されず、日本の労働市場全体にも混乱を与え、さらに社会秩序の動揺ももたらしかねなかったためである。

朝鮮人の要員確保の制度と実態

日本内地の炭鉱などに配置する朝鮮人の要員確保は、一九三九(昭和十四)年から一九四二年一月までは、朝鮮総督府が制定する職業紹介関係の法令(当初、労働者募集取締規則、一九四〇年からは朝鮮職業紹介令)にもとづいて進められた。これは、朝鮮総督府が地域とそこで確保すべき人員数を割り当て、許可を得た事業主が朝鮮に派遣した職員が求人を行うもので、募集と呼ばれた。しかし募集に代わり、一九四二年二月からは官斡旋という方式で要員確保が実施された。指定された地域に事業主が職員を派遣することは同じであったが、必要な要員の取りまとめを行うものとされた。その後、一九四四年九月からは、朝鮮から日本内地送出の要員確保についても徴用が実施された。

このうち、募集と官斡旋は、国家の命令は無関係で、罰則もない。つまり法的には企業の求人に、法的には個々の朝鮮人と事業主との任意の契約ということになる。強制連行否定論が、このことを根拠に述べられることも多い。しかし、問題とすべきは動員の実情である。要員確保は、本人の意思とは無関係に行われていた。これは当事者の証言のみならず、行政当局内部の史料からも裏づけられる。朝鮮統治の実情を調査した内務省のある史料では、「労務供出」は「拉致同然」となっていると記している[外村 二〇一二]。

また、徴用が一九四四年まで発動されなかったことは、朝鮮人への配慮ではない。徴用は、そのための対象者の登録や選考、徴用された本人や家族への援護(生活維持のための手当の支給など)をともなう。そのような煩雑な事務を遂行するための独自の機構やそのための十分な数の職員をもたなかった朝鮮の行政当局にとって、徴用実施は困難であった。同時に、日本人が威圧的にふるまうことで朝鮮人はそれに従わざるをえない現実、つまり法的な根拠がなくても強制的に命令に従わせることができたことが、徴用を発動しなくてもよい条件をつくり出していた。加えて、法的に徴用されていないことは、むしろ行政コストはかからない(当事者には不利)という事実にも注意すべきである。徴用となれば各種の援護施策の必要が生じたためである。

戦争末期における徴用の発動は、朝鮮人を法的に明確な強制力をもつ動員とするとともに援護施策を進めようとすることで、困難となっていた要員確保を進めようとするものであった。しかし、労働力の枯渇は深刻化し、行政機構の事務遂行能力も高められたわけではない。結局、戦争末期の朝鮮では無理やりの動員がいっそう多くなり、かつ残された家族は援護も受けられないという状況に陥っていたのである[大蔵省管理局 一九五〇]。

そして、動員された朝鮮人は過酷な労働を強いられた。そもそも、総力戦下の日本の労働現場は、程度の差はあるにせよ、どこであれ、満足な食料配給も受けられず、安全対策も十分ではない中での長時間労働が一般化していた。しかも朝鮮人が多く配置されたのは、以前から暴力的な労務管理が行われていた炭鉱などであり、戦中に急に労働条件や労務管理が改善されたわけではなかった。当事者のあいだでは、殴打などの制裁が日常的に加えられ、病気や怪我の際もかりだされて長時間労働を強いられた、食料も十分ではなかったという証言が残されている。

中国人と連合国軍捕虜の使役

中国人の労務動員については、前述のように動員計画に組み込まれたのは、一九四四(昭和十九)年からであるが、それ以前から実行されている。一九四二年十一月にすでに日本帝国政府は中国人を日本に連れてきて鉱業などの事業所に従事させる方針を閣議決定していた。翌年、試験的な動員が行われ、一九四四年二月に中国人労働者の日本内地の事業所への配置を促進することが各省次官会議で確認された。要員確保は、華北労工協会(日本の傀儡機関であった華北政務委員会系の財団法人で労働力需給の調整を行うとされていた)などが担当し、捕虜となった元軍人や農民などの民間人が日本に送り込まれた。これらの人々は募集に応じたという擬制をとったが(収容所にいた者はいったん形式的に釈放したことにしてそれを行った)、実情は捕虜や、日常生活を送っていた民衆を拉致して連行したのである。

日本に抵抗していた元軍人を含む人々を迎えた事業者と日本帝国の当局は、動員された中国人に対しては、朝鮮人以上に警戒し、憲兵を配置するなども含めた徹底した管理のもとで、就労を強いた。しかも、宿舎や食料、衣服の配給も極端に少なく、日本での死亡者数は六七三二人を数えた(事業所配置者のうちの一七・六%)。一九四五年六月には、秋田県花岡町で、過酷な労働に耐えかねた中国人が一斉に蜂起したが、憲兵や警察らによって鎮圧された事件も起こっている(花岡事件、逮捕後の拷問などで中国人一一三人が死亡した)。

このほか、東南アジアの各地から移送され日本内地の捕虜収容所にいた連合国軍捕虜約三万六〇〇〇人も、炭鉱や鉱山、工場などでの就労を強いられた。そのうちの一割程度にあたる約三五〇〇人が日本で亡くなったといわれている[内海ほか 二〇二三、ＰＯＷ研究会サイト]。

補償問題と史実認定

一九四五(昭和二十)年の日本帝国の敗戦によって労務動員はストップしたが、その過程では、死亡者や傷病者、その後遺症で苦しむ者も生み出した。これに対して日本政府は戦後、国家総動員法によって動員された者の傷病、死亡などについては、戦傷病者戦没者遺族等援護法によって、年金支給などの施策を行った。ただしその対象者は日本国籍者に限定されている。

一方、韓国、中国の国民である被害者の補償については、日本政府は、一九六五年の日韓条約、一九七二年の日中共同声明で解決済みと主張している(朝鮮民主主義人民共和国とのあいだでは、今後、国交正常化の交渉の中で話し合われるべき課題としている)。ただし、個人がこうむった人権侵害への補償を求める権利は消滅していないという見解もあり、韓国で被害者が起こした裁判では、使用者であった日本企業に対して精神的苦痛に対する慰謝料の支払いを命じる判決が下され、確定している。

なお、労務動員された朝鮮人や中国人が原告となった日本の裁判では、補償要求は認められていないが、本人の意思に反した動員で過酷な労働を強いられた史実の認定が判決に記されているものがある。また、日本政府は、二〇二一年四月に、朝鮮人の労務動員について、一概に強制連行とはいえないとする答弁書を閣議決定しているが、これは強制連行の事例がなかったと述べているわけではないことに注意すべきである。同じ答弁書では、朝鮮人の労務動員を強制労働ということは適切ではないとしているが、これもあくまでＩＬＯ(国際労働機関)二九号条約でいう強制労働は戦時の場合は除外されるという日本政府の解釈にもとづく見解表明であって、総力戦の朝鮮人の労働に問題がなかったといっているわけではない。

朝鮮での動員では意思と関係ない要員確保は多発していたし、逃げられないように厳重な管理のもとで暴力行使を背景とする威圧などで労働に就かせた事例もある。それは歴史研究の定説となっているし、これを強制連行や強制労働と呼ぶことは日本語として決して間違いではない。付言すれば、戦後初期に出された日本政府労働省による労働基準法の解説書では、総力戦期の労働の実情について「労働者の人格を無視した労働強化」「監獄部屋における強制労働」が再び出現していたと記されている［労働省労働基準局 一九五三］。

〈参考文献〉

内海愛子ほか 二〇二三年『捕虜収容所・民間人抑留所事典——日本国内編』(すいれん舎)
大蔵省管理局 一九五〇年『日本人の海外活動に関する歴史的調査』大蔵省管理局
外務省 一九五二年『終戦史録』新聞月鑑社
佐々木啓 二〇一九年『「産業戦士」の時代——戦時期日本の労働力動員と支配秩序』(大月書店)
外村大 二〇一二年『朝鮮人強制連行』(岩波新書)
西成田豊 二〇〇二年『中国人強制連行』(東京大学出版会)
朴慶植 一九六五年『朝鮮人強制連行の記録』(未来社)
山田昭次・樋口雄一・古庄正 二〇〇五年『朝鮮人戦時労働動員』(岩波書店)
労働省労働基準局 一九五三年『労働基準法(上巻)』(研文社)
ＰＯＷ研究会サイト http://www.powresearch.jp/jp/archive/powlist/index.html(二〇二四年六月十七日最終閲覧)

22

「東亜新秩序」と「大東亜共栄圏」

安達 宏昭

はじめに

「東亜新秩序」とは、第一次近衛文麿内閣が、一九三八(昭和十三)年十一月三日に出した声明の中で用いられた言葉である。この声明では、日中戦争の目的は、東亜(東アジア)に永遠の安定を確保できる新秩序の建設にあるとし、中国の国民政府が従来の政策を捨てて、人的構成を変えて、この新秩序建設に参加するのであれば、これを拒否しない、と述べられていた。戦争が膠着状態に陥った局面を打開するために、日本は国民政府の反蔣介石勢力である汪兆銘と接触し、国民政府の分裂を図る工作を行っていた。この声明は、一月に出された「国民政府を対手とせず」という声明の方針を改め、この工作を後押しするものであった。

十二月に重慶を脱出した汪兆銘がハノイに到着すると、十二月二十二日に近衛内閣はさらに声明を発し、日満支三国は「東亜新秩序」の建設を共同の目的として結合し、「善隣友好、共同防共、経済提携」の三原則で進めるとし、中国に新たな政権の発足と関係の樹立を目指した。ここでの新秩序の範囲は、具体的には、日本、「満洲国」、中国であった。

一方、「大東亜共栄圏」という語句は、第二次近衛文麿内閣の外務大臣であった松岡洋右が、一九四〇年八月一日の記者会見で、「当面の外交方針は大東亜共栄圏の確立を図る」ことと述べたのが、公の場で用いられた最初である。会見は前月に閣議決定した「基本国策要綱」を公表するものだった。その範囲について、松岡は「広く蘭印、仏印等の南方諸地域を包含し、日満支三国はその一環である」と説明した。すなわち、東アジアから東南アジアに及ぶ範囲を日本の勢力圏下に収めることを意図して唱えられた言葉であった。

これら二つの語句とそれ基づいた構想は、一九三〇年代から進めた、日本が中心となってアジアに新しい国際秩序を作ろうとした試みの到達点であった。この試みは、当初は満洲事変という計画的な謀略によって始まったものの、日中戦争期になると、必ずしも計画どおりに進んだわけでなく、というよりも計画や準備が不十分ないしは不在のまま場当たり的に進められた。また、日本は英米など欧米諸国に経済的に依存しており、それへの配慮から「新秩序」の形成は一直線に進んだわけではなかった。

その軌跡は、高校教科書でも複雑な経過をたどったことが理解できるように記述されている。しかし、その背景や要因については、教科書の記述はわかりやすい構図が示される場合が多い。つまり、世界恐慌後の対応として各国が金本位制を離脱し、英仏がブロック経済を形成したために世界経済の一体性は急速に失われ、「世界経済のブロック化が進むと、ドイツ・イタリア・日本といった、広大な植民地をもたない国々は経済的に不利な立場におかれ、反発を強めた」(『歴史総合　近代から現代へ』山川出版社、二〇二三)といった説明がなされ、広大な植民地を「もたない」国の恐慌後の対応であったことが示唆されているのである。

そこで本稿では、日本の「新秩序」建設をめぐる教科書記述の根拠となる研究を確認するとともに、最新の研究を見ることで、戦間期から戦時期にかけての対外侵略を改めてどのような視点からとらえることができるのか検討したい。

1　「東亜新秩序」建設の実相と背景

日中全面戦争の開始と「東亜新秩序」声明

一九三八(昭和十三)年十一月の「東亜新秩序」声明が、なぜ出されたのかを理解するためには、まず日中戦争が全面戦争に拡大・長期化する過程から理解する必要がある。一九三七年七月七日に盧溝橋事件が起こると、陸軍の中では拡大派と不拡大派が存在していたが、結局、中国の抗戦力を見くびり、一撃で中国を従わせるといった「一撃論」が優勢となり、政府も軍の兵力増派を認め、戦線は華北から上海に飛び火して、明確な戦争収拾方法もないまま、全面戦争に突入した〔江口 一九八六、臼井 二〇〇〇など〕。

「一撃論」にこだわる陸軍は、中国大陸に兵力を送り込んで占領地を拡大した。こうした戦果から日本政府の中国に対する講和条件は過酷なものとなり、一九三八年一月には蔣介石国民政府との和平交渉を打ち切り、「国民政府を対手とせず」という第一次近衛声明を発し、戦争終結の方途を失うことになった。こうした中で戦時経済を強化し、各地での勝利を基盤に、イギリスに和平斡旋を依頼する構想もあったが失敗に終わった［松浦 一九九五］。十月に漢口を占領して武漢地区を制圧し、同時に広東を占領すると日本軍は中国の重要都市のほとんどを占領下においたが、これが日本の軍事動員力の限界でもあった。ここにおいて、「アジア・モンロー主義」（後述）の色彩が濃厚な「東亜新秩序」建設という戦争目的を示して、第一次近衛声明を修正するとともに、国民政府内の反蔣介石勢力である汪兆銘の誘引工作に乗り出したのであった［劉 一九九五］。

このように甘い見通しで場当たりな対応の中で「東亜新秩序」が打ち出されるのであるが、陸軍内部に対立があったことを含めて、様々な勢力がその認識にもとづいて構想の実現を目指して角逐を繰り返す中で、このような道のりが選択されたということを、教科書ではさらに記述してほしい。そのことは、戦争と「新秩序」建設が様々な選択肢の中の一つであったことを理解し、歴史における政治的選択の重要性を考えさせることにつながるからである。

アメリカ・イギリスへの経済的依存

第一次世界大戦後から一九三〇年代に至るまで、日本は経済面での英米への依存と軍事面での自立を志向する二面性を構造的にもっていた。その依存と自立にもとづいて、指導層は「対英米協調」路線と「アジア・モンロー主義」路線の二つの潮流に分かれて対立した。いわゆる二面的帝国主義論と呼ぶ、構造と政治過程を結びつけた分析把握がなされてきた[江口 一九八六]。

経済面でのアメリカへの依存は、日中戦争が始まると軍需品関連物資の輸入により深まった。教科書に「日中戦争開始以来、日本が必要とする軍需産業用の資材は、植民地を含む日本の領土や、満洲および中国における占領地からなる経済圏(円ブロック)の中では足りず、欧米とその勢力圏からの輸入に頼らなければならない状態にあった」(『詳説日本史』〈日探 山川出版社 二〇二三〉)という記述があるのは、そうした日本の構造を示すものである。

また、アメリカ中立法の適用を避け、アメリカからの輸入を維持するために、中国に正式に宣戦布告しなかった[加藤 一九九三]。教科書にも、日本政府がなぜ「支那事変」と名づけたのかという説明とあわせて、このことが記載されるようになった。しかし、二〇〇六年検定済みの『詳説日本史』(山川出版社)には、この中立法の適用を避けるという記述はない。

さらに、現行版の『詳説日本史』(日探)では記述されている「アメリカはアジア・北太平洋地域との自由な交易関係の維持を重要な国益と認識していたため、日本が「東亜新秩序」形成に乗り出したことは、アメリカの東アジア政策への本格的な挑戦とみなし、日米間の貿易は減少しはじめた」という箇所も前述の二〇〇六年のものにはない。これらの記述が加わることにより、「東亜新秩序」建設が、日本が依存する欧米から自立していくことであることが理解できるようになってきている。ただ、今後は、もっと明確にアジア・モンロー主義路線を推進した指導者や全体的な構造を明示した方が、その歴史的意義をより理解しやすいと考える。

国際連盟・九カ国条約との関係

教科書では、日中戦争や「東亜新秩序」と、一九二〇年代の国際協調体制、すなわち国際連盟や九カ国条約との関係は触れられていない。一九三三(昭和八)年の国際連盟脱退後、日本と国際機構との関係は記述されていない。しかし、日中戦争が起こると、中国は国際連盟の提訴を模索し、まずは九カ国条約会議が開かれた。日本は不参加であったが、制裁に消極的なアメリカにより制裁は行われなかったものの、日本の戦争行為を認めないことが宣言された。そして、中国は一九三八年九月に正式に国際連盟に提訴した。これを受けて、連盟はその月に「議長報告」というかたちで、日本を侵略国として実質的に認定した。しかし制裁の発動には至らなかった。

この一九三八年九月は日本が武漢作戦・広東作戦を実施している時期であり、日本の敗戦が予想される状況にはなかった。[伊香二〇〇七]は、いわば日本が勝者になるかといった時期に、「連盟ひいては国際社会は日本がおこなっている戦争は制裁を加えられるべき侵略的戦争であると認定したといえる」と国際社会の意思表示の重さを指摘している。そのことをふまえるならば、国際連盟がとった行動とその直後に打ち出した「東亜新秩序」建設を対比させることは、日本の行動を世界史の中で相対化して考える機会を与えてくれるであろう。

2 ブロック化する世界と日本

アジア国際経済秩序と日本

世界恐慌の一環でもあった昭和恐慌のさなか、一九三一(昭和六)年十二月に蔵相に就いた高橋是清は、その対策として、金輸出再禁止と為替の大幅な切り下げを行い、日本製品の価格を下げて輸出を増大させようとした。この対策は功を奏し、日本は輸出を飛躍的に伸ばした。とくに綿製品の輸出拡大はめざましく、世界第一位の規模に達し、急速に日本経済は回復した。しかし、急激な綿製品の輸出の対象地となったのが、南・東南アジアの英蘭アジア植民地であったため、アジア市場を舞台にした綿業通商摩擦問題が発生した。この摩擦の解消を目的に一九三三(昭和八)年から英領インドを舞台にした「第一次日印会商」が開かれ、翌年には日蘭会商も開催された。こうした会商により、日本製品の輸入制限がなされて、日本は世界経済のブロック化の中で、締め出されて「孤立」させられていき、再び中国への侵略に向かったという説明が当時からなされてきた。

しかし、[籠谷二〇〇〇、秋田・籠谷二〇〇一]は、英蘭のアジア政策の基調は、繊維産業などの産業的利害にあったというよりも、アジアからの毎年の支払いの円滑化という「サービス・金融」的利害にあり、通貨が割高に設定されていたために、デフレによる不況対策として、低廉な日本製品を必ずしも規制するだけではなかったことを明らかにした。英蘭の会商の目的は、貿易赤字を防ぐために、日本からの綿製品の輸入量と英蘭の植民地から日本へ第一次産品を輸出する量を調整することにあったとし、日本と南・東南アジアの通商的相互依存関係は維持され、日本は世界経済の中で「孤立」していなかったとしている。この視点の転換は、イギリス経済史研究における「ジェントルマン資本主義」という新しいとらえ方を適用したことにより可能となった。つまり、日本の中国への侵略は、世界経済からの締め出しから理解されるべきではなく、産業発展する中国と日本がいかに対峙するかによって生じたと述べている。こうした研究により、冒頭で述べた恐慌後の世界経済におけるブロック化と「もたない国」の論理で、「新秩序」建設を説明するのは、もはや無理があるのではないだろうか。

一九三〇年代日本の東南アジア資源への進出

恐慌対策として実施された為替レートの下落により、日本が輸入していた重化学工業製品や素材製品が割高になったことは、それらの製品を国産化する契機になった。このため日本政府は重要産業の育成と統制をして、自立した軍需工業力の育成を図った。と同時に、このことは第一次世界大戦後に日本が課題としていた総力戦体制の構築を図ることでもあった。

とくに鉄は産業の基礎素材であり、鉄鋼自給のために銑鉄の増産が進められた。日本政府は銑鉄の輸入税率を上げる一方で、一九三四(昭和九)年に官民の製鉄会社を合同して国策会社である日本製鉄株式会社を設立し、銑鉄増産を保護した。そして原料となる鉄鉱石を確保するために、日本企業は東南アジア各地で鉱山を開発して進出することになる。

すでに日本は、一九二〇年代より東南アジアの英領マラヤ(現マレーシア)から多くの鉄鉱石を輸入していた。一九二〇(大正九)年に、石原産業海運がジョホール州スリメダン鉱山の採掘を開始して日本への輸入を始めた。その後、輸入鉄鉱石に占める英領マラヤの割合はしだいに上昇し、一九三〇年には中国を抜いて第一位となる。そうした中で一九三〇年代半ばから銑鉄の増産が求められるようになると、日本企業は新たな鉱山を開発するなど、全輸入鉱石の五〇％を超えた。一九三六年には一六九万トンが輸入された。そして、英領マラヤだけでなく、フィリピンや仏印からも輸入が行われ、一九三九年には東南アジアからの鉄鉱石輸入は三三五万トンで全輸入の約六七％を占めた。

アルミニウムでも国産化が実現する。アルミニウムはジュラルミンに加工されて、航空機の材料になる戦略物資で、その原料となるボーキサイトは蘭印のリオ群島にあるビンタン島で採掘された。その採掘と輸入に深く関与したのが、古河電工であった。この鉱石などにより、その後アルミニウムの生産は世界第四位に急成長した。

一九三〇年代後半まで日本の東南アジア進出は、欧米の植民地宗主国が容認した範囲内での参入であり、現地法規などに「適応」した進出であったが、同地域からの原料資源の供給は日本の軍需工業力を高め、総力戦体制構築に貢献していて、のちに「大東亜共栄圏」形成の際に東南アジアを包含する基盤になったのである。日本史の教科書では、東南アジア地域は「大東亜共栄圏」構想になると急に登場するが、一九三〇年代の総力戦体制構築下で着実に進出していたのであり、こうした流れもふまえて「大東亜共栄圏」構想をとらえる必要がある。そして、東南アジアが欧米列強の植民地だったことをふまえれば、教科書が示す世界のブロック経済化は、この点でも、これまでのわかりやすい構図ではとらえられないといえよう［安達 二〇〇二・二〇一一］。

3 「東亜新秩序」から「大東亜共栄圏」へ

大陸長期建設とアジア・モンロー主義路線

日満支による「東亜新秩序」が、東南アジアを含む「大東亜共栄圏」に拡大した大きな要因は、一九三九(昭和十四)年に第二次世界大戦が始まり、翌年にドイツがヨーロッパで西方攻勢を行って、オランダやフランスなどを占領・降伏させたことにより、それらの国が東南アジアにもつ植民地が政治的に不安定になったため、これらの地域を日本の勢力圏におさめて、石油やボーキサイトなどの資源を得ようとしたことにあった。前掲『詳説日本史』(日探)にも、勢力圏拡大については、おおむね同様の内容が記述されている。これもまた、日中戦争の長期化と英米との対立の進行のもとで、機会主義的な場当たり的対応であったといえよう。そして、「大東亜共栄圏」のもとでの南方進出は、英米への依存から脱却を目指すもので、対立をいっそう深めることになった[安達 二〇〇二]。

ただ、英米への経済的な依存からの脱却は、この時期の南方進出以前より、経済界からも唱えられるようになっていた。英米からの物資を輸入するために、外貨を獲得するための製品輸出が奨励され円ブロック貿易は抑制されていた(第三国貿易重視政策)が、「東亜新秩序」声明が出された頃の一九三八年後半から、占領した中国の華北地域の豊富な資源の存在と、その原料供給の期待から「日満支経済ブロック」を重視する意見が広がりつつあった。そして、その後の大陸での資源開発などの「長期建設」の進捗は、英米依存から脱却し「東亜自給」へ転換することが可能だとの経済界の意見を強めた[白木沢 二〇一六]。

政府内では、ドイツとのあいだで、防共協定をソ連だけでなく英仏も対象に含んだ軍事同盟に拡大する防共協定強化問題が大きな争点になっていたが、華北地域の占領という事態のもとで、アジア・モンロー主義路線の考えは一段と広がり、「大東亜共栄圏」構想を受け入れる素地が民間経済界においても形成されつつあったことにも、今後は注目すべきであろう。

外交スローガンとしての「大東亜共栄圏」

松岡外相は一九四〇(昭和十五)年八月一日の記者会見で「当面の外交方針は大東亜共栄圏の確立を図る」ことと述べた。「確立」とは、『新明解国語辞典』(三省堂)では「十分に計画(用意)して、めったな事では、ぐらつかない制度・組織など作ること」と説明されている。では、この時点で、日本政府は「大東亜共栄圏」を、十分に計画して、ぐらつかない制度・組織などとしてつくろうとしていたのか。また、七月二十六日に閣議決定された「基本国策要綱」では、「大東亜の新秩序を建設」とあったのを、なぜ「大東亜共栄圏」という言葉に変えたのか。

[河西 二〇一六]によれば、松岡外相のねらいは、ヨーロッパでの戦争に参加しないままの日本が、講和会議の開催前に、仏印と蘭印を日本の勢力圏に含めることについて事前の承認をドイツから得ることにあり、きたる講和会議の際にドイツによる植民地再編の提案から東南アジアを除外させるためだけに発案された「実体のない外交スローガン」にすぎなかったという。また、[河西 二〇一二]では、「共栄圏」という言葉が用いられたのは、すでに「生存圏」という構想を示していたドイツに、日本の排他的影響圏を示したいという思惑があったからではないかと推察している。

その後、九月二十七日に日独伊三国同盟条約が結ばれ、その第一条と第二条でヨーロッパと「大東亜」の指導的地位を相互に認めることが記された。このことからも、この時期の「大東亜共栄圏」とはまさに勢力範囲を示すものであったといえよう。さらに河西氏は、同盟条約締結以前の外務省内の対欧州政策・対ドイツ策をも検討して、三国同盟締結にはドイツによるアジアへの再進出を防ぐという「牽制」の目的があったことを指摘している［河西 二〇一二］。もっとも三国同盟条約は、これまで説明されてきたように対米軍事同盟となる規定も定められていた。これらのことから、「大東亜共栄圏」という用語と日独伊三国同盟条約には、輻輳した意図が込められていたといえよう。

4 大東亜共栄圏の構想と実相

経済自給圏構想と大東亜建設審議会

一九四一(昭和十六)年十二月にアジア・太平洋戦争を始めると、日本は英米への経済的依存はできなくなり、本格的に経済自給圏を構築することが必要になった。一九四二年二月に日本政府は大東亜建設審議会を設置し、その検討を始めた。東南アジア全体の占領が見通せる段階になって、初めて構想を検討しはじめるというのは、まさに泥縄式で、それまでの「大東亜共栄圏」とはスローガンにすぎないことを明確にすることだった。

大東亜建設審議会は、総裁には首相が就き、委員には政財界の有力者が任命され、政府からの諮問を受けて、総会のもとに設定された部会で具体的な審議を行い、答申を出した。部会は八つで、「綜合」「文教」「人口及民族」以外の五つの部会は経済に関連する事項を担当し、まさに経済自給圏の構想を練る場だった。各部会の答申案は七月二十三日の第五回総会までに決定された。これら経済関係の答申は、一五年先を目標とする長期構想だった。

五月四日に決定された基本理念は、日本を盟主とする階層的な国際秩序が示され、圏内の各国・各民族は「大東亜共栄圏」建設のために、それぞれ相応の役割を果たすことが求められるものだった。日本の統治や指導が前提で、民族自決は認められなかった。

肝心の「経済自給圏」構想については、日本が指導国となり圏内の「計画交易」「産業統制」を行うとしたものの、全域の長期的な経済圏構想は定まらなかった。それは、自給圏を形成するための産業配置と全域の産業統制の方法をめぐって、省庁間に政策の違いがあったためであった。おもな対立は企画院と商工省だった。企画院は、内地に「満洲国」・華北を含めた「中核地域」を形成し、これらの地域に重化学工業を分散することを考えていた。それに対して商工省は内地に重要産業の多くを配置し、内地に設立した産業別の統制会を全域の産業統制の中枢機関とすることを構想した。その対立は解消せずに、第四部会答申「大東亜経済建設基本方策」の産業配置の文言は曖昧なものとなった。

経済自給圏の建設方法がまとまらず、運営方針を一致させられなかったのは、当時の日本が経済自給圏を運営するだけの経済力をもちあわせていなかったからだった。どの課題を優先するのかという認識のズレから、政策に違いが生じ調整できなかった。日本にとって、英米への経済的依存から脱却し、自立した経済自給圏を構築するのは困難だったのである。そして一九四二年八月以降、海上輸送力が悪化し、日本政府が眼前の生産維持に注力するようになると、この長期的な構想への関心は急速に薄れた[安達 二〇一三・二〇二二]。

日本の戦時経済最優先の方針

大東亜建設審議会が経済自給圏の長期構想を検討していた際、すでに日本軍は東南アジアを占領していた。ゆえに開戦直後は、経済自給圏の長期的な構想の実現は先送りにされ、まずは一九四一(昭和十六)年十一月二十日に大本営政府連絡会議が決定した「南方占領地行政実施要領」で示された「重要国防資源の急速獲得」が最優先された。そのために作戦軍も協力し、残存統治機構を利用して、独立運動は早期に起こさせないという、なるべく効率のよい獲得方法が取られた。物資不足によって生じる民衆の生活についても、その負担は我慢させる方針だった。

この方針は、一九四三年六月に大本営政府連絡会議で確定した「南方甲地域経済対策要綱」で転換する。重要国防資源の獲得を最優先するも、一方で民衆の生活を維持するために生活必需物資の現地での生産を認めて開始させたのである。おもに繊維工業などの軽工業の中小企業が、日本から東南アジアに進出する契機ともなった。

同時に重要だったのは、当面の事態への対策を詳細に示すとして、事実上、長期的な経済自給圏形成の政策実施を凍結したことだった。輸送力の低下にともなって、眼前の戦争遂行に必要な経済政策の実施に専念することは、圏内全体を一体とした経済自給圏の構築は棚上げすることだった。こうして日本は、英米からの経済的依存を脱却して、自立した経済自給圏の構築を目指したものの、そのための具体的な政策をなんら実施するまでにも至らなかった。このことからも、「大東亜共栄圏」が場当たり的で、見通しのきわめて甘い構想だったことがわかるのである［安達 二〇二二］。

日本占領下の東南アジア

一九八〇年代後半から二〇〇〇年代にかけて、東南アジア史の視点から数多くの研究が出されるなど、日本軍政の研究が大きく進展した［後藤 一九八九、倉沢 一九九二、池端 一九九六、明石編 二〇〇一など］。これらの研究により、占領下で住民が過酷な労働に動員されていたことや、日本語学習や天皇崇拝・神社崇拝を強要されていたことが明らかになった。さらに、多くの死者を出した泰緬鉄道への連合国捕虜・アジアの人々の動員［吉川 一九九四など］や、シンガポールやマレーシアで中国系住民を反日活動の容疑で裁判にかけずに殺害した事件［林 一九九二・一九九八など］なども、詳細に解明されるようになった。これらの支配の実相は、一九九〇年検定の『詳説日本史』（山川出版社）では書かれていなかったが、一九九三年検定のものから記述されるようになり、現行版の『詳説日本史』（日探）では、説明がより詳しくなっている。研究の進展が、教科書記述に反映されたのである。

海上輸送力の低下

圏内各地の人々の抵抗運動が「大東亜共栄圏」を崩壊させたが、海上輸送力の低下も大きな要因である。教科書でも「制海・制空権の喪失によって南方からの海上輸送が困難になったため、軍需生産に不可欠な鉄鉱石・石炭・石油などの物資も欠乏した」（『詳説日本史』日探）としているが、この輸送力の低下は、たんに戦闘によるものだけでない。参謀本部や軍令部といった統帥部が作戦を優先させるために、工業生産維持のために必要な民需用輸送船を数次にわたり徴傭し、工業生産力の低下を招いた。「統帥権の独立」を盾になされた輸送船の徴傭が、経済自給圏の構築や軍需生産の大きな制約になっていた［山崎 二〇一六］。大日本帝国下の分立的な国家機構の問題が、総力戦を支える戦時経済や経済自給圏の形成を困難にしていたことは指摘しておくべきだろう。

「大東亜共栄圏」の崩壊と日本の敗戦を理解するためには、英米に経済的依存しながら資本主義国家として成長する一方で、アジアで勢力圏を拡張して自立を図ろうとしてきた日本が抱えていた矛盾や、戦前の日本がもっていた国家機構の諸問題が、限界に達して破綻したという視点からも学ぶ必要があるだろう。

〈参考文献〉

明石陽至編　二〇〇一年『日本占領下の英領マラヤ・シンガポール』（岩波書店）
秋田茂・籠谷直人編　二〇〇一年『一九三〇年代のアジア国際秩序』（渓水社）
安達宏昭　二〇〇二年『戦前期日本と東南アジア――資源獲得の視点から』（吉川弘文館）
安達宏昭　二〇一一年「日本の東南アジア・南洋進出」（『岩波講座　東アジア近現代通史4』岩波書店）
安達宏昭　二〇一三年『「大東亜共栄圏」の経済構想――圏内産業と大東亜建設審議会』（吉川弘文館）
安達宏昭　二〇二二年『大東亜共栄圏――帝国日本のアジア支配構想』（中公新書）
池端雪浦　一九九六年『日本占領下のフィリピン』（岩波書店）
伊香俊哉　二〇〇七年『満州事変から日中全面戦争へ』（吉川弘文館）

臼井勝美　二〇〇〇年『新版　日中戦争——和平か戦線拡大か』(中公新書)
江口圭一　一九八六年『十五年戦争小史』(青木書店、のちちくま学芸文庫二〇二〇年)
籠谷直人　二〇〇〇年『アジア国際通商秩序と近代日本』(名古屋大学出版会)
加藤陽子　一九九三年『模索する一九三〇年代——日米関係と陸軍中間層』(山川出版社、のち新装版二〇一二年)
河西晃祐　二〇一二年『帝国日本の拡張と崩壊——「大東亜共栄圏」への歴史的展開』(法政大学出版局)
河西晃祐　二〇一六年『大東亜共栄圏——帝国日本の南方体験』(講談社選書メチエ)
倉沢愛子　一九九二年『日本占領下のジャワ農村の変容』(草思社)
後藤乾一　一九八九年『日本占領期インドネシア研究』(龍渓書舎)
白木沢旭児　二〇一六年『日中戦争と大陸経済建設』(吉川弘文館)
林博史　一九九二年『華僑虐殺——日本軍支配下のマレー半島』(すずさわ書店)
林博史　一九九八年『裁かれた戦争犯罪——イギリスの対日戦犯裁判』(岩波書店)
松浦正孝　一九九五年『日中戦争期における経済と政治——近衛文麿と池田成彬』(東京大学出版会)
山崎志郎　二〇一六年『太平洋戦争期の物資動員計画』(日本経済評論社)
吉川利治　一九九四年『泰緬鉄道——機密文書が明かすアジア太平洋戦争』(同文舘出版、のち雄山閣二〇一一年、普及版二〇一九年)
劉傑　一九九五年『日中戦争下の外交』(吉川弘文館)

23

「国家神道」と諸宗教

山口 輝臣

はじめに――歴史教科書の中の「国家神道」

高等学校の歴史教科書にある「国家神道」の記述を読むと、真面目な人ほど、困惑するかもしれない。山川出版社の『詳説日本史』(日探 二〇二三)を例に見てみよう。

「国家神道」が登場するのは、「初期の占領政策」という小見出しのところの一カ所のみで、こうある。「ついでGHQは、政府による神社・神道への支援・監督を禁じ(神道指令)、戦時期の軍国主義・天皇崇拝の思想的基盤となった国家神道を解体した(国家と神道の分離)」。

「解体」したというからには、「国家神道」なるものがあり、それ以前のどこかの時点でできたに違いない――真面目な読者なら、そう考えるだろう。では、それはいったいいつのことなのか? そうした真っ当な疑問をいだき、教科書をさかのぼっていっても、「国家神道」ができたという記述はどこにもない。いつできたかもわからないようなものを解体した、と唐突にいわれ、困惑しない方が無理というものだろう。

こうした教科書の記述にも、むろん改善の余地はある。だが一方で、現状の記述は、「国家神道」をめぐる歴史、それに関する研究の軌跡と現状、そして教科書という媒体の特性ないし制約などを考慮した場合、それなりの妥当性をもっているとの見方も成り立つかもしれない。以下では、そうした現状の教科書記述を出発点にしながら、「国家神道」と諸宗教に関わる「日本史の現在」を概観していくことにしたい。

1 二つの「国家神道」と、その後

神道指令の中の「国家神道」

すでに触れたが、教科書では、解体されるときになってはじめて、そしてそこにだけ、「国家神道」という語が登場する。教科書に出てくる用語の中でも、こうした例はそう多くはないだろう。ただこうなっているのには、それなりの理由もある。神道指令の中で「国家神道」という語が登場し、それをきっかけに「国家神道」という語がはじめて世間一般に流布したという経緯にそくして表現しようと、こうなっている面があるようなのだ。

神道指令とは、一九四五(昭和二十)年十二月にGHQが日本政府に発した覚書(SCAPIN-448)の通称で、「国家神道、神社神道に対する政府の保証、支援、保全、監督並に弘布の廃止に関する件」というのが、日本語での正式な呼称である。ここに「国家神道」とあるように、「国家神道」はたしかに一九四五年十二月に日本で使用されたコトバである。

しばらく前の教科書では、地租改正のところに「封建的領有制は解体した」と書いておきながら、封建的領有制はいつできたのか、はっきりした記述がどこにもないことがあった。一見すると、「国家神道」の事例とよく似ているようだが、内実は大きく異なる。封建的領有制は、過去を理解するために後世の研究者が編み出した分析用語である。封建時代の人たちはもちろん、地租改正に従事した人々も知らないコトバだった。「国家神道」はそうではない。神道指令に従事した人々のみならず、その時代を生きた人たちも実際に使ったコトバである。まずはこの違いを強調しておこう。

では、神道指令における「国家神道」とはいかなるものだったのか？　そこには「国家神道」の定義がこう掲げられている。「本指令の中にて意味する国家神道なる用語は、日本政府の法令に依て宗派神道或は教派神道と区別せられたる神道の一派、即ち国家神道乃至《ないし》神社神道として一般に知られたる非宗教的なる国家的祭祀として類別せられたる神道の一派(国家神道或は神社神道)を指すものである」。

「国家神道乃至神社神道として一般に知られた」とあるものの、「神社神道」はまだしも、「国家神道」というコトバは、神道指令以前の日本においてほとんどまったく使われていなかった。「ほとんど」としたのはゼロではないためで、神道指令の半世紀ほど前に当たる明治中期にはすでに用例がある。ただ今のところ、それらは孤立した例とみなされている。すなわち神道指令は一般に知られたコトバを用いたのではない。この指令で「解体」しようとした対象を指すコトバとして、「国家神道」は広く知られるようになっていったのである。

さて、そうした神道指令における「国家神道」の定義は、神道に関する戦前期の法令の規定が、神道を宗教であるか否かで分類していることをもとに、宗教としての神道である「宗派神道」ないし「教派神道」に対して、宗教でない国家的祭祀としての「国家神道」ないし「神社神道」という位置づけになっている。黒住教や天理教といった「宗教神道」ないし「教派神道」ではなく、「神社神道」と等値された「国家神道」というわけだ。ここだけ見れば、それなりに明確な輪郭をもった定義といって差しつかえあるまい。

分析用語としての「国家神道」

しかし、これは私が聞いたことのある「国家神道」とは、どこか違う――そう感じた方がいるかもしれない。それはそれで正しい。というのは、同じ「国家神道」というコトバを用いながら、神道指令の定義とは大幅に異なる内容を盛り込み、それを「国家神道」とする用法が存在するからである。封建領有制と同じく、いわば分析用語としての「国家神道」である。こうした「国家神道」を世に広めたのは、村上重良氏の『国家神道』〔村上 一九七〇〕である。

村上氏は「国家神道」に独自の定義を施した。まず、神社神道に加え宮中祭祀を取り上げ、両者の結合こそが「国家神道」であるとした。神道指令の中に宮中祭祀はまったく出てこない〔山口 二〇二三〕。この一点だけからも、先の定義といかに違うかわかるだろう。つぎに、「国家神道」の教義というものを想定し、その中に教育勅語や大日本帝国憲法を包含した。さらに、そうした「国家神道」が教派神道・仏教・キリスト教の上に君臨していたとし、それを「国家神道体制」と呼んだ。村上氏はこうして「国家神道」を一挙に肥大化させた。

二十一世紀に村上氏の衣鉢を継ぐのが島薗進氏である。『国家神道と日本人』〔島薗 二〇一〇〕をはじめとする論著において、島薗氏は、村上氏による「国家神道」ですら「神社神道」に囚われて狭すぎるとし、さらに広くとらえるべきだと主張する。そして最終的には、皇室祭祀の継続とその神社祭祀との結合、および神社神道の統括団体である神社本庁などによる天皇崇敬運動の存在という二つの要素にしぼり込み、それらさえあれば「国家神道」は存在しているとみなしうると主張する。これにより「国家神道」は、神道指令とその後の改革によっても解体されることなく、戦前から現在まで続いているものへと変身した。

村上氏や島薗氏の説は、神社本庁などが推進した保守／右翼系の諸運動と、それに対抗する宗教界や革新／左翼系の諸運動とが衝突する中、後者に寄りそうかたちで創造されたものである。村上氏の本が出版されたのは、靖国神社を国家が維持・管理するよう求める「靖国神社法案」が国会で審議されていた時期であり(一九七四〈昭和四十九〉年に審議未了で廃案)、島薗氏の本には、一九九六(平成八)年に結成された「新しい歴史教科書をつくる会」の運動や、小泉純一郎首相による靖国神社参拝(二〇〇一年)などへの危惧がつづられている。そうした運動全般に「国家神道」という網をかけておさえ込もうとしたため、運動の多様性に対応して「国家神道」を拡げていく必要が生じ、結果的に「国家神道」は肥大化していったものと解される。

もっとも、保守／右翼系の諸運動は、「国家神道」の復活を目的に掲げてはいない。つまりここでの「国家神道」は、運動の外からの視点で設定されたコトバである。保守／右翼系の運動側は、それを負のレッテルであると、反発している。

まとめよう。「国家神道」には、大きく分けて二種類の用法がある。一つは、戦前期に行政上は非宗教として扱われていた「神社神道」のことを指す。もう一つは、研究者が自由に設定した分析用語としての「国家神道」である。同じ字面であるためわかりにくいが、「国家神道」には、こうした大きく異なる二系統の用法が存在しているのである。この二系統は、完全に無関係なものではなく、神道指令を結節点とする連関があって興味深いのだが、今回は省略する［山口編 二〇一八、小倉・山口 二〇一八］。

二つの「国家神道」のあと

政治用語が洗練され、学術用語になっていく現象は、人文社会系の学問ではよく起こる。「国家神道」もそうで、神道指令の定義から分析用語へと進化していった——のなら、話は楽なのだが、そうはならなかった。村上＝島薗説を支持する専門家がほぼいないのである。

村上説には多くの問題点があったが、とりわけその学説と史料との整合性が低い点は致命的だった。そのため、史料をもとに、村上説が成り立たないことを指摘する研究を数多く生み出す。あえて神道指令の定義にそくし、公文書を駆使して関連する法令を詳細に復元した、阪本是丸『国家神道形成過程の研究』［阪本 一九九四］は、二十世紀におけるその集大成といえよう。阪本氏の薫陶を受けた門下生らによって、今も多くの有益な業績が発表されている。これらによって、村上氏のいうような「国家神道」を史料的に裏づけることはできず、その上に築かれた「国家神道体制」なども成り立たないことが共通認識となった。

島薗説は、こうした仕事の一部を視野におさめている。よって、村上説の問題点を克服しているところもある。だが、その多くを受け継ぎ、むしろ増幅させた箇所も少なくない。ただそれ以上に問題なのは、そこまで「国家神道」を肥大化させ、もはや国民国家や天皇制などと等置できそうな存在を、どうしてわざわざ「国家神道」と呼ぶのか、であろう。それを「国家神道」と呼ぶことは、神道との関わりに視線を集中させ、それ以外の要素を見落としたり、神道と関連の薄いものまで神道とみなしたりすることになりやすく、結果として神道の影響を過大に評価しがちになる。そうしたこともあり、最近刊行された全六巻八五本の論稿からなる『近代日本宗教史』においても、島薗氏のいうような「国家神道」を用いた論文は、島薗氏自らの手になるものしかない［島薗ほか 二〇二〇～二一］。

そう、専門家はもはやほとんど誰も「国家神道」を論じていない。もし論じていても、それは村上氏や島薗氏のいう「国家神道」ではない［畔上 二〇〇七］。それは、「国家神道」といわれてきたような事柄に対する関心が消えたから、ではない。むしろその逆だ。分析用語を自由に設定していいのなら、手垢にまみれ、さして分析の役にも立たぬ「国家神道」ではなく、対象なり関心なりにそくしてよりふさわしい用語を設定すればよいのだと、多くの研究者が考え、それを研究で遂行するようになったからである。

すでに二十世紀末には胎動があった。安丸良夫『近代天皇像の形成』［安丸 一九九二］、羽賀祥二『明治維新と宗教』［羽賀 一九九四］、高木博志『近代天皇制の文化史的研究』［高木 一九九七］、山口輝臣『明治国家と宗教』［山口 一九九九］などである。二十一世紀に入ってもこの流れがとどまることはなく、本書は文献解題ではないので、逐一言及することはひかえるが、数多くの啓発的な業績を生み出しながら、現在に至る。

「国家神道」をめぐる歴史と、それに関する研究の軌跡と現状は、おおよそ以上になる。短い紙数しか割けない教科書の中でどう記すのがよいのか、実に悩ましいことは、おわかりいただけたに違いない。

2 近代日本の諸宗教をどうとらえるか

教科書の中の宗教史

かつてと大きく異なる研究状況の到来は、新たな地平を切り拓く一方で、新たな困難をもたらした。「国家神道」が諸宗教の上に君臨する「国家神道体制」を想定し、それによって曲がりなりにも神道以外の宗教をも視野におさめていた学説の崩壊は、神道以外について、別個に見通しをもつことを要求するからである。それについて、本格的に論じる用意も紙幅も今はない。ここでは、「国家神道」にまつわるここまでの論述と同じく、高等学校の日本史教科書を出発点に、いくつかの論点にしぼって見ていくことでお許し願いたい。

政治と経済を軸に構成された教科書において、もともと宗教に関わる記述は少ない。その傾向は近現代に入るとさらにその度を増す。近代化とともに宗教の役割は減少し社会は世俗化していくという、通俗化した世俗化論ともいうべき見解が、その背後にあるのかもしれない。それでも、宗教に関わる記述がいくつかはある。

再び『詳説日本史』(日探)を例にとれば、はじめは「文明開化」という小見出しの箇所。祭政一致・神祇官・大教宣布の詔など神道中心の国民教化と、その間に神仏分離令をきっかけに起きた廃仏毀釈。ついで浦上や五島列島のキリシタン迫害と、キリスト教を禁じる高札の撤廃による黙認状態の出現、そして宣教師による活動。これらに対応し、政府は神道中心から神道と仏教の双方による教化へと転換していったことなどが記されている。

つぎが「明治の文化と宗教」という箇所。神社神道を宗教でないと位置づけて保護するとともに、大日本帝国憲法で信教の自由を認めたこと。廃仏毀釈で打撃を受けた仏教は、島地黙雷らの努力もあって勢いを取り戻したこと。教派神道が広まったこと。キリスト教では、内村鑑三・海老名弾正・新渡戸稲造らが活躍し、廃娼運動などの成果を上げるとともに、学校教育から排除されることもあったことなどが記されている。しかしこれを最後に、宗教に関わる記述はしばらくとだえる。その後も、前述した一九四五(昭和二十)年の神道指令と一九九五(平成七)年のオウム真理教事件が登場する程度で教科書は終わる。

内村鑑三たちや廃娼運動への言及によって多少緩和されているとはいえ、宗教に関わる記述は、実質的には維新期を中心に、せいぜい明治前期についてのものしかなく、その後は政治的・社会的な大事件になった時にだけ現れる。ひと昔前の研究が残っているためとも、あるいは明治後期についてはいまだ定説が成立していないためとも、いずれとも解釈できよう。しかし、いくら明治前期が宗教にとって大きな意味をもったとしても、さすがにバランスを失した記述だといわれたら否定はできまい。しかも厄介なことに、現状の教科書の記述を単純につなげて再構成しただけでは、研究者が現在ゆるやかに共有している近代日本の宗教史像と、かなり乖離したものになりかねないのだ。

十九世紀における変化、二十世紀における変化

まず、「文明開化」の項で描かれた明治維新期と、その後の時期とを直結させて理解するのが誤りであることは、いまや専門家には当然の前提となっている。さほど数も多くなかったが維新期に集中していた近代日本の宗教史研究が、しだいに大正・昭和・平成にまで拡がり、質量ともに充実してきたこと自体が、そのことを示している。その時期その時期に固有の問題とそれへの対応があり、明治維新がわかればその後がわかるといったものでないことが、確固たる前提として、研究者のあいだに浸透したことを意味するからである。

よって、例えば、祭政一致・神仏分離令・神祇官をはじめとする維新期の明治政府の政策の延長上に、明治憲法によって「国家神道」が確立した、という理解はもはやまったく成り立たない。明治政府は、維新期の政策を失敗とみなすようになり、政策を転換する。浄土真宗の僧侶である島地黙雷は、木戸孝允ら長州系の政治家に働きかけることで、この転換を実現させた中心人物である[山口 二〇一三]。その結果、明治憲法発布の直前になると、一定の猶予期間の後には、伊勢神宮と三十弱の寺院だけが、国ないし天皇からの保護を受けられる仕組みが導入された。こうした姿を、維新期の諸政策から想像できるだろうか？

そして、こうした状態だったからこそ、一八八八(明治二十一)年に枢密院で明治憲法の審議を開始するにあたり、起案者にして議長であった伊藤博文は、自信をもってこう演説することができた。憲法

を制定するにあたり、わが国の機軸を求め、確定する必要がある。欧州では憲法政治に人民が習熟しているだけでなく、宗教なるものがあって機軸をなし、それで人心は帰一している。しかるに、日本では、宗教なるものの力は微弱であり、機軸たるべきものがない。「仏教は一たび隆盛の勢を張り、上下の心を繋ぎたるも今日に至ては已《すで》に衰替に傾きたり。神道は祖宗の遺訓に基き之を祖述すとは雖《いえど》も、宗教として人心を帰向せしむるの力に乏し。我国に在て機軸とすべきは独り皇室あるのみ」。仏教ではなく神道を機軸に、というのではなく、仏教も神道も駄目だから皇室を機軸にするほかない、という宣言である。

こうした方向が明確に変わるのは、明治憲法の制定から二〇年ほどが経った日露戦争後のことである。神職たちは、自分たちの主張に耳を傾けようとしない藩閥政府に見切りをつけ、新たに開かれた帝国議会に期待をつなぎ、草の根の運動を展開する。政党主導による政治的民主化を追い風に、一九〇六年、立憲政友会総裁の西園寺公望が組織した内閣のもと、政策転換を勝ち取る。これにより、神社の社格で上位にある一五〇社ほどに対し国庫から永続のための資金が出されるとともに、それ以下の神社の一部に対し、祭典での供え物の代わりとなる神饌幣帛料《しんせんへいはくりょう》が支出されることとなった。神社神道が国から保護されていると誰の目にも明らかになったのは、基本的にはこれ以降のことである。

なお、この転換と関わり、各地で神社の合併が行われた。神饌幣帛料の対象となる神社の選定をめぐって競争が生じ、神社を合併してその資産を増やすことで優位に立とうとする動きが拡がったことが背景にあった。二〇万社ほどの神社は、数年で一三万社ほどに減少した。むろん反対もあった。反対した側にとってみれば、まさに廃仏毀釈の神社版だった。

宗教の出現と信教自由・国教

紆余曲折があったとはいえ、そもそも神社神道が宗教でないとされていたことを不思議に感じる人もいるだろう。なかには、神社が宗教でないなど、神社を優遇するために政府が創り上げたまやかしの論理だ、と考える人もいるかもしれない。だがそれは早計だ。神社神道が行政上は非宗教とされていった十九世紀後半の日本は、同時に、religionをはじめとする西洋諸語の翻訳を介し、それまで日本語の中に存在しなかった宗教というコトバが生み出され、使われはじめた時期でもあった。伊藤博文が先の演説で「宗教なるもの」と、まわりくどい言い方をしていたのも、そうした背景がある。

この時期の宗教というコトバは、いまよりその範囲が狭く、なによりキリスト教をモデルにしたものであった。そのため、教会組織とか教義とかを備えていてこそ宗教であり、それらを欠くものは宗教でないとする見方が強く、それらがはっきりしないようにも見える神社が宗教でないというのは、ごくありふれた見方だった。キリスト教の宣教師、真宗をはじめとする僧侶、そして神職のほか、福沢諭吉、井上毅など、宗教的にも政治的にも多様な人々が、そう考えていた。明治前期の日本において、それは「常識」の部類に属し、明治国家はそれにもとづいて仕組みをつくったにすぎない。

またこれと関連して、宗教でないからといって神社がつねに優遇されるとは限らなかったように、この時期には、宗教であって、なおかつほかの宗教より優遇されることが十分にありえた点にも、注意を払う必要がある。

明治憲法の起草にあたり主要な参照対象とされたプロイセンの憲法には、信教自由の規定に加え、それにかかわらず、キリスト教を宗教に関する国の制度の基本とする、との条文がおかれていた。いわゆる国教規定である。十九世紀後半の欧州における国教とは、国の儀礼の基準を示すとともに、財政その他で優遇措置をとるというものであり、またそうした国教があっても、信教の自由を阻害するものではないとみなされていた。要するに、信教自由＋国教というのが、この時期の欧州のスタンダードだった。

そのため、伊藤をはじめ当時の人々の前には、国教として特定の宗教を優遇するという選択肢が、ごく普通に存在した。にもかかわらず、伊藤たち起草者は、明治憲法にそうした規定をおかなかった。先の演説からわかるように、それにふさわしいものが日本にはない、との判断による。そしてそうした憲法の信教自由規定には、キリスト教を信仰する自由を含んでいると、当時の人々は解した。

だが逆に、信教自由＋国教が普通であるなら、国教として優遇するよう求めることもできた。実際にキリスト教を国教に推す声もあった。しかしそれより圧倒的に強かったのは、仏教関係者の声だった。彼らは、仏教を「公認教」としてキリスト教や教派神道より優越した地位におくよう、政府に求める運動を展開した。しかし一八九九(明治三十二)年、第二次山県有朋内閣は、それに真っ向から反する宗教法案を議会に提出する。同法案は、教派神道・仏教・キリスト教を宗教とするとともに、それら三つの宗教をまったく平等に扱うものだった。しかし仏教関係者の多数による猛烈な反対運動の前に、貴族院で否決される[山口 一九九九]。

この余波は大きく、その後も宗教に関する基本法の策定は難航し、それが宗教団体法として制定されるのは、宗教法案の否決から四〇年近く経った一九三九(昭和十四)年のことだった。同法は、これまでの法案と同じく、教派神道と仏教とキリスト教を対等に扱ったものだったが、免税規程を設けた効果もあり、実現にこぎ着けた。仏教が、自らをほかの宗教と同等であると法的に認めるまで、これだけの時間を要したということもできよう。ただ一方で、右の三教以外は別のカテゴリーで扱う建付けになっており、宗教の内部に階層を設けるものでもあった。それでも、同法には、免税規程のほか法人化の規定などもあり、今日に続く日本の宗教法人制度の起点となったことは間違いない［林 二〇一九、小川原 二〇二三］。

神社対宗教

こうして戦時下になってようやく宗教についての法的枠組みが確定したが、そこからはずれた神社はどうなっていたのか？

すでに述べたように、宗教でないからといって、それだけで自動的に優遇されるわけではなく、そうなるよう働きかけ、それが成功した結果、二十世紀に入ると様々な面で、神社神道は優遇されはじめていた。しかしその方法で何もかも実現できるわけではない。例えば、宗教であるからできるとされていたことを、宗教でないままできるようにするのは、仕組みを根底から変える必要があり、きわめて難しい。その最たるものが葬儀だった。

明治憲法下において、葬儀を執行できたのは、仏教の僧侶と教派神道やキリスト教の教師といった宗教者に限られ、神社の神職は原則として関与できなかった。それどころか、その経緯からすると、むしろ葬儀ができるか否かによって、宗教とそうでないものとの区分ができていったというべきであり、この区分のまさに根幹をなしていた。そして実際の葬儀件数を考えれば、この仕組みは、神職を葬儀から排除することで、それを僧侶の領分と認めたに等しい、とまずはいうことができる。

ところが、社格の比較的低い神社の神職については例外扱いがなされたり、あるいは抜け道を用いたりすることで、葬儀を執行する神職が存在した。そうした神職たちを中心に、堂々と葬儀を執行できるよう求める声が上がりはじめる。いうなれば神社神道を非宗教から宗教へと「解放」せよ、との主張である。

こうしたこれまでと一八〇度違う主張が可能になったのは、二十世紀に入る頃から、宗教についての考え方に変化が生じたためである。宗教学の出現などによって、教会や教団といった単位ではなく、個人の内面における信仰を軸とする宗教の見方が拡がり、それによって神社も宗教であると、容易に主張できるようになったためである。

こうした動きに強く反発したのが、それまでも宗教とされてきた側である。右のような神職たちの要求は、葬儀に関する既得権の侵害であるだけでなく、もしも宗教でないことで得た特権を保持したまま、宗教としての特権まで得れば、それは、仏教の希望した「公認教」と同じように、神社神道を他の宗教に優越する位置におこうとする試みにほかならないからだ。彼らは、神社神道の宗教への「解放」に異をとなえ、これまでどおり非宗教におしとどめておこうとした。

結局のところ、敗戦後の「神道指令」に端を発する占領下の改革まで、神社神道が宗教になることはなかった。その意味では、仏教やキリスト教の側の主張が通ったと見ることもできる。しかしその間に、神社神道側も論理を鍛え直し、非宗教である面を再び強調しつつ、だからこそ神社は国民みなが崇敬しなければならぬとの主張を強く打ち出していく。国民の圧倒的多数は神仏を否定しない社会において、こうした主張が支持を拡げ、当然視されていき、やがてそれに反する少数者を誰かが糾弾し、排除していくような風潮が形成されていく。そこに至るには、右に述べたような複雑な力学が存在した[畔上二〇〇七、藤田二〇一四]。

このように、近代日本においては、宗教かどうかという、明治に入ってはじめて考えるようになった問いを前提に、その上に様々な論理を構築し、また信教自由という憲法に定められた規範を駆使しながら、自らにとって少しでも有利な環境になるようほかへと働きかける諸運動がダイナミックに展開されていた。圧倒的優位性をもった集団がほかの集団にその主張をおしつけたのではない。またある集団がつねに一体で動くようなものでもなかった。相互の応酬や異説の出現がそのダイナミズムを増幅させ、当事者の見込みとは異なる状況を生み出していく過程であった。そこにおいて政府は、ほかと衝突のない限り、できるだけ当事者の主張を認める方針をとっていたものと、理解することができるだろう。

こうした宗教を、政治と経済を二本柱とする教科書の中にどのように組み込みうるのか？　あるいはその必要はないのか？　そういったことを、そろそろ本格的に考えるべき時期にきているのかもしれない。

〈参考文献〉

畔上直樹　二〇〇七年『「村の鎮守」と戦前日本――「国家神道」の地域社会史』(有志舎)

小川原正道　二〇二三年『日本政教関係史――宗教と政治の一五〇年』(筑摩選書)
小倉慈司・山口輝臣　二〇一八年『天皇と宗教　天皇の歴史九』(講談社学術文庫、初版二〇一一年)
阪本是丸　一九九四年『国家神道形成過程の研究』(岩波書店)
島薗進　二〇一〇年『国家神道と日本人』(岩波新書)
島薗進ほか編　二〇二〇～二一年『近代日本宗教史』(春秋社)
高木博志　一九九七年『近代天皇制の文化史的研究――天皇就任儀礼・年中行事・文化財』(校倉書房)
羽賀祥二　一九九四年『明治維新と宗教』(筑摩書房、のち法蔵館文庫二〇二二年)
林義大　二〇一九年「戦前期日本における「宗教法人」制度の成立過程――法人法制としての宗教団体法」(『九州史学』一八二号)
藤田大誠　二〇一四年「近代神職の葬儀関与をめぐる論議と仏式公葬批判」(『國學院大學研究開発推進センター研究紀要』八号)
村上重良　一九七〇年『国家神道』(岩波新書)
安丸良夫　一九九二年『近代天皇像の形成』(岩波書店、のち岩波現代文庫二〇〇七年)
山口輝臣　一九九九年『明治国家と宗教』(東京大学出版会)
山口輝臣　二〇一三年『島地黙雷――「政教分離」をもたらした僧侶』(山川出版社)
山口輝臣　二〇二三年「宮中祭祀と国家神道」苅部直ほか編『宗教・抗争・政治――主権国家の始原と現在』(千倉書房)
山口輝臣編　二〇一八年『戦後史のなかの「国家神道」』(山川出版社)

24 戦争責任・戦後責任と東アジア

大串 潤児

はじめに

「戦争責任・戦後責任と東アジア」というテーマで教科書を読み込んでみると、そこにはつぎのような特徴が指摘できる。第一に、かつてに比べ日本軍の戦争犯罪についての記述は各段に充実してきている。第二に、戦争責任問題については東京裁判など戦後の諸施策についてはおおむね記載されているが、民衆レベルにおける戦争責任問題の様相については意識して叙述されてはいない。同時に戦争責任(あるいは戦争協力)という視角から戦時社会を描くための工夫について議論が深められているわけではない。第三に、政府見解(問題は解決済み)を書かせる検定という制約もあり、いわゆる戦後補償問題そのものの充実した記述は今後の課題となっている。第四に、東アジアにおける戦争責任問題は、歴史学研究においては、植民地支配責任論として視野が広がっており、また戦争責任問題それ自体の生成という意味で第一次世界大戦をも視野に入れることが求められるなど、そうじて「日本史」の枠組みを相対化する視点が求められるが、教科書叙述での工夫はこれからの段階にある。

過去の戦争がどのような未解決の問題を抱え、そのことが現在社会にどのような問題群を問いかけているのか。このテーマは、新設科目「歴史総合」で考察が求められている「現代的な視座から歴史を考える」ためのもっとも重要なテーマの一つとなるだろう。また「探究」という子ども(生徒)たちの切実な「問い」を、「日本史」に閉じ込めないための必須のテーマになるだろうとも思う。

1 歴史教科書と戦争責任・戦後責任

空襲被害など民間における戦争犠牲者への補償の問題や、朝鮮人・台湾人の軍人・軍属の存在について記載していた家永三郎『新日本史』(三省堂、一九八二年)を例外とすれば、日本史教科書に戦争責任・戦後補償の問題が記述されるようになるのは、戦後補償が広く社会問題となった一九九〇年代以降である。もちろん一九七〇年代までにも民間(空襲)被害者の補償要求訴訟や、在韓被爆者への「原爆医療法」適用を問う孫振斗裁判(一九七二〈昭和四十七〉年提訴)、台湾人元軍人・軍属・遺族等戦死傷者補償請求訴訟(一九七七年提訴)などアジアの民衆を担い手とする戦後補償裁判がなかったわけではないが、それらは「戦争責任・戦後補償」としてまとまったかたちで教科書叙述に取り上げられることはなかった。

現在、「日本史探究」科目では戦後補償(戦後責任)問題をまとめて取り上げた教科書はほとんどないが、「歴史総合」科目の教科書では現代的な課題の中に戦後補償(戦後責任)、歴史認識問題を取り上げるものも出てきている(実教出版『詳述歴史総合』など)。戦後補償問題は、「過去のできごと」が、たんに「過去」を認識することにとどまるものではなく、とりわけ戦争犠牲者当事者・遺族にとっては尊厳や人権に関わる切実な問題でもある。であればこそ、戦争責任・戦後責任の問題は、歴史的なできごとを争点化する現代社会の問題であると同時に、現代社会における人間の「生」そのものを問うものでもある。歴史教科書が「私たち」の生きる社会の諸問題を歴史的に考察していくその手がかりを提供するものの一つであるとすれば、戦争責任・戦後責任の問題は教科書叙述に不可欠のテーマなのである。

2　戦争責任問題を考える歴史的視野

たんなる賠償のみではなく、「戦争責任」や戦争被害の補償(reparation)が世界史的に問題になるのは第一次世界大戦であった。戦争責任の認定・責任者の処罰・被害者に対する賠償を一体のものとして構想したヴェルサイユ条約(一九一九年)は史上初めて戦争責任を明記した平和条約となった[荒井 二〇〇五]。こうした論点に踏み込んだ教科書叙述はあまり見られないが、第一次世界大戦は「大衆社会化(総力戦形態の登場など)の重要な契機になっているので、戦争責任(戦後処理)問題もこうした視野の中で教材化していくことが重要だろう。そこでは、戦争責任といった発想が出てくる歴史的背景の叙述[大沼 一九七六]、例えば戦争違法化の流れ、国際政治への民衆の「参加」が問題となるという状況などの論点を意識した叙述が求められる。同時に、近代日本社会を生きてきた民衆にとって、こうした十九世紀の戦争観から二十世紀のそれへの転換(戦争責任問題の生成を含む)が、どのような意味をもっていたのか、が問われなくてはならず、こうした世界史的動向の中で、一九三〇年代以降の戦争も考察されなくてはならない。近年の教科書叙述、とくに「歴史総合」は現代的な課題でもある平和構築への努力という角度から「不戦条約」に注目したり、戦争違法化の流れを詳述するなどこうした問題についての配慮をみせている。教科書叙述に対応して、歴史における選択肢という観点から国際関係・平和運動・民衆文化における戦争と平和をめぐる拮抗関係を描いた優れた概説もある[油井 二〇二〇]。

3 戦争の実相・戦場の実相

戦争犯罪研究——「された側」の視点へ

日本の戦争責任・戦争犯罪の具体的研究が進むきっかけとなったのは一九八二(昭和五十七)年の教科書問題である。その意味で戦争責任問題は教科書叙述と深く関連して問題が検討され、深められてゆくべきテーマでもあろう。それは、理論的には、戦争責任問題が、①事実認定(謝罪と補償)、②再発防止のための規範の形成(記憶の継承と歴史教育)、といった未来に向けての平和のための歴史文化形成の一環を構成するからでもある。

八〇年代以降、「日本軍が中国でなにをしたかという戦争史の第一義的な問題について」は「基礎的な事実すら把握されて」いないとの江口圭一氏の鋭い問題提起をうけ、中国のみならずアジア全域にわたる日本軍の戦争犯罪に関する具体的研究が進展した[江口 一九八二]。代表的には、南京事件(南京大虐殺)、「燼滅《じんめつ》作戦」(中国でいう三光作戦)、毒ガス戦、七三一部隊、アヘン問題、日本軍慰安婦制度・戦時性暴力、沖縄戦時における日本軍の実相、などである。ただ太平洋諸島・ミクロネシア地域の研究は比較的遅れている。感染症・ワクチン製造との関連でも最新の成果がある[倉沢・松村 二〇二三]。

とりわけ南京事件については、教科書訴訟の論点になったこともあり、急速に研究が進展した。日本の政治や「市民社会」の状況をふまえ、教科書叙述にも目配りした笠原十九司氏の仕事が研究の到達点を示すものである[笠原 二〇一八など]。同時に、教科書の限られたスペースの中で、どのような論点を叙述することが南京事件や日中戦争の全体像を考察させうることになるか、という問題は模索し続けなくてはならない。さらに日本軍による「燼滅作戦」の問題性もまた重要な論点になる。この問題は世界史におけるジェノサイドの一類型としての比較史的考察という論点にまで接続していくだろう[松村・矢野編 二〇〇七、井上 二〇一三など]。

近年では、戦場となった各地域社会との研究交流も進み、地域社会史という視点からの戦争犯罪研究も進んでいる。こうした研究は何よりも生活世界の中で被害者の「生そのもの」を明らかにし、戦争犯罪が個々人のみならず、地域社会の人間関係にも大きな傷跡を遺すことを説得的に明らかにしてきた[杉原 二〇〇二、上田 二〇〇九、石田ほか編 二〇〇四、関・松村ほか訳 二〇〇〇など]。「日本史」教科書ではこうした論点を含んだ叙述はまだまだこれからの段階であるが、「された側の視点」は教科書叙述においてももっと強調されてよいと考える。

なお儀部景俊氏の先駆的な問題提起から始まり、沖縄戦研究によって深められてきた沖縄における民衆の戦争協力・戦場経験・排外意識などの実際と、戦後における戦争責任論の位相についてはいくつかの重要な論点が提起されてきている［岡本 一九八一、屋嘉比 二〇〇九、仲里 二〇二二、石原 二〇二三］。

高校生による歴史研究の意義

日本の戦争犯罪や強制連行・強制労働の研究については、一九九〇年代、高校生による掘り起こし、とくに戦争の「加害」や「抵抗」の側面を地域に即して明らかにする業績があいついだ。もちろん七〇年代までの民衆史掘り起こし運動の中でこうした問題は自覚されつつあり、高校生たちが参加しての作業も行われてきていた［小池 一九七三、殿平 二〇〇四］。教科書記述はたんにアカデミズムにおける歴史研究の進展のみではなく、こうした高校生たちの研究実績、それらを含む教育実践の蓄積にも依拠する必要がある。「松代大本営」と強制連行・強制労働の歴史と高校生による日韓交流（篠ノ井旭高校〈現、長野俊英高校〉）、川崎—伊那を結ぶ陸軍登戸研究所の歴史（法政大学第二高等学校・長野県赤穂高校）、七三一部隊関連の「ネズミ生産」と地域社会（埼玉県庄和高校）などが代表的な成果である［篠ノ井旭高校郷土班・土屋編 一九九三、赤穂高校平和ゼミナール・法政二高平和研究会 一九九一、宮下編 一九九一、埼玉県立庄和高校地理歴史研究部＋遠藤 一九九六］。

こうした仕事は直接教科書記述に反映されることはあまりないが、高知県の幡多高校生ゼミナールは、その活動成果が教科書記述を具体的に変えた事例の一つである。幡多ゼミの高校生たちは、地元地域漁村での聴き取りを重ねる中で一九五四(昭和二十九)年ビキニ事件経験者(被爆者)と出会う。彼・彼女らの成果は、ビキニ事件被災船の全国的広がりとその地域社会やアジア太平洋地域全域における意義について考察するもので、第五福竜丸被災にほとんど特化していたビキニ事件の教科書記述を具体的に変えていった。地域の在日朝鮮人の歴史も掘り起こしながら、高校生同士の日韓交流も実現している〔幡多高校生ゼミナールほか編 一九八八、幡多高校生ゼミナール編 一九九四〕。幡多の高校生たちにとって「地域の戦争と抵抗の歴史」に学ぶことは「足もとから平和と青春をみつめる」ことでもあった〔高知高校生ゼミナール編 一九九〇〕。歴史研究や教科書記述のみでは見過ごされがちな高校生の調査実践活動は、教科目が「総合」そして「探究」へとなった今こそ、「いま、ここで、歴史を学ぶこと」の意義を考える経験になる。歴史教科書にもこうした事例は積極的に描かれるべきだろう。

歴史認識の基礎

江口氏の提起は、一九三〇年代政治史の前提となる日本帝国主義の構造論を基礎に、排外主義の生成などメディア(大衆社会状況)と民衆の戦争との関わりを指摘したものであり、民衆動員の構造、その中で日常生活を営みつつ戦争を支えたという意味での「民衆の戦争責任」を問題にするものであった。とりわけ、国防婦人会など戦時下の女性団体の研究が進み、「女性の戦争責任」「戦争協力」といった論点が提起された〔藤井 一九八五、加納 一九九五〕。しかし、総体として、銃後の日常生活や労働を担った女性の姿を含め戦時社会(戦争を支える社会)の仕組みを現在の教科書はうまく描けていない。

ところで一九八二年教科書問題は、たんに「近代の戦争をめぐる歴史像・歴史認識」が問題になったのみならず、「日本史」総体をどのように把握するか、といういわば自国史の方法と対象をめぐる議論の始まりともなった。黒田俊雄氏はとくに時代区分に表現される「日本史」の「国史」的発想を徹底的に批評することを主張し、また比較史・比較歴史教育研究会が提起した「自国史と世界史」という発想枠組みは、戦争責任や戦後補償問題のとらえ方にも無視できない影響をおよぼしたと思われる[黒田 一九八四、西川 一九九七]。一九九〇年代に入ると歴史教科書の実質的な相互検討、研究交流が本格化するが、とくに日韓のあいだでは「一五年戦争史」という枠組みと植民地支配の問題、また「戦争責任」という概念の意味内容が鋭く問われた[君島 一九九六]。

こうした中「植民地(支配)責任」という概念＝視点が提起され、「戦争責任」と「植民地(支配)責任」の相互関係、植民地支配の問題を含めた「戦後責任」の問題が理論的検討をともないつつ研究の対象となっていった[永原編 二〇〇九]。そこでは日韓基本条約締結など外交関係史が問題の焦点になるが、①植民地支配と総動員体制の関係、②植民地における支配者・被支配者相互の日常的生活世界つまり植民地生活の具体的解明という論点が改めて問題になってくる。

さらに、戦争責任・植民地(支配)責任の問題を、広く深く民衆をとらえた歴史意識の問題としてとらえ直せば、自国史(日本史)像・自文化における他者についての歴史表象につねに反省的であることが重要になってくる[宮嶋 二〇一〇]。戦争を支えた歴史意識(他者認識)そのものをも批判的に解析していくことが問題になるだろう。

4 戦争責任問題の政治社会史へ

戦争責任問題については、家永三郎氏によって体系化された戦争責任論に加え、「追及されるもの／するもの」という主体と実践に力点をおいた整理が行われるようになった［赤澤 二〇〇五］。ドイツにおける「過去の克服」や、日本における戦争観を政治社会状況の中で論じる優れた通史も書かれている［吉田 二〇〇五、石田 二〇二三］。

ところで、戦争責任問題の制度的枠組みをかたちづくったのは占領政策（講和条約を含む）であり、日本社会においては占領後に自前の戦争責任論が展開してくると指摘したのは鶴見俊輔氏であるが、一九九〇年代以降の日本現代史研究ではこうした制度的枠組みを明らかにする研究が急速に進展した。それは何よりも東京裁判研究の深まりと広がりに象徴される［粟屋 二〇一三］。「裁くもの・裁かれるもの」の二項対立図式を相対化しつつ、「日米合作」という占領史研究の視角をもふまえ［吉田 一九九二］、さらにアジアの視点をも重視して東京裁判研究は進められた。同時に、BC級戦犯裁判［内海 一九八二、林 二〇〇五］や公職追放といった戦争責任問題と深く関連する占領政策研究も進んだ。

近年ではアジア諸国の東京裁判や戦争責任追及への対応［伊香 二〇一四、永井 二〇一〇］、さらにニュルンベルク裁判や非ナチ化政策との比較も可能になりつつある［芝 二〇一五］。BC級戦犯裁判では、その制度面のみならず元朝鮮人・台湾人「被告」たち個人の経験史が教科書に叙述されるようになった（実教出版『新日本史A』など）。それらは、彼らの訴えを聞き、支援した人々との交流の中で語られ、明らかになったことでもある。

戦争賠償の研究は、戦後日本のアジア経済進出との関わりで早くから関心が寄せられるようになる分野であったが［吉川 一九九一など］、賠償に加えて戦後補償という視角からの課題設定が見られるようになる［内海 二〇〇二］。賠償・補償の問題は、広く戦後処理の問題と意識され、戦後日本社会がいかに戦後処理の問題を抱えたままであったのかという論点が、戦後史理解のうえでも重要な観点になっている。田中宏氏は、戦争犠牲者援護立法での国籍条項など戦後補償・戦後処理における「日本人」・非「日本人」のあいだの差別的待遇の問題性を示し、多様な出自をもつ人々で構成されている現代社会の理解には、そこに戦後処理における分割線があるという認識が不可欠であると提起している（［田中 一九九五］。なお東京書籍『日本史A 現代からの歴史』が先駆的にこの問題を詳述した）。

総力戦として戦われる戦争は、否応なしに人々に戦場経験と銃後経験を強いる。「戦争の記憶」という論点が提起され、その政治性（公的記憶）と個別性が問題になった。同時に、こうした経験をどのように振り返り、戦後の生き方の指針とするか、新しい民衆思想の萌芽、あるいはそのための経験的基礎も戦争責任問題を考える重要な領域となる。

一般に「一億総ざんげ」論が支持を失い、指導者責任論とだまされたという意識が広範囲に成立したことが明らかとなっている。民衆運動（市長公選運動、村政民主化運動など）において指導者の戦争責任論を問うことも実践されていた［功刀 一九九九］。戦争責任論は、アジアへの視野の欠落（帝国意識の残存）や、主体的に戦争に向き合う姿勢の弱さなどを含みつつも、長い戦後史の中で独特の平和意識を形成する基礎となっていく意識でもあった。敗戦直後にはより多様な戦争責任論が存在し、現在でも論点になる問題はひととおり出揃っていたとも指摘されるが、同時に、民衆自身の戦争責任論の深化が戦後史を通じて見られることも重要だろう。戦没農民兵士をめぐる論争[赤澤 二〇〇〇]、山代巴の思想的軌跡[牧原 二〇一五]や、サークル「山脈の会」の営み[白鳥 一九七八]などはその代表例だろう。近年では、地域社会史に即したかたちで、慰霊行為をともないながら「加害の歴史」に向かい合う人々の営みが再検証されつつある[山本 二〇二二]。戦争責任をめぐる人々の意識動向はまとまって教科書に書かれることはないが、「戦争責任の問題を人々はどのように考えてきたか」という問いとして意識しておきたいテーマである。

おわりに

多くの戦後補償裁判では、その基礎となる歴史的経験の事実認定についてはほとんど認められており、むしろ法理のレベルにおいて補償が実現していない状況である。つまりは、(1)事実の認識と、(2)そのことを現代社会・国際関係の中にどのように位置づけるか、という問題が大きな亀裂をともなって存在しているともいえるが、そのことそのものを歴史教育においてどのように教材化する(教科書に記述する)か、が問われているのだと思う。

二〇〇〇年代に入り、「歴史」そのものが世界史的にも「争点化」される時代となり、また戦後補償・戦後処理問題・植民地支配の問題もグローバルな視野での考察が必須となっている。日本史という教科目においてもすぐれて世界史的な視野が求められるテーマだろう。

同時に、かつて家永三郎氏が指摘したように、戦争(あるいは植民地支配)の癒しがたい傷を抱えて生きている人々(それは遺家族を含む)があり、また「戦争中に生きてきたその生き方に対して、戦後において、どのような自己評価がなされたか」という意味で、戦争責任・戦後責任はすぐれて人々の経験史と思想的創造に関わるテーマである[家永 一九八五]。

いわゆる「関釜裁判」では、元日本軍慰安婦女性たちの証言について、その「具体性の乏しさのゆえに、同原告らの陳述や供述の信用性が傷つくものではない……むしろ同原告らの打ち消しがたい原体験に属するものとして、その信用性は高いと評価される」(一九九八年〈平成十〉四月二十四日、山口地裁下関支部判決)との判示が行われた。戦後補償に関わる人々個人の経験史は、問題状況そのもの以上に教科書叙述にあっては豊かに記載される必要があろう[内海 二〇〇八]。「戦争責任・戦後補償問題の人間学」とでもいうべき領域は、また逆に、自らの加害経験を語り続けた元兵士・近藤一のような事例をもってさらに視野を広げることができるだろうと思う([内海ほか 二〇〇五]。なお実教出版『精選 日本史探究』が同書を活用した記述を行っている)。膨大な戦争経験の記録やその思想化の営み(戦争経験論)は、こうした問題について考えるための豊饒な「遺産」なのだと思う。

〈参考文献〉

赤澤史朗 二〇〇〇年「「農民兵士論争」再論」(『立命館法学』二七一・二七二号)
赤澤史朗 二〇〇五年「東京裁判と戦争責任」(歴史学研究会・日本史研究会編『日本史講座』第一〇巻・戦後日本論、東京大学出版会)
赤穂高校平和ゼミナール・法政二高平和研究会 一九九一年『高校生が追う 陸軍登戸研究所』(教育史料

出版会）
荒井信一　二〇〇五年『戦争責任論――現代史からの問い』（岩波現代文庫）
粟屋憲太郎　二〇一三年『東京裁判への道』講談社学術文庫。初版二〇〇六年）
家永三郎　一九八五年『戦争責任』（岩波書店、のち岩波現代文庫二〇〇二年）
伊香俊哉　二〇一四年『戦争はどう記憶されるのか――日中両国の共鳴と相剋』（柏書房）
石田米子ほか編　二〇〇四年『黄土の村の性暴力――大娘たちの戦争は終わらない』（創土社）
石田勇治　二〇二三年『新版　過去の克服――ヒトラー後のドイツ』（白水社）
石原昌家　二〇二三年『沖縄戦　沈黙に向き合う――沖縄戦聞き取り47年』（インパクト出版会）
井上勝生　二〇一三年『明治日本の植民地支配――北海道から朝鮮へ』（岩波書店）
上田信　二〇〇九年『ペストと村――七三一部隊の細菌戦と被害者のトラウマ』（風響社）
内海愛子　一九八二年『朝鮮人BC級戦犯の記録』（勁草書房、のち岩波現代文庫二〇一五年）
内海愛子　二〇〇二年『戦後補償から考える日本とアジア』（山川出版社）
内海愛子　二〇〇八年『キムはなぜ裁かれたのか――朝鮮人BC級戦犯の軌跡』（朝日選書）
内海愛子ほか　二〇〇五年『ある日本兵の二つの戦場――近藤一の終わらない戦争』（社会評論社）
江口圭一　一九八二年「十五年戦争史研究の課題」（『歴史学研究』五一一、のち『十五年戦争研究史論』校倉書房二〇〇一年に収録）
大沼保昭　一九七六年『戦争責任論序説――「平和に対する罪」の形成過程におけるイデオロギー性と拘束性』（東京大学出版会）
岡本恵徳　一九八一年『現代沖縄の文学と思想』（沖縄タイムス社）

笠原十九司　二〇一八年『増補　南京事件論争史――日本人は史実をどう認識してきたか』(平凡社ライブラリー)
加納実紀代　一九九五年『増補新版　女たちの〈銃後〉』(インパクト出版会)
関成和・松村高夫ほか訳　二〇〇〇年『七三一部隊がやってきた村――平房の社会史』(こうち書房)
君島和彦　一九九六年『教科書の思想――日本と韓国の近現代史』(すずさわ書店)
功刀俊洋　一九九九年『戦後地方政治の出発　一九四六年の市長公選運動』(敬文堂)
倉沢愛子・松村高夫　二〇二三年『ワクチン開発と戦争犯罪――インドネシア破傷風事件の真相』(岩波書店)
黒田俊雄　一九八四年「「国史」と歴史学――普遍的学への転換のために」(『思想』七二六号)
小池喜孝　一九七三年『鎖塚――自由民権と囚人労働の記録』(現代史出版会、のち岩波現代文庫二〇一八年)
高知高校生ゼミナール編　一九九〇年『海光るとき――平和と青春をみつめ地域に生きる高校生』(民衆社)
幡多高校生ゼミナールほか編　一九八八年『ビキニの海は忘れない――核実験被災船を追う高校生たち』(汐文社)
幡多高校生ゼミナール編　一九九四年『渡り川――四万十川流域から創造する高校生の国際交流』(平和文化)
篠ノ井旭高校郷土班・土屋光男編　一九九三年『海を渡ったマツシロの希い』(郷土出版社)
芝健介　二〇一五年『ニュルンベルク裁判』(岩波書店)

埼玉県立庄和高校地理歴史研究部＋遠藤光司　一九九六年『高校生が追う　ネズミ村と七三一部隊』(教育史料出版会)
白鳥邦夫　一九七八年『増補版　無名の日本人』(未来社)
杉原達　二〇〇二年『中国人強制連行』(岩波新書)
田中宏　一九九五年『在日外国人――法の壁、心の溝』(岩波新書〈第三版　二〇二〇年〉)
殿平善彦　二〇〇四年『若者たちの東アジア宣言――朱鞠内に集う日・韓・在日・アイヌ』(かもがわ出版)
永井均　二〇一〇年『フィリピンと対日戦犯裁判　一九四五―一九五三年』(岩波書店)
仲里効　二〇二二年『沖縄戦後世代の精神史』(未来社)
永原陽子編　二〇〇九年『「植民地責任」論――脱植民地化の比較史』(青木書店)
西川正雄　一九九七年『現代史の読みかた』(平凡社)
林博史　二〇〇五年『BC級戦犯裁判』(岩波新書)
藤井忠俊　一九八五年『国防婦人会――日の丸とカッポウ着』(岩波新書)
牧原憲夫　二〇一五年『山代巴――模索の軌跡』(而立書房)
松村高夫・矢野久編　二〇〇七年『大量虐殺の社会史――戦慄の二十世紀』(ミネルヴァ書房)
宮下与兵衛編　一九九一年『高校生が追う戦争の真相――地域の戦争を掘りおこす信州の高校生平和ゼミナール』(教育史料出版会)
宮嶋博史　二〇一〇年「日本史認識のパラダイム転換のために――「韓国併合」一〇〇年にあたって」(『思想』一〇二九号)

屋嘉比収　二〇〇九年『沖縄戦、米軍占領史を学びなおす――記憶をいかに継承するか』(世織書房)
山本潤子　二〇二二年「「認罪」としての中国人遺骨送還運動――福島県「中国人殉難烈士慰霊碑」と「満洲国軍」日系軍官大槻市郎の経験を事例として」(『人民の歴史学』二三一号)
油井大三郎　二〇二〇年『避けられた戦争――一九二〇年代日本の選択』(ちくま新書)
吉川洋子　一九九一年『日比賠償外交交渉の研究』(勁草書房)
吉田裕　一九九二年『昭和天皇の終戦史』(岩波新書)
吉田裕　二〇〇五年『日本人の戦争観――戦後史のなかの変容』(岩波現代文庫)
歴史教育研究協議会編　二〇〇六年『ちゃんと知りたい！　日本の戦争ハンドブック』(青木書店)

25
戦後史をどのように時期区分するか

沼尻　晃伸

はじめに

敗戦後、すでに八〇年近くの年月が経った。これは、明治維新からアジア太平洋戦争のあいだとほぼ同じ年数である。二十一世紀も間もなく四半世紀が経過する現在をふまえて、戦後の歴史をどのような視座から、どのように時期区分してその変化を把握するかが、改めて問われている。そこで本稿では、近年の戦後史における通史や諸研究が採用している時期区分と、その際の視座・評価軸を追究する。

戦後史の時期区分に関しては、それ自体をテーマとしてこれまでも論じられてきた［宮崎 一九九五、渡辺・暉峻ほか 二〇一〇など］。本稿においては、これらの諸研究を参照しつつ、一九九〇（平成二）年前後の画期を射程に入れることが可能となる一九九〇年代後半以後に出版された通史や諸研究を主たる対象として、その時期区分を検討する。その際に、以下の三つの点に注目したい。

第一に、複数の高等学校日本史B教科書の時期区分を概観する。そのうえで、前述した戦後史の時期区分に関する諸研究や近年の戦後史の通史を対象として、そこでの時期区分に注目し、教科書との異同や、時期区分を行ううえでの視座に関して、一九六〇(昭和三十五)年と一九九〇年の二つの画期を取り上げ、検討する。

第二に、長期的視点に立った際の、戦後史における画期に注目する。戦後史の変化の激しさは、たんに戦後の歴史的文脈の中での変化にとどまらず、前近代からの歴史的射程との関わりにおいて理解される場合もある。この点について、筆者の専門との関わりで、共同体と土地所有・利用論にそくして論じる。

第三に、戦後史という枠組み自体を相対化する諸研究に注目する。近年の諸研究においては、周縁からの歴史、少数者からの歴史などを通して、〈国民の歴史〉としての「戦後史」を問い直す研究が登場している。このような新たな研究動向を取り上げ、そこでの歴史のとらえ方とその点をふまえた歴史叙述を検討する。

1 教科書における時期区分の特徴

表1は、主要な高等学校日本史Bの教科書における章構成と、そこに示される時期区分を示したものである。ここから、以下の三つの特徴を読み取ることができる。

表1　高等学校日本史B主要教科書の時期区分

教科書名	章(あるいは節)のタイトル	時期区分(開始年)
『詳説日本史　改訂版』山川出版社、2019年	第11章　占領下の日本 第12章　高度成長の時代 第13章　激動する世界と日本	1945〜 1952〜 1971〜
『新日本史　改訂版』山川出版社 2018年	14章　占領と国際復帰 15章　55年体制と高度経済成長 16章　冷戦の終了と55年体制の崩壊	1945〜 1955〜 1989〜
『日本史B　新訂版』実教出版、2019年	13章　現代の日本と新しい文化 1　占領と民主改革 2　サンフランシスコ講和会議と安保体制 3　高度経済成長下の日本 4　経済大国日本と国民生活 5　世界史の転換と日本	節： 1945〜 1948〜 1960〜、 1973〜 1990前後〜
『高校日本史B　新訂版』実教出版、2018年	第10章　戦後改革と高度経済成長 第11章　現代の世界と日本	1945〜 1971〜
『高等学校　日本史B 新訂版』清水書院、2019年	第6編　現代 第1章　占領下の日本 第2章　日本の独立回復と戦後政治 第3章　経済大国日本への道 第4章　現代の世界と日本	 1945〜 1950〜1972 1951〜1989 1989〜
『新選日本史B』東京書籍、2019年	第5章　現代の世界と日本 1　占領と国内改革 2　国際社会への復帰と高度経済成長 3　石油ショックと低成長の時代 4　新しい国際秩序と日本の課題	節： 1945〜 1951〜 1971〜 1993〜
『最新日本史』明成社、2018年	第16章　占領統治と日本の独立 第17章　高度経済成長と日本	1945〜 1955〜

注：時期区分に関しては、各教科書ともに厳密に特定の年次で区切って章・節を構成しているわけではないが、本文の国内に関する叙述の重点と章・節のタイトルなどから判断して記した。『高等学校　日本史B』清水書院は、1950〜1970年代前半に関して、第2章は政治・外交史、第3章は経済・社会史(および1972年以降の政治史)中心に叙述しているので、対象となる終期も記した。

第一に、占領期（あるいは戦後復興期まで）を一つの区分とし、一九五一・五二（昭和二十六・二十七）年頃（あるいは一九五五年）から新たな章を立てる考え方である。これは、サンフランシスコ平和条約の締結を一つの区切りとして、一九五五年からの時期を、政治史的には五五年体制の成立、経済史的には高度経済成長期として把握する見方である。**表1**で挙げた七つの教科書のうち、四つの教科書がこの見方を採用している。これと異なるのは、『日本史B　新訂版』（実教出版）で、占領期を二つに分け、冷戦の影響を受けての一九四八年以後の占領政策の転換と一九五〇年代とを同じ節でとらえ、一九六〇年の新安保条約締結と安保闘争の前と後とで時期区分する考え方である。また『高等学校　日本史B　新訂版』（清水書院）は、朝鮮戦争の開始と冷戦体制の本格化という観点から、一九五〇年を画期としている。

第二に、高度経済成長期から一九八〇年代までに関する時期区分についてである。これについては二つに分類できる。一つは、一九七一年のドルショック、一九七三年のオイルショックによる高度経済成長の終焉を一つの区分として取り入れている教科書である。この考えは『詳説日本史　改訂版』（山川出版社）と『新選日本史B』（東京書籍）が採用している。もう一つが、途中で章を変えずに、高度経済成長の始まりから一九八〇年代まで通して一つの区分とする考え方である。この考えは、『新日本史　改訂版』（山川出版社）と、『高等学校　日本史B　新訂版』（清水書院）である。どちらの教科書も、冷戦体制の終結という国際的視点と、五五年体制の終焉という政治史的視点を重視している。

第三に、どの教科書も、一九九〇年前後で区分し、一九九〇年代以後現状に至る過程を通して記述している。

以上、日本史Bの主要教科書における第二次世界大戦後の章節の区分を概観したが、各教科書によって章節の区分が異なる場合があることがわかる。日本史Bの教科書の場合、戦後史に関する分量は限られているが、それでもこれだけの違いがある点に、冷戦体制の中で時代が複雑化していく戦後史の難しさがある。

2 一九六〇年を画期とする意味

つぎに、教科書の分析から離れて、戦後史の通史や戦後史を対象とした諸研究はどのように時期区分しているのかを、占領期〜高度経済成長期、一九七〇・八〇年代〜一九九〇年代以後の二つに分けて、論じていこう。

占領期から高度経済成長期にかけての時期区分で、近年の研究において注目されているのが、一九六〇(昭和三十五)年を画期ととらえる見方である。前述したように、『日本史B　新訂版』(実教出版)がこの区分を採用しているが、近年の戦後史の通史にそくしていえば、[中村 二〇〇五、大門 二〇一一、古川 二〇一六]などがこれを採用しており、一九四五〜六〇年を一つの区分とする見方が増えつつある。

一九六〇年を画期とする見方は、一九九〇年代から打ち出されていた[渡辺 一九九四、加茂 一九九四]。なかでも、政治・経済・社会のシステムの総体を指す概念として「一九六〇年体制」という語を用いたのが、中村政則氏である[中村 一九九五]。中村氏は、一九六〇年を画期とする指標を、以下の三点から説明する。第一に、政治面では、「五五年体制」の成立といっても一九五〇年代は不安定で、安保闘争後の池田勇人内閣による「政治の季節」から「経済の季節」への転換が重要な意味をもった点である。第二に、経済面では、高度経済成長が続き企業社会・企業国家と政官財複合体が成立し、主要産業や農村に対する補助金を散布する体制が一九六〇年代に成立した点である。第三に、社会面では、五〇年代には地域コミュニティが存在していたものの、一九六〇年代にそれが衰退し新たな大衆消費社会が生まれた点である。

中村氏の議論の重要な点は、戦前の歴史の見方を意識して、時期区分を提起している点である。中村氏は「一九六〇年代は、日本近代史上の一九〇〇年代に対比できる歴史的位置を占める」と述べる。「一九〇〇年代は産業革命の結果、日本資本主義が確立すると同時に、政治的にも明治憲法体制が確立して、戦前日本社会の基本構造が確定した時代」であり、その基本構造が再編成されるのが第一次世界大戦と戦後恐慌と述べる中村氏は、その見方を戦後史にも適用する。すなわち戦後日本社会の基本構造が確定した時代を一九六〇年代、「「六〇年体制」の行き詰まりが顕在化した時代」を一九九〇年代ととらえた[中村 一九九五]。その後、戦後史を通史として叙述した[中村 二〇〇五]においても、この見方は踏襲されている。

中村氏が注目する一九六〇年および一九九〇(平成二)年と、ほぼ同じ時期に画期を求めるのが渡辺治氏である。渡辺氏は、時期区分を考えるうえでの三つの視座(現代資本主義・帝国主義に関する視座、安保外交体制に関する視座、社会統合に関する視座)を提示する。そのうえで、現代資本主義・帝国主義に関する視座からみた二つの画期(一つはオイルショック＝一九七三年、もう一つが社会主義の崩壊とアメリカの世界支配が顕著となる一九九〇年代)を念頭におきつつ、これを日本史の時期区分に当てはめる。その結果、一九六〇年の安保反対闘争が画期となって、「小国主義」の体制として「戦後」安保外交体制が確立するとともに、企業社会と開発主義国家が経済成長を梃子に国民を統合したことを、渡辺氏は指摘する。さらに、一九九〇年代以後「小国主義」の体制をくつがえしての自衛隊の海外派兵と軍事大国化が求められるようになり、戦後の福祉国家型統合が新自由主義によって大きく壊されようとしている点を渡辺氏は強調する[渡辺 二〇一〇]。

このように、一九五五年に画期を求めるか、一九六〇年に画期を求めるかは、時期区分するうえでの視座の違いによるものである。教科書において一九五五年に画期を求める章節構成をとっているものが多数派である理由は、新しい学説がまだ浸透していないという事情もあろうが、それればかりではなかろう。

日本史全体を描く高校教科書においては、長期的な視点で大摑みに各時代を理解することが求められる。第二次世界大戦前における日本は、一定程度大衆化が進みつつも貧富の格差が大きかった。これに対して、戦後改革、なかでも労働改革や農地改革によって労働者や農民の所得が向上する条件が整い、高度経済成長によって現実にそのことが達成された。すなわち、戦前からの歴史的文脈を重視すれば、一九五五年を画期とする見方が成り立つ。他方、一九六〇年代以後の政治体制や安保外交体制、企業社会などの歴史性を重視すれば、一九六〇年をその出発点と認識することができる。どちらのとらえ方にも、メリットがあるように思われる。たんに、画期とする年の違いのみに注意を向けるのではなく、そこでの視座と長期的な時間幅の中での歴史的位置づけとの関係で時期区分を考える必要があろう(通史にみられる高度経済成長のとらえ方に関しては、[沼尻 二〇一一]も参照されたい)。

3　一九九〇年前後を画期とする意味

一九九〇（平成二）年前後を画期と考えることは、冷戦の終結とグローバル化の進展という意味で、教科書に限らず、多くの研究が共有している（ただし吉見俊哉氏は、一九七〇年代半ばの画期を重視し、「戦後社会」から「ポスト戦後社会」へと転換した点を強調している［吉見 二〇〇九］）。しかし、国内的な契機を考えると、一九九〇年の画期は必ずしも同一の視座によって理解されているわけではない。ここでは、日本における福祉国家的な諸政策に関する研究を取り上げよう。

前節で紹介したように、渡辺治氏は一九九〇年代以後の新自由主義的政策によって福祉国家的統合が壊されたことを強調する。ただし正確にいえば、渡辺氏は戦後日本の政治体制は西ヨーロッパで成立した福祉国家とは異なるかたちをとったことを指摘する。その代わりに日本で成立したのが、企業社会と開発主義の国家体制であった。そのような日本においても、企業の活動が国境を超えグローバリゼーションが進む中で、労働者の賃金削減、大企業にかけられた負担（法人税や社会保険負担）軽減、規制緩和の三つの柱を軸とする新自由主義的政策が実施されたとする［渡辺 二〇二〇］。

これに対して、日本の福祉国家としての性格をジェンダー視点からとらえたうえで、その下での新自由主義的政策の特徴をとらえようとする研究も存在する。この点で、一九八〇年代の政府の政策の重要性を説くのが、大沢真理氏である。大沢氏は、「家族だのみ」「男性本位」「大企業本位」であった戦後日本の社会政策システムが、一九八〇年代に再編強化されたとする。具体的には、年金制度における第3号被保険者の創設と税制における配偶者特別控除の導入などを挙げる。現実には男女共働きの世帯が増加傾向にあったにもかかわらず、女性の就業による所得を夫の被扶養家族の限度内にとどめるようううながす政策が取られたのである。「男性稼ぎ主」型の性格を維持し続けた日本の社会政策システムは、一九九〇年代から再検討されはじめるものの、ただちに抜本的な制度変更がされることはなかった［大沢 二〇〇二・二〇〇七］。

大沢氏は、一九九〇年代における日本の福祉国家について、「男女の就労支援と介護の社会化」という政策に、社会民主主義的福祉国家としての一筋の道を見出しているが［大沢 二〇〇二］、「男性稼ぎ主」型の視座にそくしてみれば、一九九〇年の画期というのは、必ずしも重要な意味をもたないことになる。渡辺氏のいう新自由主義的再編を重視するか、「男性稼ぎ主」型のシステムが福祉国家の体系に残り続けることを重視するかで、一九九〇年の画期の意味合いが異なってくるのである。

政策史的視点とは異なり、社会の変化からみた場合においても、一九九〇年代は、重要な画期となる。大門正克氏は、前述した通史において、一九九〇年頃から同書が刊行された二〇一一年までを、「グローバル化の時代」としてとらえる。その際に大門氏は、この時期の社会の変化に注目する。具体的には、格差の拡大や孤独死の問題、不登校の増加などと、それらに対する新たな取組を取り上げている［大門 二〇一二］。国内的契機からみた一九九〇年（代）を画期とする理解は、政策サイドのみならず社会サイドからもさらに追究される必要があろう。

4　長期的な視点にもとづく区分――共同体と土地所有・利用をめぐって

戦後史の範囲を超えて、前近代からの長い日本の歴史にそくしてみたときの、戦後日本社会の変容に着目し、その画期性を論じる議論も存在する。なかでも大胆な議論を展開したのは、原朗氏である。原氏は、高度経済成長における農村の変化に着目し、「長期的な観点からみれば、弥生時代に形成されてから連綿としてつづき、農地改革によってもなお解体されなかった農業共同体が、高度成長期のあいだに大きく崩れ始め、解体への道をたどることになった」と論じる。すなわち、「高度成長期における経済構造の変化は(中略)はるか二千年前の弥生時代における変化に匹敵するといってもよい」と評価した[原 二〇一三]。戦後史の時期区分とは、たんに戦後の範囲の中で区分されるものではなく、むしろ高度経済成長のように、前近代の歴史も含めてはじめてその画期性が理解できる場合もあるといえよう。

筆者も、土地所有・利用の研究史の整理を通して、高度経済成長に注目したことがある。そこで論じたことの一つが、明治維新期における近代的土地所有権の設定との関連で、所有と利用が切断される問題を指摘した丹羽邦男氏の議論[丹羽 一九八九]をどのように考えるかという点であった。丹羽氏のいうように地租改正のもとでの山野の官民有区分が、人々が拠り所にしていた土地利用の体系を壊していったことは事実だが、その後の土地利用に関する実証研究にそくして鑑みれば「戦前期～戦後復興期に至るまで、農家の土地利用には私有地の利用にとどまらず、周辺の山野・池沼・潟・市街地のし尿といったものが含まれており戦時期・戦後改革期にはそれらの利用がかえって強まる(中略)ことすらあった」と論じ、その関係性が劇的に変化した時期の始期として高度経済成長期(とくにその後半期)を位置づけた[沼尻 二〇一七]。

高度経済成長期以後において、利用を媒介としたローカルな人と自然との関係にみられる共同性を大きく変える役割を果たしたのが、モータリゼーションであった。高度経済成長後半期に普及の始まった国内の自動車、なかでも乗用車の保有台数は、その後も増加し続けた。都市部では、おもに地元住民の憩いの場として利用されていた水辺空間が、一九八〇年代以後、車の利用を前提として、地元住民以外も利用するレジャー目的の水辺空間へと変化し、新たな水辺空間の創出をうながす政府の政策も進捗した。こうして、一九八〇年代以後における都市の水辺空間の再編は、人と土地・水の関係史において大きな画期として位置づくことになった[沼尻 二〇一八]。

土地所有とともに、土地や水の利用の変化を具体的に追うことで、二十世紀後半における劇的な人々の生活変化が理解可能となる。戦後史の通史的な叙述においては、一つの変化におさまってしまうが、戦後の歴史を超えた長期的な視点にそくして二十世紀後半を位置づけることも、今後必要となろう。

5 「戦後史」批判と歴史把握の方法

最後に、戦後史を把握する方法に関する近年の研究動向を理解するため、従来の「戦後史」のとらえ方に疑問を寄せる研究が増加しているという点に触れておきたい。成田龍一氏は、沖縄の歴史や女性の歴史、在日コリアンや水俣病患者を介してみえてきた歴史を紹介しながら、「私たちが学んできた歴史は、中心・中央の「われわれ」の戦後史であって、周縁の・他者の戦後史ということを考えたときに、その狭さが見えてくる」点を指摘した〔成田 二〇一五〕。大野光明・番匠健一両氏は、〈国民の歴史〉としての「戦後史」の問題点について「戦後史が、国民から排除され周縁化される人々の経験を、書かれた歴史において排除してきたという点」、「戦後史を知り、学び、書くということが、国民という集合体を所与の前提とし、一まとまりのものとして実体化する政治的行為である」点を指摘した〔大野・番匠 二〇一四〕。黒川みどり・藤野豊両氏は、少数者に視点をすえて、少数者への差別と近代国家が創出する「国民」への包摂と排除の構造を、明治期から現代にかけて明らかにした〔黒川・藤野 二〇一五〕。

これらの批判は、「国民国家」を批判する議論が盛んになった一九九〇年代からの問題関心を継承するもので、そのような批判的視点からみれば、「戦後史」という枠組みでの歴史叙述の中身が問われてくることになる。

中心・中央の「戦後史」に対する批判的観点をもちつつ、そこで戦後史の通史自体の可能性を閉ざすのではなく、むしろその観点を積極的に取り入れた戦後史も存在する。その先駆が、〔鹿野 二〇〇〇〕であろう。同書は、「経済大国」や「日米関係」などの枠組みを前提としつつも、私的な側面を排除することなく人々が「どう生きたか」という「小文字の歴史学」を目指している。それゆえ、同書では叙述の中に一人ひとりの農民やサラリーマン、女性、在日朝鮮人などの多様な主体が「どう生きたか」をちりばめて論じている。その後の通史においても、荒川章二氏は、戦後における「豊かさ」への過程が、性別や健康・民族的出自などの属性面、地域や産業面、軍事面の三つの側面から社会が切り分けられていく過程でもあった点を描くことに主眼をおきつつ、閉塞する状況を打破する契機として市民運動や住民運動に注目した[荒川 二〇〇九]。

「戦後史」批判の観点をより積極的に受け止め、深化させたのが、[大門 二〇一二]である。同書においては、一九六〇(昭和三十五)年と一九七〇年、一九九〇(平成二)年の三つの画期を設定している。前述したように、それ自体は近年よくみられる戦後史の時期区分だが、そこでの叙述は、在日朝鮮人や沖縄の人々、非正規労働者など、多くの少数者が登場する。大門氏の著作の特徴は、一人ひとりがどう生きたかという叙述にとどまらない。国際社会を「自分のくらす地域、日本、東アジア、世界」の四つが結びついたものと定義したうえで、それぞれのレベルでの隣人としての交流を描き出し、そこに「アメリカだのみ」ではない道を見出そうとしている。

他方、対象は社会に限定されるが、国家の社会に対する政策やそのもとでの少数者の存在に留意しつつ、戦後において「権利の承認」を獲得し、〈一人前〉として「価値の承認」も追求した労働者や女性を主たる対象としたのが、[禹・沼尻 二〇二四]である。「働く場」と「暮らしの場」における承認要求とそこでの正当性に焦点を当てつつ、自ら主張しにくい人々や正当性をもちにくい人々も射程に入れて「価値の承認」の動態を追究し、現状の生きづらい社会への変化の過程を論じた。

このように、戦後史をどのように把握するのかという問いは、時期区分をめぐる議論だけでなく、そのとらえ方との関連においても追究されてきた。「戦後史」の叙述が、中心・中央の「われわれ」の戦後史であることへの批判が提起される一方で、そこでの批判をふまえそれを乗り越えようとするアプローチが複数存在する。歴史に向かう視座が問われ、その中で新たな歴史叙述と分析手法が試みられているのである。

※本稿脱稿後、［松浦編著　二〇二四］が刊行された。同書序章において松浦正孝氏は、同書全体を概観し、「戦後」時期のとらえ方を整理しつつ、戦後史の時期区分に関する興味深い論点(その一つとして、戦後史の転換点としての一九七〇年代の重要性)を提示している。あわせて、参照されたい。

〈**参考文献**〉

荒川章二　二〇〇九年『全集　日本の歴史16　豊かさへの渇望』(小学館)
禹宗杬・沼尻晃伸　二〇二四年『〈一人前〉と戦後社会――対等を求めて』(岩波新書)
大門正克　二〇一一年『Jr.日本の歴史7　国際社会と日本』(小学館)
大沢真理　二〇〇二年『男女共同参画社会をつくる』(日本放送出版協会)
大沢真理　二〇〇七年『現代日本の生活保障システム――座標とゆくえ』(岩波書店)
大野光明・番匠健一　二〇一四年「はじめに」(西川長夫・大野光明・番匠健一編『戦後史再考――「歴史の裂け目」をとらえる』平凡社)
鹿野政直　二〇〇〇年『日本の歴史9　日本の現代』(岩波ジュニア新書)
加茂利男　一九九四年「現代日本型政治システムの成立――池田・佐藤政権と保守支配の構造」(『シリーズ日本近現代史　構造と変動4――戦後改革と現代社会の形成』岩波書店)
黒川みどり・藤野豊　二〇一五年『差別の日本近現代史――包摂と排除のはざまで』(岩波書店)
中村政則　一九九五年「一九五〇―六〇年代の日本――高度経済成長」(『岩波講座　日本通史20　現代1』岩波書店)
中村政則　二〇〇五年『戦後史』(岩波新書)

成田龍一　二〇一五年『戦後史入門』(河出文庫)
丹羽邦男　一九八九年『土地問題の起源――村と自然と明治維新』(平凡社選書)
沼尻晃伸　二〇一一年「高度経済成長の捉え方――その歴史的位置」(『歴史評論』七三五号)
沼尻晃伸　二〇一七年「所有と利用の関係史――土地と水を中心にして」(歴史学研究会編『第四次　現代歴史学の成果と課題　第一巻　新自由主義時代の歴史学』(績文堂出版)
沼尻晃伸　二〇一八年「都市における水辺空間の再編――一九七〇～八〇年代の川をめぐる諸運動と政策」(『年報　日本現代史』二三号)
原朗　二〇一三年『日本戦時経済研究』(東京大学出版会)
古川隆久　二〇一六年『昭和史』(ちくま新書)
松浦正孝編著　二〇二四年『「戦後日本」とは何だったのか――時期・境界・物語の政治経済史』(ミネルヴァ書房)
宮崎隆次　一九九五年「時期区分論としての戦後史」(『日本史研究』四〇〇号)
吉見俊哉　二〇〇九年『ポスト戦後社会』(岩波新書)
渡辺治　一九九四年「保守合同と自由民主党の結成」(前掲『シリーズ日本近現代史　構造と変動4』)
渡辺治　二〇一〇年「私たちはどこへ向かっているのか」(『季論21』一〇号)
渡辺治　二〇二〇年『安倍政権の終焉と新自由主義政治、改憲のゆくえ――「安倍政治」に代わる選択肢を探る』(旬報社)
渡辺治・暉峻衆三・中西新太郎・橋本紀子・宮地正人　二〇一〇年「シンポジウム「戦後史」の時期区分をめぐって」(『季論21』一〇号)

26

地主・小作関係と農地改革
——「産業としての農業」と「地域社会としての農村」から歴史をみる

齋藤　邦明

はじめに

本稿の課題は、戦前の地主・小作関係とその帰結としての農地改革の歴史に関して、近年の農業・農村史研究の展開をふまえて、農業・農村を取り巻く社会関係や、工業化・都市化といった非農業的要素を視野に入れつつ、概観することである。

山川出版社の『詳説日本史』(日探 二〇二三)において、戦前の地主制や地主・小作関係がどのようにとらえられてきたかを確認しておこう。戦前の地主制は、松方デフレによって下層農民が小作農へと転落することで小作地率が上昇し、大地主が耕作から離れて小作料の収入に依存するようになる、「寄生地主制」として把握されている。そして、地主は小作料収入をもとに、起業や公債・株式投資などを進めて、資本主義との結びつきを強める一方で、小作農は小作料の支払いに苦しみ、困窮化し、出稼ぎや副業などで家計をおぎなっていたとされる(第14章の「農業と農民」)。すなわち、近代の地主・小作関係は両者のあいだに大きな経済格差が生じ、その後、小作争議などの展開はあるものの、農地改革まで一貫して農民や農村の貧困は解消されない、と把握されている。したがって、戦前期の地主・小作関係と農業・農村の歴史は、「貧困」に集約され、理解されてきた。

このような歴史把握は、地主制や農民運動、農地改革に関する研究成果をふまえたものであり[中村一九七九、暉峻一九八四、西田一九九七、武田二〇一七]、今なお研究史上において通説的な位置は揺るがない[武田二〇一九]。他方で、近年の農業・農村史研究は必ずしも「貧困」にのみ注目するのではなく、戦前日本の農業・農村を取り巻く様々な社会関係や史実を解明してきた。そうした状況をふまえて、本稿の視角をつぎの二点に定める。

一つ目に、「産業としての農業」という視点である。教科書において、前近代までは米などの食料をはじめ、様々な農林水産物の生産や流通に関する史実が一定程度共有されているのに対し、近代以降は養蚕への言及がみられる程度で、農業に関する歴史叙述はきわめて少ない。一方で近年、農や食・環境に対する社会的な関心は高まっているため、関連する研究が多数著されている(例えば[湯澤二〇一八、湯澤・伊丹・藤原編者二〇二四])。こうした状況をふまえるならば、教科書においても近現代の農や食に関する歴史が触れられることが望ましい。

二つ目に、「地域社会としての農村」という視点である。前掲『詳説日本史』(日探)を振り返ると、近代以降の農村への言及は農業以上に少ない。例えば、農村の生活は都市よりも変化が遅く、交通の発達や新聞の普及により近代化=西洋文化が少しずつ浸透していったとしている(第12章の「文明開化」)。

ほかには石油ランプや電灯の普及などが取り上げられている(第14章の「生活様式の近代化」「都市化の進展と市民生活」)。ただし、以上の記述から近代の農村社会、とくに農村を取り巻く社会関係を読み取ることは困難である。近年の農業・農村史研究が特に着目してきたのは、「家」と「村」の機能と役割についてである。その背景にある問題意識は、いうまでもなく現代日本の地域社会の変容(とくに地域の衰退)と、家族関係の多様化にある。

かつて地主・小作関係や農地改革については、日本資本主義論争や寄生地主制との関係で盛んに研究されていたが、高度経済成長期以降の日本社会・経済の都市化や工業化を受けて、地主・小作関係や農地改革に関する研究関心は一時的に後退した。ところが近年、「産業としての農業」および「地域社会としての農村」といった観点から、農業・農村の歴史が再び注目され、研究が進展しつつある。ただし、こうした研究の変化や成果は、教科書には十分に反映されていない。

以上、本稿は「産業としての農業」および「地域社会としての農村」の観点から、日本史の教科書内容と現段階の研究状況を比較検討し、地主・小作関係とその帰結としての農地改革に関する新たな歴史叙述の準備作業を行いたい。

1　近代の地主・小作関係と農業・農村

近代日本社会における人口・就業構造と食料

まず、近代以降の地主・小作関係や農業・農村の歴史をみるうえでは、つぎの点をおさえておく必要がある。第一に農業をはじめとする第一次産業の就業者が分厚く存在し続けていたこと、第二に主食である米に限定しても食料は需給ギャップが発生していたこと(米消費が米生産を上回る状況)、の二点である(図1を参照。なお、一九〇〇〈明治三十三〉年以前はデータが存在しない)。

前者は教科書が所与としている点であるが、近代の第一次産業の就業者(その大半が農業)は一四〇〇万人から一六〇〇万人のあいだで推移する。明治期から昭和期にかけて第一次産業の就業者は微減していく傾向にあるが、第二次世界大戦後には復員・引揚げおよび失業者の発生によって第一次産業の就業者は再び一六〇〇万人を超える状況となった。このように近代の農業従事者が(現代と比較して)安定的に推移していった要因としては、商工業への就業機会が限られていたことに加えて、「家」と「村」制度の影響が指摘されており、「地域社会としての農村」を理解する必要がある(後述)。

続いて後者の、食料需給に関する点は、前掲『詳説日本史』(〈日探〉第14章)においても購入肥料・化学肥料の導入と品種改良によって米の収量が増加するものの(＝図1の「米生産」の伸長と符合)、都市人口の増加によって食料が不足しがちになった、との説明がなされている。さらに植民地米移入についても言及されているが(『詳説日本史』〈日探〉第15章の「金解禁と世界恐慌」)、その食料不足が植民地米によっておぎなわれていた点は明示的に説明されていない。戦時期に入ると、食料生産が低下したことによって食糧難が深刻化したとされるが(同第15章の「戦時統制と生活」)、その主たる要因は植民地米の移輸入が激減したことによる(＝図1の一九四〇〜五〇年代の「米移輸入」)。

上記の二点を、近代と現代の「産業としての農業」という点で対比させると、現代の米の需給は満たされている一方で(不作年を除いて基本「米余り」)、農業従業者数が一四〇〇万人を割るような状況であ

図1　近現代日本の総人口・就業人口と米需給の推移

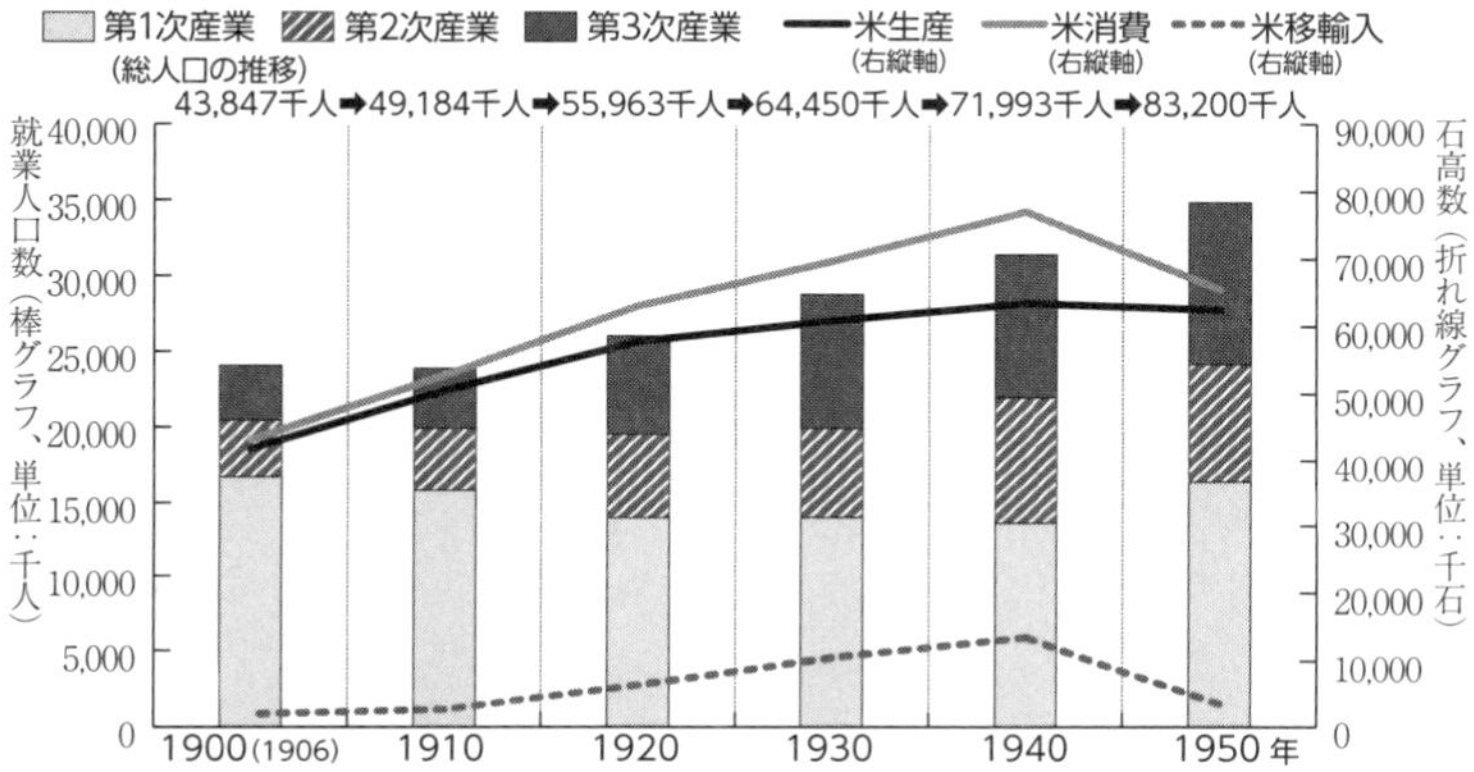

出典：［農政調査委員会 1977］、［三和・原 2010］、［坂根・有本 2017］を参考に、筆者作成。
注1：本図表は日本内地の人口および就業人口を示している。ただし、1950年のデータには沖縄は含まれていない。
注2：就業人口数には無業者などを含まない。よって、第1〜3次産業の就業人口の合計と総人口は一致しない。
注3：1900年の就業人口のデータのみ1906年のもので、それ以外の総人口と就業人口の年次とデータは一致している。

り（二〇二〇年現在一三六万人。農林水産省『令和三年度 食料・農業・農村白書』の「基幹的農業従事者数」参照）、近代の「産業としての農業」とは対照的な状況である。すでに戦後八〇年近くとなった今日、教科書は近代の「産業としての農業」を所与として「地主制」に焦点を当てているが、むしろ「産業としての農業」から説き起こす必要性があることが想起される。

　ここで、日本の「家」と「村」に触れておこう。日本の「家」は、「家名・家業・家産」を代々継承する制度としておおむね中世から近世にかけて成立し、近代に入ると民法に家制度として盛り込まれるなど、近代以降も日本社会の人的関係の基盤として、強固に存在していた［坂根二〇一一、谷本二〇二四］。そして、「家業」としての農業の継承が続けられた結果、**図1**のように第一次産業の就業者は安定的に推移していった。

また、日本の「村」については、長い歴史の中で形成された人間関係をもとに、村人が相互監視を行い、村の政治や経済、社会を「自治的」に管理・行動する集団として機能していった〔齋藤仁 一九八九、坂根 二〇一二〕。例えば、「村」は川や道など地域のインフラ維持を行う一方で、農地の利用や転用に対し規制を行っていた。このように近代日本は「家」と「村」を軸に「地域社会としての農村社会」が、様々な役割と機能をもつ社会であった(とくに「村」に関しては〔大石・西田 一九九一、大鎌 一九九四、坂口 二〇一四〕を参照)。こうした「地域としての農村社会」に関しては、前掲『詳説日本史』〈日探〉第12章の「地租改正」)でも、地租改正によって入会地が官有地に編入されたことが触れられている。本稿がここで強調したのは、入会地は村が共同で管理していたことと、入会地以外にも農村には様々な共同性が存在したということである。

また**図1**には総人口の推移も示したが、現代日本の人口停滞・減少という状況をふまえると、教科書において近代日本が著しい人口増加社会であったことも明示的に触れられる必要がある。

「地主制」をめぐって――「寄生地主」と事業家

つぎに、「地主制」についてみていく。冒頭で確認したように、教科書では近代の農業・農村の「貧困」を「地主制」を媒介に把握していた。ただし、近年は「地主制」そのもの＝地主・小作関係や小作契約を取り上げることは減少する一方で、地主による投資や事業に焦点を当てた研究が進み、「地主制」の評価を相対化する動きがみられる［小島 二〇二二］。

前掲『詳説日本史』（日探）においても、「地代の資本転化」［中村政則 一九七九］を意識したと思われる、「地主と資本主義との結びつき」に言及していることをすでに確認した。近年の研究では各地域の地主の様々な活動・投資実態が解明され、経済合理性を重視するケース［中村尚史 二〇一〇］や地域を重視するケース［谷本 二〇〇三］、地域とともに家訓や宗教を重視するケース［中西・井奥 二〇一五］など、多様な実態が明らかになりつつある。このように日本の地主が小作地経営だけを行うのではなく、各地域の産業を担う事業家（資産家）として、財閥などとともに日本資本主義の担い手であった点が強調されている［中西 二〇一九］。

その一方で、地主の「寄生性」に対する関心は後景に退くかたちとなっている。教科書を振り返ると、「寄生地主制」は大地主を中心にして、その経済力の大きさや、自作地・小作地の比率（後者の比率の高まり）によって説明がなされているが、実態としては小作料や面積の多寡、自作地・小作地の比率をもって、地主制の成立や農村の貧困を論じることは困難である。地主経営の比較［大石 一九八九］や地方資産家としての家計［中西・二谷 二〇一八］を見ても、小作地収入のみに依存していた事例はほとんどなく、収入の構成は多様である。また社会関係としても、小作料の収取・支払といった狭義の地主・小作関係に限らない、地域社会内の交流や取引（冠婚葬祭や贈与・贈答など）があったことが明らかにされている。ゆえに、地主＝「寄生地主制」として把握するにせよ、それを高率小作料や松方デフレによる下層農民の没落といった点でのみ説明されるのではなく、時代の限定性や日本社会の特質などをふまえて、「制度」としての特徴を把握する必要がある。

なお、高率小作料という点が実証的に否定されたわけではない。例えば、日本の小作料は全国平均で一八八五(明治十七)年六〇%、一九一〇(明治四十三)年六一%、一九四〇(昭和十五)年五〇・六%である〔三和・原 二〇一〇〕。ただし、近年は開発経済学や比較経済史などの分野で、日本と諸外国の小作契約の比較が進み、日本以外の国の小作料も四~六割程度とほぼ同水準であることが判明し、日本のみを「高率小作料」と説明することは少なくなっている。そして、小作契約の中身をつぶさに検討する方向へと研究は進んでいる〔坂根 二〇一一〕。

現在、「寄生地主制」は、土地の貸し手(所有者)と借り手(耕作者)との関係、農業と商工業との関係、農業と都市との関係といった、様々な関係性とバランスの中で成立していたと理解されている〔武田 二〇一九、坂根 二〇一〇〕。すなわち、地主と小作のあいだに経済力や交渉力で差があることはもちろんだが(前者が後者よりも強い)、五町歩を超える所有地をもつ地主は全体の五%未満であり、実態としてはほとんどが所有地三町歩以下の中小地主と、自己の所有地と小作地を耕作する零細な家族経営(「小農」と呼ばれる)が一般的であった(以下でも本稿は慣例的に「小作」を使用する)。

地主と小作は、同じ生活環境か(村に在住する地主を「在村地主」と呼ぶ)、地主が村に居住していない場合でも(「不在地主」)、農業や村の状況を理解し合う関係であった。したがって、地主と小作は「産業としての農業」と「地域社会としての農村」を共有する存在であった。そして「寄生地主制」は、農業以外の商工業が未発達で、地主からみて農業が投資対象として十分な期待をもてるとともに、農民が小作料に耐えうる程度の経済力は持ちながらも、離農できない状況においてのみ、安定的に成立する制度であったと理解されている。こうした条件を満たしたのはおおむね明治時代であった。そして、第一次世界大戦以降は商工業が発展して、農業が相対的に劣位産業となり、農民が離農していったために、「寄生地主制」の存立条件は失われ、地主・小作関係は不安定になっていった。

2 地主・小作関係の変容と農地改革

地主制の後退

二十世紀以降、地主・小作関係は変容していった。日露戦争にともなう増税などにより、農業生産が停滞したことと、社会運動の盛り上がりの中で小作争議が頻発して、農民組合が結成されたことが触れられている(前掲『詳説日本史』〈日探〉第14章の「農業と農民」「労働運動の進展」)。

とりわけ第一次世界大戦以降は、地主は投資対象を農業から商工業(植民地を含む)へと移し、都市に移住する者もいた。小作は、都市や工場に近い地域ほど都市や工業へと就業機会を求めて、離農する者も出るようになっていった。ただし、離農者の多くは家業を継がない次三男で、挙家離農・離村はまれであり、なかには都市・農村間を往き来し、様々な仕事に従事する「雑業」的な存在も少なくなかった[牛山 一九七五]。また、都市や工業と農村の賃金水準が比較可能となったことにより、小作料の引き下げを求める小作争議が発生したが、地主の減免(一時的な小作料引き下げ)を引き出す程度に終始し、地主と小作のあいだの経済格差や小作側の交渉力を改善するものではなかった。

政府は、地主・小作関係の不安定化に対して、小作法と自作農創設維持政策を打ち出すが、前者は地主が多数を占める貴族院の反対で廃案となり、後者は財政的制約があったことと「間接創定」という手法だったために事業規模は拡大しなかった。ちなみに、戦前の自作農創設維持政策は、戦後の農地改革の前史とされるが、地主に農地の売却を強制するものではなく、相対取引であり、農民の農地購入費用として簡易保険を原資とした低利資金を融資するものであった。それに対し、戦後の農地改革は政府が直接、農地の買収売渡を強制に行う方式をとったことから、「直接創定」という。

昭和恐慌期には、高橋是清の財政・金融政策のもとで、農村救済のための時局匡救事業が展開したが(前掲『詳説日本史』〈日探〉第15章の「恐慌からの脱出」)、所得再分配効果および農村経済の浮上効果は薄かった[加瀬 一九九七、小島 二〇二〇]。結果、近代を通じて格差は拡大し続けたのである[南・牧野 二〇一七]。

近年、研究が大きく進展したのは、第二次世界大戦下の戦時経済に関する研究である[野田 二〇〇三、坂根 二〇一二]。戦時下の農業政策が地主抑制的な性格を帯びていった一方で、法令ごとの運用や実績に地域差が存在したことと、統制違反(闇取引)が多く見られること、アジア太平洋戦争下の農業資材不足などが実証的に明らかにされている。また、植民地経済との関係では満洲農業移民については、移民を送り出した村(母村)と移民先の村(分村)との関係が戦時末期まで継続していたことや、満洲移民たちの農業経営や生活実態(寒冷地の厳しさ、戦闘地域化していく過酷さ)が克明に明らかにされている[細谷 二〇一九]。戦時経済については史料的制約が厳しいものの、戦後社会を展望しつつ、着実に戦時社会の実態(混乱や矛盾を含む)が明らかになっている。

農地改革――食糧問題と農地委員会

それでは農地改革について見ていこう。教科書では第二次世界大戦後の戦後改革、その中の民主化政策として農地改革は取り上げられている。すなわち、GHQによって、農民層の窮乏が日本の対外侵略の重要な契機となったとし、寄生地主制を取り除いて、安定した自作農経営を大量に創出する改革として実施することが求められた。その後、日本政府が出した第一次農地改革案が在村地主に対する買収条件などの点で不徹底としてGHQによって否定され、GHQの勧告にもとづいて交付された自作農創設特別措置法によって第二次農地改革が実施された。その結果、小作地が激減し、農家の多くが零細な自作農となる一方で、大地主たちの経済力と社会的影響力が失われたと、説明されている(前掲『詳説日本史』〈日探〉第16章の「民主化政策」)。

近年の日本の農地改革研究は市町村の一次史料を用いた研究が着実に進展し、とくに市町村農地委員会に関する事例研究が深められた点が重要である。また、農地改革期における日本社会の状況、とりわけ戦時期から続く食糧不足とそれに対する対策としての食糧供出(食糧問題)に関する実証研究も出されている。したがって、教科書は農地改革の歴史的経緯と中央レベルにおける政策過程が中心だが、近年は市町村レベルの政策過程と、農地改革を取り巻く社会経済状況についての研究が進められ、多角的に検討が進められているといえる。

まず、食糧問題から触れたい。本稿の第一節および**図1**で見たように、食糧不足は戦時期に発生したが、戦後は植民地米の移入がなくなったことに加え、復員・引揚者をはじめとする人々が農村に還流したことにより、戦時期以上に戦後改革期の食糧問題は深刻となった(前掲『詳説日本史』〈日探〉第16

章の「生活の混乱と大衆運動の高揚」)。戦後を生きた人々にとって食糧問題は最大の関心事であり、社会問題となった[西田 一九九四]。そこで近年の研究では、農地改革が食糧問題下で実行された点が注目されている。農地改革と食糧供出制度は別々に実施された政策ではあるが、村レベルでは両者の政策が食糧増産の文脈で関連づけられていたことが明らかにされている[永江 二〇一三]。とくに、農地改革において農地の売渡対象は「耕作者」であることが規定された背景には食糧問題があり、農地改革の実行が食糧問題の解消につながると考えられ、農地改革を実施する際の正当性を与えたのである。すなわち、農地改革は民主化のみならず、食糧問題によって「産業としての農業」が強く意識された改革であった。

つぎに、農地委員会についてである。教科書においても、農地委員会については委員構成(地主・三：自作農・二：小作農・五)と農地の買収売渡を実行したことが触れられているが、その記述では第一次農地改革は日本側の主導で進められたが挫折し、第二次農地改革はＧＨＱ側の主導で進められたかにみえる。この点、市町村農地委員会の実態をふまえて、第二次農地改革も日本側の主導性、とりわけ一般市民の手によって遂行された点は強調されてよい。近年の研究で農地委員会は、農村の青年層を中心に、専任書記と部落補助員が改革の実行を後押ししていったことが明らかにされている[坂根 二〇一一、野田 二〇一二、福田 二〇一六]。したがって、農地改革は「地域社会としての農村」が受け皿となって改革が推し進められたのである。そして、農地委員会は戦後組織された行政委員会の一つであり、改革後は農地法のもとで農業委員会として、現在に至るまで農地や農業従事者を管理する組織として存続している点も付言しておく。

続いて、都市化や工業化と農地改革との関係について触れる。この点も食糧問題が深く関係してくる。戦時期に食糧不足が発生すると、都市地域(都市化地域を含む)や工場地域でも食糧増産が進められた。そのため、住宅地や工場地、さらには都市計画の中で宅地化予定の土地が、農地改革を実行する段階では「農用地」となっていたために買収対象となり、問題となるケースがしばしば見られた。この問題は非常に複雑な歴史過程をたどり、買収対象から除外されるケースや農地改革違憲訴訟まで発展するケースなどが明らかになっているが[福田 二〇一六、野田 二〇一二]、都市や工場地域に農地が残る場合も多く、それが戦後の都市化や都市計画の中で残存していった[沼尻 二〇一五]。

最後に紙幅の関係で内容に立ち入れないが、戦後の復員や引揚者による開拓や戦後の海外移民政策といった、「地域社会としての農村」から排除された人々に焦点を当てた研究も出ており、日本の「産業としての農業」と「地域社会としての農村」を国内外から相対化する研究が出ていることも触れておく[伊藤 二〇一三、安岡 二〇一四]。

おわりに

本稿では、「産業としての農業」および「地域社会としての農村」という観点から、地主・小作関係と農地改革を改めて見直した。本稿で繰り返し述べたように、近代日本は、農業・農村が大きな存在感と影響力をもち続けていた。もちろん、教科書における「貧困」の歴史としての地主・小作関係や、その帰結としての農地改革という理解は今なお一定の有用性をもった歴史像である。そこで本稿は、

「産業としての農業」と「地域社会としての農村」から、そこに多様な歴史と背景を加えることを試みた。本稿が、農業や農村を「貧困」のみで把握するのではなく、都市化・工業化によって消えていく存在でもない、「産業としての農業」と「地域社会としての農村」の近現代史を見つめるきっかけになることを願う。

〈参考文献〉

伊藤淳史　二〇一三年『日本農民政策史論――開拓・移民・教育訓練』(京都大学学術出版会)
牛山敬二　一九七五年『農民層分解の構造　戦前期』(御茶の水書房)
大石嘉一郎　一九八九年『近代日本における地主経営の展開――岡山県牛窓町西服部家の研究』(御茶の水書房)
大石嘉一郎・西田美昭　一九九一年『近代日本の行政村――長野県埴科郡五加村の研究』(日本経済評論社)
大鎌邦雄　一九九四年『行政村の執行体制と集落――秋田県由利郡西目村の「形成」過程』(日本経済評論社)
加瀬和俊　一九九七年『戦前日本の失業対策――救済型公共土木事業の史的分析』(日本経済評論社)
小島庸平　二〇二〇年『大恐慌期における日本農村社会の再編成――労働・金融・土地とセイフティネット』(ナカニシヤ出版)
小島庸平　二〇二二年「農業史」(松沢裕作・高嶋修一編『日本近・現代史研究入門』岩波書店)
齋藤邦明　二〇二二年「近現代日本農業史のなかの農地改革」(『歴史評論』第八六八号)

齋藤仁　一九八九年『農業問題の展開と自治村落』（日本経済評論社）
坂口正彦　二〇一四年『近現代日本の村と政策――長野県下伊那地方一九一〇～六〇年代』（日本経済評論社）
坂根嘉弘　二〇一〇年「Ⅵ 近代」（木村茂光編『日本農業史』吉川弘文館）
坂根嘉弘　二〇一一年『日本伝統社会と経済発展』（農山漁村文化協会）
坂根嘉弘　二〇一二年『日本戦時農地政策の研究』（清文堂）
坂根嘉弘・有本寛　二〇一七年「工業化期の日本農業」（『岩波講座 日本経済の歴史3』岩波書店）
武田晴人　二〇一七年「農業問題と地主制」（『異端の試み――日本経済史研究を読み解く』日本経済評論社）
武田晴人　二〇一九年『日本経済史』（有斐閣）
谷本雅之　二〇〇三年「動機としての「地域社会」」（篠塚信義・石坂昭雄・高橋秀行編著『地域工業化の比較史的研究』北海道大学図書刊行会）
谷本雅之　二〇二四年『日本経済の比較史』（放送大学教育振興会）
暉峻衆三　一九八四年『日本農業問題の展開　下』（東京大学出版会）
暉峻衆三　二〇〇三年『日本の農業一五〇年――一八五〇～二〇〇〇年』（有斐閣）
永江雅和　二〇一三年『食糧供出制度の研究――食糧危機下の農地改革』（日本経済評論社）
中西聡　二〇一九年『資産家資本主義の生成――近代日本の資本市場と金融』（慶應義塾大学出版会）
中西聡・井奥成彦　二〇一五年『近代日本の地方事業家――萬三商店小栗家と地域の工業化』（日本経済評論社）

中西聡・二谷智子　二〇一八年『近代日本の消費と生活世界』(吉川弘文館)
中村尚史　二〇一〇年『地方からの産業革命――日本における企業勃興の原動力』(名古屋大学出版会)
中村政則　一九七九年『近代日本地主制史研究――資本主義と地主制』(東京大学出版会)
西田美昭　一九九四年『戦後改革期の農業問題――埼玉県を事例として』(日本経済評論社)
西田美昭　一九九七年『近代日本農民運動史研究』(東京大学出版会)
沼尻晃伸　二〇一五年『村落からみた市街地形成――人と土地・水の関係史　尼崎一九二五～七三年』(日本経済評論社)
農政調査委員会　一九七七年『日本農業基礎統計　改訂』(農林統計協会)
野田公夫　二〇〇三年『戦時体制期』(農林統計協会)
野田公夫　二〇一二年『日本農業の発展論理』(農山漁村文化協会)
福田勇助　二〇一六年『日本農地改革と農地委員会――「農民参加型」土地改革の構造と展開』(日本経済評論社)
細谷亨　二〇一九年『日本帝国の膨張・崩壊と満蒙開拓団』(有志舎)
南亮進・牧野文夫　二〇一七年「所得と資産の分配」(前掲『岩波講座 日本経済の歴史3』)
三和良一・原朗　二〇一〇年『近現代日本経済史要覧　補訂版』(東京大学出版会)
安岡健一　二〇一四年『「他者」たちの農業史――在日朝鮮人・疎開者・開拓農民・海外移民』(京都大学学術出版会)
湯澤規子　二〇一八年『胃袋の近代――食と人びとの日常史』(名古屋大学出版会)
湯澤規子・伊丹一浩・藤原辰史編著　二〇二四年『入門　食と農の人文学』(ミネルヴァ書房)

27 象徴天皇制をどうとらえるか

河西　秀哉

はじめに

象徴天皇制やそれに至るまでの戦後の天皇制に関する高等学校日本史教科書の記述は、意外なほど多くない。山川出版社の『詳説日本史』(日探 二〇二三)では、①敗戦後の東久邇宮稔彦内閣が「「一億総懺悔」「国体護持」をとなえて占領政策と対立し」、GHQはそれに対して「天皇に関する自由な議論を奨励した」こと、②さらに「GHQは、政府による神社・神道への支援・監督を禁じ(神道指令)、戦時期の軍国主義・天皇崇拝の思想的基盤となった国家神道を解体した(国家と神道の分離)」こと、③「国内外で天皇の戦争責任問題も取り沙汰された」が、「GHQは、天皇制廃止がもたらす収拾しがたい混乱を避け、むしろ天皇制を占領支配に利用しようとして、天皇を戦犯容疑者に指定しなかった」こと、④一九四六年元日に、「昭和天皇はいわゆる人間宣言をおこなって、「現御神」としての天皇の神格をみずから否定した」こと、⑤日本国憲法によって「天皇は政治的権力をもたない「日本国民統合の象徴」となった(象徴天皇制)」こと、⑥そして「一九八九(平成元)年、昭和天皇が亡くなり、元号が平成と改められた」ことが記されている。

つまり、⑥の昭和天皇の死と元号の変更を除いては、①〜⑤は敗戦直後から日本国憲法制定までの時期に集中している(その意味では、象徴天皇制に至るまでの道程が記述されているが、制度形成後の展開については言及されていない)。これは『詳説日本史』(日探)に限定されることなく、多くの高等学校の教科書の傾向である。もちろんこれは、象徴天皇が戦後日本社会において一般には政治に関与せず、影響力をもたなかったと認識されている(渡辺治氏の言葉を借りるならば、象徴天皇制は「保守政治の従属変数」[渡辺 一九九〇])だからだろう。天皇制が大きな意味をもったととらえられる戦前の部分では、やはりそれに関する記述も多く、具体的かつ詳細である。

こうした高等学校の教科書記述の分量と傾向は、象徴天皇制に関する研究史とも大きく関係していると考える。さらにいえば、その記述内容もやはり研究史との関連が多くみられる。一方で、高等学校の教科書に書かれる以上に、近年の象徴天皇制研究はかなり進歩している。ここでは、それらについて論じることとしたい。

1　象徴天皇制の研究史

戦後直後の研究

本来は法律用語でなかった「象徴」という用語が日本国憲法の中に規定されたことによって、この語をいかに法律的に解釈したらよいのか、その研究が日本国憲法制定直後から始まった。しかも、昭和天皇が敗戦後も在位し続けたことが問題をより複雑化させることになる。それによって、戦前と戦後の体制は同じであるのか異なるのかが曖昧となったためである。そのため、憲法学や政治学では、「象徴」に関する解釈や天皇制という制度そのものを明らかにしようとする研究が進展し、さらにポツダム宣言から占領初期、日本国憲法制定過程までの歴史を史料にもとづいて実証的かつ綿密にたどる研究がなされていくようになる[河西 二〇一三]。こうした研究蓄積があるゆえか、高等学校の教科書でも「政治・経済」などの象徴天皇制に関する記述は、その具体的権能やそこに至るまでの歴史的過程が「日本史探究」よりも詳しく書かれているものが多い。

一方で、戦後歴史学は戦前社会への強い反省にもとづいた研究やマルクス主義的な構造把握が大きな潮流で、明治維新からアジア・太平洋戦争の敗戦へと至る近代天皇制の形成・発展過程が研究の主眼となっていた。学問的関心が過去の事象の解明である歴史学にとっては、同時代の象徴天皇制よりも戦前では詳細な分析ができなかった近代天皇制に眼が向けられるのはある種当然ともいえる。敗戦後からしばらくは、歴史学にとっては同時代の批評・現状批判を除いて象徴天皇制に関する研究はほとんどなされていなかったとみてよい。一方で、憲法学や政治学などの社会科学では研究が進んだ。このように一九四〇年代後半からなされてきた研究蓄積が、現在の高等学校の教科書記述にも反映しているのである。

研究の変化

しかし、こうした傾向が一九七〇年代前半頃から変化をみせはじめる。アメリカの国立公文書館において、占領期の史料公開が進んだためである。アメリカでは一定程度の年限が経つと史料が公開され、歴史研究の対象となる。こうして占領史研究は、GHQの史料を分析するなかで進展していった。そして、日本占領に関する史料が公開される中で、GHQがいかに占領政策を計画・実行していったのかが解明されていく。象徴天皇制に至る道程も同様である。この時期に、アメリカ側の視点から、昭和天皇の戦争責任を回避して、象徴天皇制という制度をどのように形成していったのかが明らかとなった。このように、アメリカの史料から日本の占領期の実態が解明されるという点に、この時期の研究の特徴があった。高等学校の教科書が象徴天皇制に関して、その記述が占領期に集中しているのは、このような一九七〇年代以降の占領期研究の蓄積も一つの要因である。

さらに一九九〇年代前後になると、より変化が訪れる。その要因の一つに、一九八九(昭和六十四)年の昭和天皇の死去が挙げられる。病気で倒れてから死去に至る過程の中で、昭和天皇が戦前も立憲君主であった、平和主義者であったという言説がメディアを中心に大きく広がった。しかしそうしたイメージの広がりは、実態はいかなるものであったのかという研究を進展させることになる。また、「自粛」などの現象が天皇制の構造や権威の問題を表出させたことで、歴史学では天皇制研究が一九九〇年代前半に精力的に展開されていく。

こうした潮流をさらに加速させたのは、日本側の新出史料である。天皇の死去が史料の発掘を活性化させた。天皇制に関するメディア報道も数多くなされ、議論が展開されている中で、素材となる史料を出してもよいと考えた遺族もいるだろう。昭和天皇の死去によってもう天皇に直接的に迷惑をかけることもないだろうと考え、公開に踏みきった遺族もおそらくいただろうと考えられる。敗戦直後に侍従次長であった木下道雄の『側近日誌』(文藝春秋、一九九〇年)、戦前から侍従を務め一九六九年から八五年まで侍従長を務めた『入江相政日記』全六巻(朝日新聞社、一九九〇～九一年)など、昭和天皇の近くにいて象徴天皇制が形成され展開していく状況が描かれた史料が公開・出版された。『側近日誌』などはいわゆる「人間宣言」制定をめぐる動向を克明に描いた史料であり、これによって敗戦直後から象徴天皇制に至る過程がより明確となった。

こうした一九九〇年代の研究動向も、高等学校の教科書記述が占領期に集中する要因となったと考えられる。日本側の史料からも占領期研究の蓄積がなされ、それが反映されたのである。一方で、この時期には日本国憲法成立後の天皇の政治関与をめぐる研究も、新出史料にもとづいてなされていた[渡辺 一九九〇など]。しかしこれは史料が残された局面での、断片的な状況でもあり、また天皇がどれほど現実政治に影響力をもったのかを解明することの証明の難しさからか、教科書記述に反映されることはなかったと考えられる。

さらにいえば、先述した⑥のように昭和天皇が亡くなり平成になったことが教科書に記されるのは、それだけ死去のインパクトがあったからだろう。「自粛」騒動、それにともなう天皇制に関する論議、そして様々な儀式など、象徴天皇制となって初めて展開された状況だけに、そこだけは象徴天皇制の展開過程の中でも教科書に記述されることになった。

2 教科書記述と研究

「国家神道」をめぐって

先述したように、『詳説日本史』(日探)では②のように「国家神道」について敗戦後に「解体」されたと記述されている。これには、執筆者が「国家神道」をめぐる研究をどう解釈したのかが問題の根底にある。そもそも、「国家神道」なる言葉を戦前の日本政府が公的文書などの中で発したことはない。敗戦後の神道指令において初めて登場し、そこでは「国家神道」は「日本政府ノ法令ニ依テ宗派神道或ハ教派神道ト区別セラレタル神道ノ一派」と定義されており、これを機に「国家神道」の用語も各所で利用されていくことになる[藤田 二〇一八]。ここでは、戦前国家によって管理され、法令によって他の神道とは区別されて国家と結合したものが「国家神道」と考えられている。

ただし宗教学者の村上重良氏などは、この神道指令が定義した「国家神道」の概念(「狭義の国家神道」)ではなく、「国体論」的な要素を広く含んだ「広義の国家神道」概念を用いて、「国家神道」ととらえようとした[村上 一九七〇]。それは、神道指令がイデオロギーや儀式などを含めて「国体論」に関する様々な要素を禁止しており、それをふまえて、教育勅語など近代日本の多くの「国体論」的な要素を組み込んで「国家神道」を考えようとしたのである。それによって、「国家神道」の概念は拡大・膨張していくことになるが、それは「国家神道」から近代日本の全体像を明らかにするという点で大きな意義がある。

教科書の記述が神道指令について「政府による神社・神道への支援・監督を禁じ」とするのは、まさにその指令の内容を解説しているものであるといえるだろう。さらに「国家神道」を「戦時期の軍国主義・天皇崇拝の思想的基盤となった」と説明するのも、その指令の内容を論じたものだと思われる。前述したように、「国家神道」の語は神道指令で初めて登場したからである。

それに対し、歴史学では村上説を継承しつつ史料にもとづいて「国家神道」を分析〔宮地 一九七三、畔上 二〇〇九〕し、近代神道史研究では国家と神社との関係を軸にしながら「国家神道」の多様な像を描き出した〔阪本 一九九四〕。とくに後者の方は「狭義の国家神道」概念にもとづく研究といえる。一方で、島薗進氏は村上説を批判しつつ、皇室祭祀を「国家神道」の中心的な要素ととらえ、学校行事や国民的行事・メディアと神社神道とが組み合わさったものを「国家神道」と考えた〔島薗 二〇一〇〕。島薗説は、村上説以上に「広義の国家神道」という考え方で理解している。島薗氏の見方を採れば、敗戦後も「国家神道」は「解体」していないことになる。宮中祭祀が敗戦後も残っており、天皇の権威を利用するような「右傾化」の傾向も存在してきたからである。

この島薗説については様々な批判も出ている。たしかに、近現代日本のすべての事象を「国家神道」の語で論じきってしまう危険性があり、また現代社会の「右傾化」が戦前のたんなる継続とも復古とも異なる〔ルオフ 二〇〇三など〕ゆえ、あまりに「広義」に物事を理解しているように感ぜられる。そのため、教科書記述も島薗説を採用していない。ゆえに戦前と敗戦後の変化を示すために「国家神道を解体した」と記述しているのだろう。

いわゆる「人間宣言」をめぐって

『詳説日本史』(日探)では、④のように「人間宣言」に「いわゆる」が前についている。なぜならそれは俗称であり、「新日本建設に関する詔書」とも呼ばれるように昭和天皇が発した詔書(天皇の命令、天皇の意思を伝達するために発布)であって、発せられた当時は「人間宣言」と呼ばれていなかったからである。なお、教科書ではたんに人間宣言と表記して「」のないものも多いが、本稿では後述するようにこの語は俗称であるので、あえて「」をつける。

天皇制を存続させながら円滑な占領政策を実行したいGHQにとって、海外でくすぶっていた昭和天皇や天皇制への批判をいかに緩和するかは重要な課題であった。そのため、制度上の改革のほか、イデオロギーの「民主化」を行い、それを内外にアピールする必要があった。そしてGHQの部局の一つであるCIE(民間情報教育局)の中からは、天皇から神聖性を除去するため、神の子孫であるとの観念を天皇自らが否定する詔書を発表すべきとの考えが浮上してくる〔松尾 一九九三など〕。

そこで、CIEと宮内省・日本政府で詔書案をめぐる交渉が行われ、案文が作成されていく。その際、昭和天皇の意思で「五箇条の誓文」が挿入され、詔書冒頭に全文が掲げられることになった(なお『詳説日本史』〈日探〉には、「人間宣言」に「五箇条の誓文」が掲げられた意味を考える問いも記載されている)。CIE当初案は偏狭な天皇中心ナショナリズムの克服・人類的観点の強調を基調としていた。しかし実際に発表された詔書からはこうした色彩が消え、民主主義と天皇制の親和性を強調し、天皇制下での政治体制の構築を求める内容に変化していた。詔書は共産主義などを敗戦後の日本社会の混乱の原因とみており、天皇が人々に団結を呼びかけている。日本側の巧みともいえる修正交渉によって、詔書は天皇の神格化否定よりも、天皇制下における民主主義の展開と秩序維持という側面にシフトしていった。その意味で神格化否定というGHQの当初の目的は不徹底に終わったといえる。ただし、GHQは日本側の巧みな修正に、所期の目的が中途半端なかたちとなって実現したことに気がついていなかった。

一月一日発表当日の新聞では、「新年に詔書を賜ふ／紐帯は信頼と敬愛／朕、国民と共に在り／誓新たに国運開かん」(毎日)と、民主主義と天皇との新たな結びつきの機会となったことが前面に出、天皇の神格化否定に関する言及や「人間宣言」という文言はまったく見えない。「年頭、国運振興の詔書渙発／平和に徹し民生向上／思想の混乱を御軫念」という大きな見出しの横に「天皇、現御神にあらず／君民信頼と敬愛に結ぶ」(朝日)との小見出しを掲げて神格化否定について触れた新聞もあったが、目立つものではなかった。

ただし、当日の新聞には、背広姿の天皇と三女の孝宮とのツーショットや皇后と娘たちの写真も同時に掲載されるなど、天皇の家庭的な像が強調された。GHQの当初の目的としての「人間宣言」の意義を視覚的に印象づけるための写真が同時に掲載されたのである。

この「人間宣言」という文言を最初に世間に認知させたのは、同年六月に発行された『陛下の〝人間〟宣言』(同和書房)であった。『毎日新聞』の宮内省担当であった藤樫準二によって書かれたこの著作では、「五箇条の誓文」の挿入については言及していない。むしろ、神格化を否定するため天皇が自ら詔書を発表した経緯が強調されている。このようにメディアによって年頭の詔書は「人間宣言」と意義づけられて俗称され、人々に「人間」としての天皇像を印象づけていった[河西 二〇一八]。そしてその用語も定着していく。それはその後の象徴天皇制の内実を規定する。それゆえ、教科書はその後の展開をふまえて、「いわゆる人間宣言」と、あえて「いわゆる」を残しつつ「人間宣言」と記すのである。

3 象徴天皇制の研究からみえるもの

象徴天皇制の展開期がなぜ研究されたのか

近年の研究は大きく進展しており、とくに二〇〇〇年代に入ると象徴天皇制の形成期だけではなく、発展・展開期に焦点を当てる研究が数多く登場してくる。「象徴」という言葉にいかなる内実が埋められ現在に至るのか、その過程を明らかにしようとする研究である。それは第一に、一九九〇年代までの研究が占領期までの象徴天皇制形成期に集中してなされており、その後の展開まではいくつかの例外を除いてカバーされていなかったという状況が背景にある。また第二に、一九五〇年代以降を歴史研究の対象とする気運が戦後史研究の中に高まったことも、象徴天皇制研究に影響した側面はあろう。歴史研究の対象がしだいに時代の後ろへと広がっていく中で、象徴天皇制に関しても展開過程の研究がなされるようになったのである。

そして第三に、いわゆる「平成流」という現実の象徴天皇制の展開が、象徴天皇制研究を促進した側面は否めない。NHKが五年ごとに行っている「日本人の意識」調査では、天皇に関する質問が一問あるが、一九七三(昭和四十八)年の第一回調査より昭和の時代は一貫して、上位から「無関心」→「尊敬」→「好感」→「反感」の順であった。しかも、「無関心」は四割程度で年を経るごとに少しずつその数値が増加している。ところが、平成に入ってすぐの一九九三(平成五)年の調査で、「好感」が急に数値を伸ばした。「開かれた皇室」といわれたそのあり方が評価されたからである。

その数値は一定しなかったが、平成中盤になると次第に変化が現れ、昭和の時代から平成の最初には減少傾向であった「尊敬」があがりはじめ、二〇一八年の調査ではついにそれが一位となった。そして、昭和の時代には四割台後半もあった「無関心」が調査以来もっとも低い数値まで減少している。それは、被災地訪問と慰霊の旅という平成の天皇と皇后が行った、いわゆる「平成流」が高く評価されていることが背景にある[河西 二〇一九]。こうした現状をふまえて、ではなぜここまで象徴天皇制が人々に定着して支持されるようになったのか、現在の象徴天皇制のあり方を明らかにするため、遡及して歴史的に解明しようとする動きが高まったのである。こうして、二〇〇〇年代に入ると、象徴天皇制研究は活況を呈することになる。

では、そうした研究からみえてくる象徴天皇制とはいかなるものなのだろうか。日本国憲法で「象徴」と規定されたからといって、政治家も人々の意識もすぐに変化するものではなかった。政治レベルでは、一九六〇年代初頭くらいまでは日本が君主制なのか共和制なのか議論が展開されており、保守政権は解釈と運用を重ねることで天皇の元首的性格を強めることに成功した一方で、革新勢力などの影響で憲法を改正することはできず、象徴天皇制が定着することになる[冨永 二〇一〇]。人々の意識についていては、「象徴」をめぐる様々な相剋があったものの、しだいに占領終了後の「新生日本」意識と明仁皇太子の登場が適合し、一九五九年の「皇太子御成婚」にともなうミッチー・ブームを経る中で、「象徴」がなんとなくのまとまりを有することになる［河西 二〇一八］。

以上のような研究からは、戦後日本社会の姿と象徴天皇制が一致しつつ展開している様子がわかる。戦後日本社会で提起された概念である「文化」や「平和」の「象徴」としてまとまっていく状況、日本国憲法の定着過程の中で解釈の幅をもたせることで大枠のまとまりをもっていく状況など、日本社会のあゆみと符合するかたちで「象徴」概念の内実が埋められ、形成・定着していったことがわかる。たしかに、象徴天皇は日本政治の中心的な存在ではなくなり、「保守政治の従属変数」ではあった。しかし、その歴史的過程は、敗戦後の日本社会の展開を映し出した鏡として存在していたと思われる。今後、そうした観点から教科書記述がなされる可能性もあるだろう。

一方で、『昭和天皇拝謁記』全七巻(岩波書店、二〇二一～二三年)の発掘・出版のように、新出史料の分析によって形成期についても再度注目が集まっている。天皇に関する史料がさらに出てくることで、すでにある形成期の教科書記述が変化することも考えられる。

いわゆる「平成流」をめぐって

先述したように、平成の天皇と皇后のあり方は、人々の大きな支持を得ていた。ただし、そのいわゆる「平成流」の二つの柱である被災地訪問と慰霊の旅は、両方とも日本国憲法に規定されている「国事行為」ではない。憲法はきわめて限定的に天皇の行動を定めている。天皇が被災地や海外など国内外を旅することは、憲法では規定していないが「象徴」としての行為（公的行為）とされるもので、とくに平成期に拡大したものであった。平成は、阪神淡路大震災や東日本大震災など災害が頻発し、また戦争体験世代が減少する中で自衛隊の海外派遣や新ガイドライン関連法の制定など日本の安全保障を取り巻く環境も大きく変化をした。いわゆる「平成流」はそうした社会状況の変化に対応して展開されたものであり、だからこそ人々は平成の天皇と皇后の思想と行動に対して支持をしていった。

そして二〇一六年八月、平成の天皇は「おことば」を公表し、自らがなしてきた「象徴的行為」（公的行為）を次世代に引き継いでほしいことを述べ、退位の意思を示した。これは「ある種の箍をはめようとした面」がある［山口 二〇一七］。つまり、いわゆる「平成流」を自分の代のみのあり方ではなく、今後の「象徴」の姿として提示したのである。象徴天皇がメディアを通じて、自身の思いをこれほどまでに伝えることは異例で、それだけに大きなインパクトがあった。そしてこれを受けて政府が有識者会議を設置、二〇一九年四月三十日に平成の天皇は退位し、翌日に徳仁天皇が即位、元号が令和となった。日本近現代史において、初めての天皇退位が実現したことになる。そしてこの一連の動きをメディアは大きく報じ、人々も受け入れた。それは「祝祭」的な状況であったとも評価［茂木 二〇二二］され、人々にとっても天皇退位は大きなできごととなったのである。

こうした状況は、今のところ高等学校の教科書には書かれていない。しかし以上のような平成の象徴天皇制をめぐる状況は、第一にやはり日本社会の状況とも符合している面がある。天皇制のあゆみを描くことで、平成期の日本社会のあり方を示すことにもなる。これまで象徴天皇制の問題はメインタームとして描かれることはほとんどなかったが、場合によってはその観点からの記述がなされる可能性もあろう。第二に、近現代史上において初めての天皇退位というできごとは、やはり歴史的に大きな意味をもつ。その意味は今後より問われるだろう。これをふまえて、教科書記述に加えられる可能性は十分にあるのではないか。

〈**参考文献**〉

畔上直樹　二〇〇九年『「村の鎮守」と戦前日本――「国家神道」の地域社会史』(有志舎)

河西秀哉　二〇一三年「象徴天皇制・天皇像研究のあゆみと課題」(同編『戦後史のなかの象徴天皇制』吉田書店)

河西秀哉　二〇一八年『天皇制と民主主義の昭和史』(人文書院)

河西秀哉　二〇一九年『平成の天皇と戦後日本』(人文書院)

ケネス・ルオフ　二〇〇三年『国民の天皇――戦後日本の民主主義と天皇制』(共同通信社、のち岩波現代文庫二〇〇九年)

阪本是丸　一九九四年『国家神道形成過程の研究』(岩波書店)

島薗進　二〇一〇年『国家神道と日本人』(岩波新書)

冨永望　二〇一〇年『象徴天皇制の形成と定着』(思文閣出版)

藤田大誠　二〇一八年「「国家神道」概念の近現代史」(山口輝臣編『戦後史のなかの「国家神道」』山川出版社)

松尾尊兊　一九九三年『日本の歴史㉑　国際国家への出発』(集英社)

宮地正人　一九七三年『日露戦後政治史の研究――帝国主義形成期の都市と農村』(東京大学出版会)

村上重良　一九七〇年『国家神道』（岩波新書）
茂木謙之介　二〇二二年『ＳＮＳ天皇論――ポップカルチャー＝スピリチュアリティと現代日本』（講談社選書メチエ）
山口輝臣　二〇一七年「宮中祭祀と『平成流』――「おことば」とそれに映る天皇像」（吉田裕・瀬畑源・河西秀哉編『平成の天皇制とは何か』岩波書店）
渡辺治　一九九〇年『戦後政治史の中の天皇制』（青木書店）

28

戦後家族とジェンダー

加藤 千香子

はじめに

本稿のテーマは「戦後家族」であるが、最初に、現在使われている高校「日本史」の教科書の戦後史の章では、「家族」に関わる記述がどのように登場しているのか、見ておきたい。以下、取り上げる教科書は山川出版社『詳説日本史』(日探 二〇二三)である。

戦後の家族に関わる記述は、以下の三カ所に登場する。最初は、「第16章 占領下の日本 1 占領と改革」の「日本国憲法の制定」の箇所である。

新憲法の精神にもとづいて、多くの法律の制定あるいは大幅な改正がおこなわれた。1947(昭和22)年に改正された民法(新民法)は、家中心の戸主制度を廃止し、男女同権の新しい家族制度を定めた。[3] 刑事訴訟法は人権尊重を主眼に全面改正され、刑法の一部改正で大逆罪・不敬罪・姦通罪などが廃止された。
※③戸主の家族員に対する支配権は否定され、家督相続制度にかえて財産の均分相続が定められ、婚姻・家族関係における男性優位の諸規定も廃止された。
つぎに登場するのは、「第17章 高度成長の時代　2 経済復興から高度経済成長へ」の「大衆消費社会の誕生」で、以下の記述がある。

大量の人口が流入した都市部では、住宅問題が深刻となり、地価の安い郊外に向けて無秩序な宅地開発がおこなわれ(スプロール化)、2DKの公団住宅など核家族⑤の住む鉄筋コンクリート造の集合住宅が建設され、ニュータウンの計画が進められた。
※⑤1世帯の家族構成は、高度経済成長以前には5人程度であったが、1970(昭和45)年には3・7人となり、夫婦と未婚の子女のみからなる核家族が増えた。
同じ項には「国民の消費生活にも大きな変化が生じ」とあり、白黒テレビ、電気洗濯機や電気冷蔵庫の普及、さらに一九六〇年代後半から「カー(自動車)・カラーテレビ・クーラーの、いわゆる3Cの普及率が上昇した」と書かれている。あわせて「白黒テレビを囲んで一家団らんを楽しむ」写真や、夫婦と二人の子どもがマイカーを洗車する写真も掲載され、「生活にゆとりが生まれると、家族旅行や行楽に余暇が費やされるようになり」との記述もある。

さらに、教科書本文の最後となる「第18章 激動する世界と日本　2 冷戦の終結と日本社会の変容」の「現代の諸課題」に登場する。

21世紀を迎え、日本社会は様々な課題に直面している。少子・高齢社会は、家族や地域社会の機能を縮小させるばかりでなく、労働人口の減少によって経済成長を阻害し、税収や保険料が減少して、国民生活のセーフティネットともいえる社会保障制度にも深刻な影響をおよぼすことになる。

こうした教科書記述からみえる家族像はつぎのようなものである。戦後の家族とは、従来の「家中心の戸主制度」に代わる「男女同権の新しい家族制度」のもとで生まれ、高度成長の時代に「核家族」というかたちをとって広がり、戦後日本の経済成長を支え大衆消費社会を誕生させた。だが、その家族の機能は、現在では「少子高齢化」の進行によって縮小を余儀なくされ、日本の経済成長や国民の生活を守る社会保障制度に深刻な影響をおよぼしている。つまり、戦後改革のもとで生まれた新しい家族は、戦後日本の発展を支えてきたが、現在の日本でもはやその存続が危うくなってきているという認識である。

一方、現在の日本社会や世界を取り巻く情勢に目を向けるなら、ジェンダーやセクシュアリティをめぐる様々な問題が顕在化するとともに、個人の属性や性的指向に関わる多様性を認めようとする動きが急速に進みつつあることは明らかである。その中で、「家族」という枠組みやその意味を考えようとするならば、もはやこれまでと同じ理解にとどまっていては、新たな課題の解決にはつながらないだろう。現在さらに未来を見すえるうえで、日本社会で基本的な枠組みとされてきた「戦後家族」についても、教科書に書かれてきたようなこれまでの認識を見直していくことが必要とされているといわざるをえない。

ここでは、これからの時代を、様々な個人の属性やライフコースの多様性の尊重を基礎として築かれていく時代ととらえる視点に立ち、そこで「家族」について歴史的に学ぶうえで求められる視点や内容を、近年の研究の進展や議論をふまえて明確にしていくこととする。とくに重視するのは以下の三点である。

第一は、戦後の家族制度についてである。教科書では、「男女同権の新しい家族制度」が生まれたとして高く評価されているが、研究上の議論においては、「家」意識や「家族制度」が継続していることの問題が議論されている。この点でふまえなければならないのは戸籍の問題である。教科書では戦後の民法改正については書かれているが、戸籍制度には触れられていない。だが、戦後においても戸籍を温存し、家族制度を残したことをどのようにとらえるのか、今その問題は重要な争点となっている。

第二は、高度成長の時代の記述に登場する「核家族」をめぐる問題である。「核家族」は、戸主中心の「家」に代わる新しい家族制度のもとで生まれた戦後家族の形を表すものとして提示されている。しかし、この「核家族」については、それを普遍的な家族のあり方とみなすのではなく、特定の歴史的条件のもとで現れるものとしてとらえる必要が提起されており、またジェンダーの視点からも性別分業を前提にした構造をもっていることが問題とされている。今「核家族」について叙述するなら、それらの議論をふまえる必要がある。

第三は、現代の諸課題として書かれている少子高齢化と家族についての問題である。教科書の記述は、「家族」の機能低下を問題とするものである。しかしながら、現在では、それまでの戦後日本社会で、「標準的な家族」と考えられていた「夫婦と未婚の子」という単位を自明視する発想それ自体を見直す議論が提起されている。さらに、従来の「標準的な家族」を単位とする社会制度から、「家族」にとらわれず、様々な属性や指向をもつ個々人の多様なライフコースにとって望ましい制度や社会のあり方を見直そうとする動きが起こっている。

以下では、これらの論点に沿って詳しく述べていくこととしたい。

1 戦後改革と家族制度

教科書に記述されているように、一九四七(昭和二十二)年五月三日に日本国憲法が施行されたことにともなって、民法も改正されることとなった。新民法の総則第二条に「この法律は、個人の尊厳と両性の本質的平等を旨として、解釈しなければならない」という条文が新たに入れられたことからも、男女平等が旨とされたことがわかる。全面改正されたのは、「第四編 親族」と「第五編 相続」である。第四編で「戸主及ひ家族」の条文がすべて削除され、第五編では「家督相続」がすべて削除されたことは、戸主の家族に対する権利(戸主権)や義務、その地位の解消を意味するものであった。

しかしながら、ここでおさえておきたいのは、こうした民法改正は、家族制度の廃止ではなかったということである。教科書では「家中心の戸主制度」の廃止とされ、「家族制度の廃止」とは書かれていないことに注意する必要がある。この「家」や家族制度を考えるうえで欠かせないのが、戸籍法の問題である。戸籍法は民法にとっての手続法であるのは確かだが、法学者・利谷信義氏はそれにとどまらず、「戸籍制度は明治民法の「家」制度の実質を形成し、民法をめぐる法理論のあり方にも強い影響を与えた」と述べる。さらに、「現行民法は「家」制度を廃止したが、依然として民法理論は戸籍制度からの影響をまぬがれてはいない」と、戸籍制度の影響力を指摘している［利谷 一九九五］。

教科書では近代の戸籍制度についてどのように書かれているのか、その記述を調べてみると、「第12章 近代国家の成立 1 明治維新と富国強兵」の「四民平等」の箇所で出てくるのが唯一である。そこでは、「1872（明治5）年には、華族・士族・平民という新たな区分にもとづく統一的な戸籍編成がおこなわれた（壬申戸籍）。これらの身分制の改革によって、男女の差別はあったものの、同じ権利や義務をもつ国民が形成されていった」と書かれている。国民形成のための身分制度改革の一環として書かれているが、ここで重要なのは、近代国家の国民編成が「戸籍」として、すなわち個人ではなく「戸」＝「家」を単位として行われたことである。また、戦後の戸籍法改正についての記述は、教科書にない。だが、戦後においても戸籍は、民法改正に合わせた改正がなされながらも、制度としては廃止されず温存されたのである。

戦後の戸籍法改正では、一夫婦一戸籍、三代戸籍の禁止が新たな原則として採用され、「夫婦と未婚の子」を単位とするものとなったが、旧来の同氏同戸籍の原則が継承された。戦後の戸籍について利谷氏は、「それは明治戸籍を超えるものとして歴史のサイクルを一段階推し進めるものではあったが、「近代的小家族」に内在する不平等を固定する可能性を持っている点において、その点においては中立的な個人籍から不徹底さを批判されることになろう」と述べている［利谷 一九九五］。「近代的小家族」に内在する不平等とは、男は外、女は内という性役割を基礎におき、それを制度として固定化することにともなうジェンダー問題であり、今日において戦後日本の家族やジェンダーの問題を論じる際に欠かせない論点の一つである。同氏同戸籍原則の採用は、婚姻時において夫婦が戸籍を新たに作成するにあたって、従来の慣例から妻となる女性の改姓が求められる例が圧倒的に多いことも問題として残され、それに対して、現在では選択制夫婦別姓を求める声が高まっている。

戦後日本における戸籍の編成の経緯や議論では、家族単位の擁護論と個人単位論との意見の対立があったことが明らかにされている。しかし、結果として、戦後の戸籍法改正においては、戦前の戸主中心の「家」に代わるものとして、「個人籍」の主張が退けられ、両者の間の妥協として、「家」と「個人」の中間の「夫婦と未婚の子」を「家族」とする編成単位が採用されることとなった。すなわち、あくまでも家族単位論が継承されたのである。現在の研究では、この問題に焦点を当てた検証がなされている。下夷美幸氏はそうした検証を行ったうえで、「結婚した夫婦とその子からなる家族こそが正当な家族、とみなす考え方」、すなわち「婚姻家族」規範が社会の隅々にまで広がったことを、その枠組みから外れる家族や個人の生きづらさにつながるとして、「現代家族が抱える問題の淵源となっている」ととらえる問題提起をしている[下夷 二〇一九]。

また、戦後の戸籍制度に関しては、戸籍が国籍や「民族」「血統」といった概念と結びつけられていることの問題性に踏み込み、戸籍と国籍の関わりを歴史的に検証する研究も行われている[遠藤 二〇一三]。戸籍は国籍や「血統」と深く結びついているために、現行の戸籍において、外国籍者と日本国籍者の「国際結婚」夫婦の場合、外国籍の配偶者は日本国籍者の戸籍には記載されないこととなる。そこから、「国際結婚」夫婦の場合、戸籍上の「家族」が実際に生活をともにしている家族とは異なるといった問題が生ずる。戸籍制度には、そうした外国籍者排除の論理が含まれるのである。

このように現在では、民法とともに「家族」の枠組みをつくる戸籍制度についても考察することが、戦後家族の問題を考えるうえで欠かせなくなっている。

2 「核家族」の時代

戦後の民法・戸籍法で規定された「家族」は、「核家族」と呼ばれるようになり高度成長の時代に増加したとされる。「核家族」とは、三世代以上の親族世帯や単独世帯に対して「夫婦と未婚の子」を単位とする世帯を指す言葉で、厳密にはその中には「夫婦のみの世帯」あるいは「ひとり親と子どもの世帯」も含むが、通常念頭におかれているのは「夫婦と子どもの世帯」である。「核家族」の住まいとして設計された団地の部屋のサイズが2DKであったことからもわかるように、世帯の規模は夫婦と子ども二人の四人家族が想定された。少ない子ども数は、一定の条件のもとで人工妊娠中絶を合法化した優生保護法の施行(一九四八年)と新生活運動の中での「家族計画」が深く関わっている[田間 二〇一五]。戦前の民法下における直系親族を軸とする大家族から転換した「核家族」は、戦後の標準的な家族像とされ、「核家族」という言葉には普遍的な世帯という意味が込められるようになった。

しかし、近年の家族社会学・家族史研究では、戦後日本の核家族、核家族化について新たな見方が提起されている。まず、「核家族」を、家族の普遍的な形態として位置づけるのではなく、特定の時代に固有の家族システムとしてみなすようになっている。現在の私たちが当たり前とみなしている家族＝「核家族」を近代という時代に生まれた特殊な家族――「近代家族」とみなす議論は、今日の家族史研究では主流となっているが、その視点からみると、日本において「近代家族」が社会を覆うかたちで成立した時代が、まさに戦後ということになる。家族社会学者の落合恵美子氏は、「家族の戦後体制」という呼称を使う[落合 二〇〇四]。落合氏によれば、「家族の戦後体制」にはつぎのような特徴がある。第一は、「男は仕事・女は家庭」という性別分業の成立と女性の「主婦化」、第二は、「誰もが一定の年齢で結婚し、同じくらいの数の子どもをもうける」という「再生産平等主義」の実現、第三は、人口規模の大きい多産少子世代が親となる年齢にあったという人口学的特殊条件である。

このうち、とくに第一の「男は仕事・女は家庭」という性別分業、女性は結婚したら専業主婦になるという女性の「主婦化」は、戦後日本が高度経済成長下の産業構造の転換にともない、農家や自営業者から雇用者(サラリーマン)を中心とする社会に変わったことを背景としている。ここで女性のライフコースが家庭や主婦に一元化されたことに対して、ジェンダーの視点から批判的な検証がなされてきた。夫一人の稼ぎによって家族が養われるべきだとする「家族賃金」という観念は、その際のキーワードの一つである。日本でこの時期に、「家族賃金」観念を基軸とする社会保障システムや大企業を中心とした労働市場体制が構築されたことが明らかにされている[木本 一九九五]。

一方、こうした女性の「主婦化」という議論に対して、戦後に女性の職場進出が進んだことを強調する見方もある。産業構造の転換は既婚女性の主婦化をもたらしたといえるが、雇用者に関して見るとたしかに女性の就業率は上昇しており、その点で職場進出とみなすことは可能である。だが、そこで問題となるのは女性の雇用形態である。男性中心の職場の扉を開ける女性たちの登場はたしかに画期的であったが、その反面で多くの職場では女性の結婚退職は当然のように企業の慣行とされ、働き続ける場合も女性はフルタイムでなく短時間雇用となることが多かった。女性の就労サイクルが、未婚で働き結婚とともに退職し育児が終わった時期に再開する「M字型」をかたちづくったことは、女性の就労があくまでも主婦役割を第一として位置づけられるものだったことを示している。

だが、このように女性のライフコースを主婦に画一化する社会に対して、自分の生き方を自分で決める自由な生き方を求める若い女性たちの動きも起こったことにも注目したい。一九六〇年代末から七〇年代初めにかけて世界各国で起こったウーマンリブと呼ばれる運動の波に連なるものである。そこには、主婦役割に埋没する「母」の生き方に対する批判が込められていた〔千田二〇一一〕。

3　少子高齢化の時代の家族と個人のライフコース

高度成長の時代は、一九七二(昭和四十七)年の第一次石油危機がきっかけとなり終焉を迎えることとなった。だが、日本はその経済危機を乗り越え、八〇年代にかけて「経済大国」への道を歩んでいく。では、高度成長の時代に成立した「家族の戦後体制」は、その過程でどのような経緯をたどることになったのだろうか。

石油危機によって世界経済が停滞する中で、日本は、欧米諸国とは対照的に高い経済成長率を維持した。その理由の一つについて、教科書には、「企業は、省エネルギーや人員削減、パート労働への切りかえなど「減量経営」につとめ(た)」という記述がある(前掲『詳説日本史』〈日探〉)。教科書に書かれてはいないが、ここに登場するパート労働の担い手が主婦である女性であったことは重要である。企業は、経費削減のために、正規雇用労働者の採用に代わって非正規の主婦を主軸とするパート労働者を雇用することによって「減量経営」に成功し、オイルショック後の荒波を乗り越えたのである。

一九八〇年代の日本では、一九七九年の国連総会で採択された女性差別撤廃条約の批准(一九八五年)にともなう国内法整備のために、男女雇用機会均等法が制定(一九八五年)されたこともあり、女性の職場進出が進むことになった。しかしながら、女性の雇用形態の中心はパートタイムなどの非正規雇用であり、その傾向は八〇年代にさらに進んだのである。また、社会福祉政策においても、サラリーマンに扶養されている主婦の年金権を保証する年金制度改革(一九八五年)が行われるなど、従来の「男は仕事・女は家庭」という性別分業を前提とした「核家族」モデルを維持・強化するための政策が採られていくこととなった。こうした方向は、西ヨーロッパ諸国において、従来の近代家族モデルに代わってライフスタイルの中立性や個人単位の社会、ジェンダー主流化を理念とする方向への転換が打ち出されていくのと対照的であったといえる。そして、まさにそのことこそが、その後の少子高齢化にともなう問題につながると考えなければならない。

一九八九(平成元)年の合計特殊出生率が過去最低の「一・五七」を記録したことを契機に、九〇年代以降、「少子化」が問題とされるようになるが、同時に、「夫婦と未婚の子ども」という「標準世帯」が全世帯の中で占める割合を低下させていくことに注目すべきである。

図1から一九八六年と九〇年代以降、そして現在を比較して見ると、「核家族世帯」の割合には若干の減少が見られるだけであるが、まず「核家族世帯」の中では、「夫婦と未婚の子のみの世帯」は一九八六年の四一・四%から二〇一九年には二八・四%へと大きく減少し、代わって「夫婦のみの世帯」が一四・四%から二四・四%に大幅に増加、「ひとり親と子どもの世帯」も五・一%から七・〇%に増

加している。また、世帯全体では最大を占めるようになったのが「単独世帯」で、八六年の一八・二%から二〇一九年には二八・八%へと大きく増加した。現在においては、「核家族」を「夫婦と未婚の子ども」とし、それを「標準家族」とみなすことはもはや困難になっているといわざるをえない。

あわせて**図2**から戦後を通しての世帯数の推移を見るならば、その大きな変動の様子を見て取ることができる。戦後初期にもっとも多かった世帯人数は、一九六五年前後を画期として六人世帯から四人世帯に代わり、それは一九八〇年代まで続いた。四人世帯の中心は夫婦と未婚の二人の子の世帯である。高度成長とその後の経済大国化の時代は、この世帯を「標準家族」とみなすことが可能だった時代、すなわち「家族の戦後体制」の時代ということができる。しかしながら、そうした「家族の戦後体制」は一九九〇年前後を転機として大きな転換を遂げることになった。それまで最多であった四人世帯は急激に減少し、最多が二人世帯、それに一人世帯が続いていることがわかる。これらから見えてくるのは、従来の「夫婦と未婚の子ども」の「標準家族」という考え方がすでに成り立たなくなっているという現実であろう。この傾向が今後も続いていくことは確実である。

このように高度成長を支えた「家族の戦後体制」が、すでに終わりを告げていることは明らかである。だが、現実の日本社会のシステムは、依然として従来の「標準家族」を前提としたものとなっており、こうした「家族」の変容が反映されているとはいえない。落合恵美子氏は、日本を含む東アジアの少子化の進行は、「制度化された家族主義」が逆に現実の変化とのギャップを生み、「家族からの逃走」を引き起こしていることを示していると論じている[落合二〇二二]。

一九八〇年代末に家族社会学者の目黒依子氏は、家族の行方を見すえて「個人化する家族」という

図1　世帯構造別にみた世帯数の構成割合の年次推移

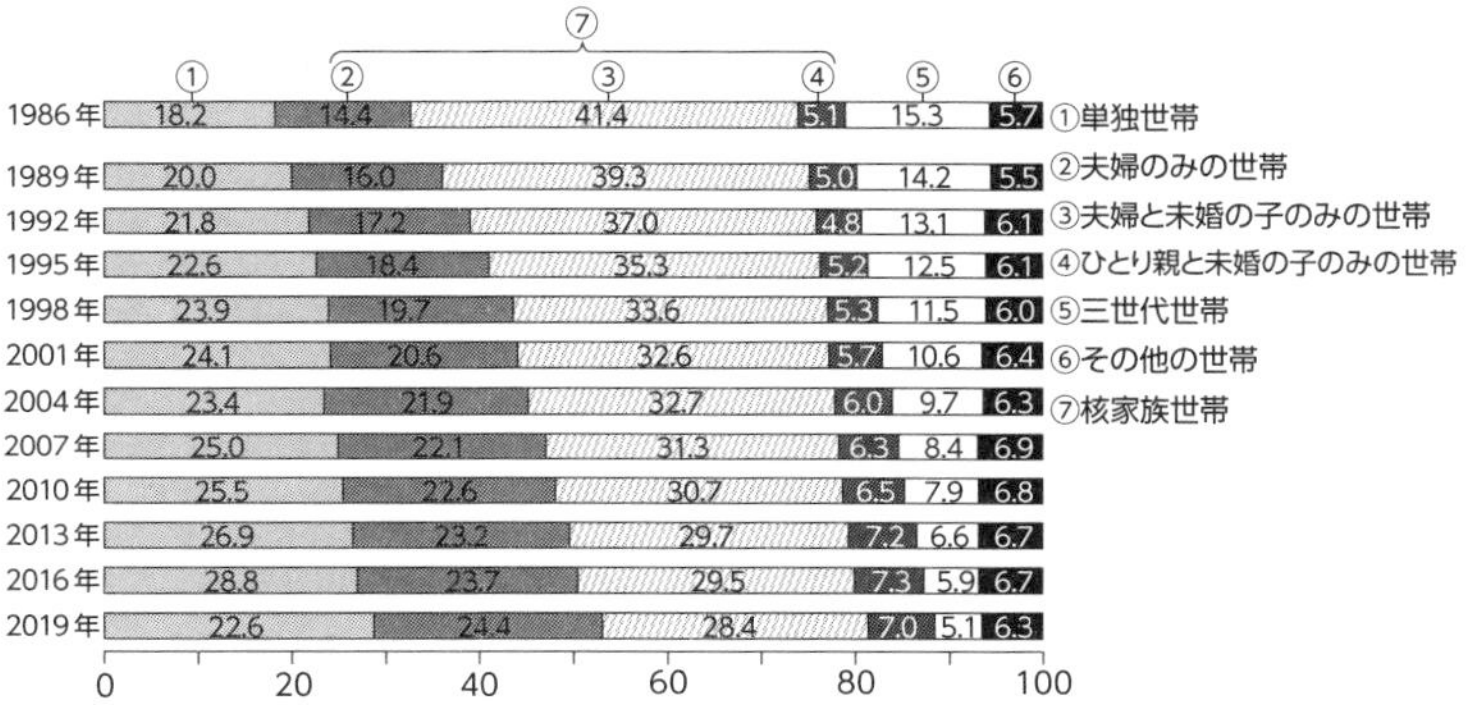

図2　世帯人員別にみた世帯数の構成割合の年次推移

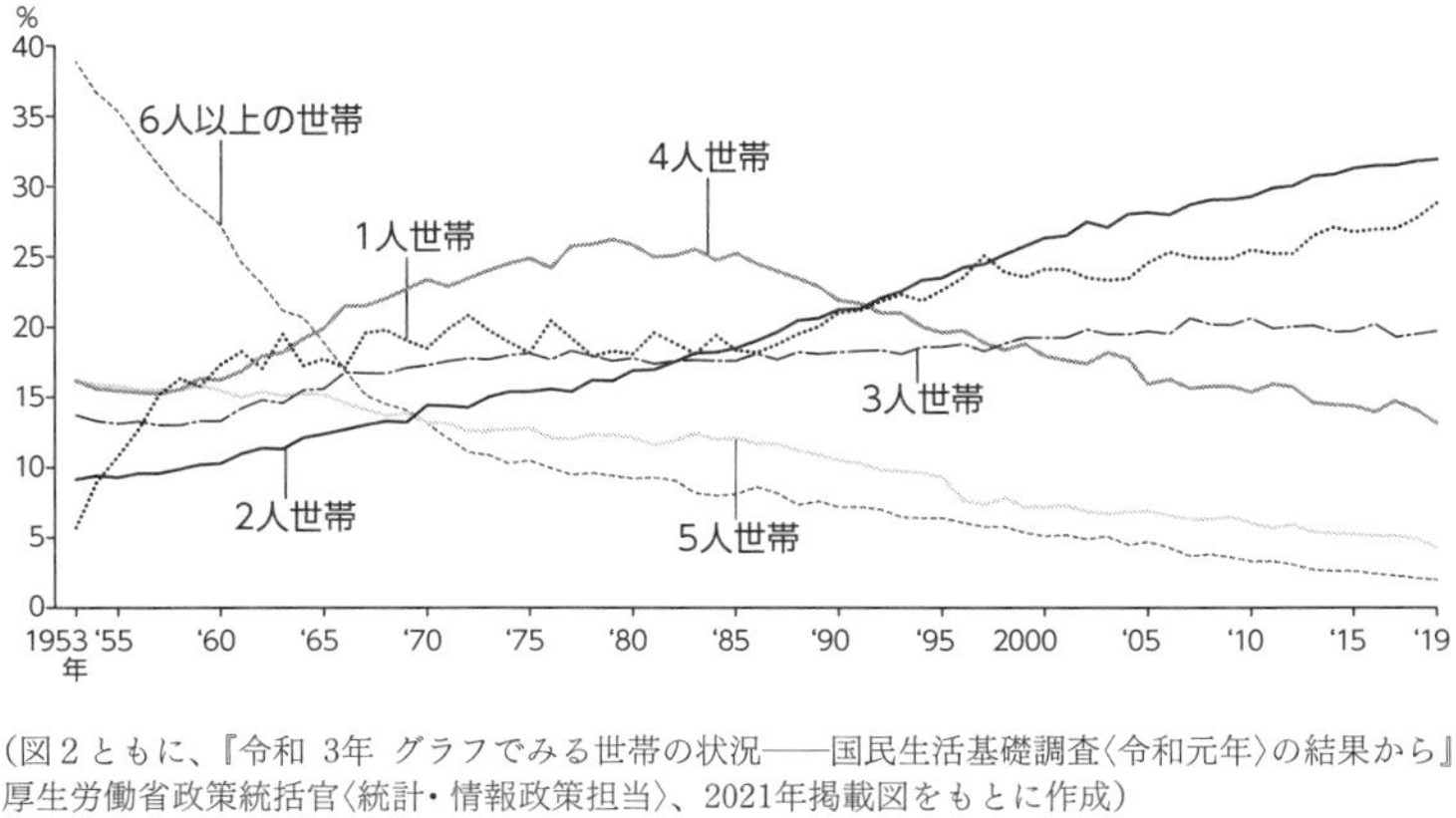

（図２ともに、『令和 3年 グラフでみる世帯の状況――国民生活基礎調査〈令和元年〉の結果から』厚生労働省政策統括官〈統計・情報政策担当〉、2021年掲載図をもとに作成）

表現を使い、「家族」のあり方を、「個人の生き方を支援するシステム」ととらえ直すという提言を行っている［目黒 一九八七］。「標準家族」を前提とする発想を転換させるその問題提起は、今日においてなお喫緊の課題としての意味を増しているといえよう。

なお、二〇二三年現在、同性同士の婚姻すなわち「同性婚」が認められない日本の現状を憲法違反として訴える当事者による訴訟に対して、そうした状況を違憲あるいは違憲状態とし、婚姻平等のための措置が必要であるとする判決があいついで出されている。二〇二三年五月の名古屋地裁での裁判判決では「男女間の結婚を中核とした伝統的な家族観は唯一絶対のものではなくなり」という見方も提起され、男女の婚姻によって成立する「家族」というこれまで自明視されてきた認識自体も問い直されるようになっているのである［千葉 二〇二四］。「家族」について考える場合、多様な個々人のライフコースを尊重する視点に立って根底から問い直されつつあることを視野に入れなければならない。

〈**参考文献**〉

遠藤正敬　二〇一三年『戸籍と国籍の近現代史——民族・血統・日本人』（明石書店、のち新版二〇二三年）
落合恵美子　二〇〇四年『21世紀家族へ——家族の戦後体制の見かた・超えかた』第三版（有斐閣）
落合恵美子　二〇二一年『21世紀家族へ——家族の戦後体制の見かた・超えかた』第四版（有斐閣）
木本喜美子　一九九五年『家族・ジェンダー・企業社会——ジェンダー・アプローチの模索』（ミネルヴァ書房）

下夷美幸　二〇一九年『日本の家族と戸籍――なぜ「夫婦と未婚の子」単位なのか』(東京大学出版会)
千田有紀　二〇一一年「ウーマンリブ――近代家族の完成と陥穽」(大門正克ほか編『高度成長の時代3　成長と冷戦への問い』大月書店)
田間泰子　二〇一五年「戦後史のなかの家族」(『岩波講座　日本歴史19　近現代5』岩波書店)
千葉勝美　二〇二四年『同姓婚と司法』(岩波新書)
利谷信義　一九九五年「戸籍制度の役割と問題点」(『ジュリスト』一〇五九号)
目黒依子　一九八七年『個人化する家族』(勁草書房)

29

東西冷戦下の東アジア、沖縄と日本

戸邉 秀明

はじめに

冷戦は、二十世紀後半の世界史を考えるうえで不可欠の要素である。米ソ超大国の対立を軸に、世界中が東西いずれの陣営に与するかが問われた。日本もまた、冷戦が実際の戦争(熱戦)となった東アジアで、渦中に立たされていた。

ところが日本の戦後史像は、多くの場合、敗戦から復興—高度成長—経済大国へと、経済的な発展をたどって描かれるため、同時代のアジアが直面した激動とは隔絶した印象を与える。実際、高校の日本史教科書では、冷戦は安保体制を軸とする日米関係史の叙述でほぼおきかえられている。これでは外交・安全保障の枠内のできごととして、民衆の手が届かない「他人事」になりやすい。

では、どうすれば歴史の実態に迫れるだろうか。以下ではまず、東西二つの「分断」地図を対比して、日本社会の冷戦認識の何が問題かを可視化する。つぎに、冷戦下の東アジアと日本の戦後史の関係を大づかみにとらえる。後半では、基地と「人の移動」に焦点を絞り、日本社会と冷戦の具体的な関わりを探る。最後に、沖縄の戦後史から本土の冷戦体験をとらえ直す意義に触れて結びとする。

1 東西冷戦と「分断」——日本は無関係か?

図1はドイツ、**図2**は日本の、第二次世界大戦後の領土に関する地図である。現行の「世界史探究」「日本史探究」の教科書の多くに、ほぼ同様の図が載っている。ドイツの「戦後」は米英仏ソによる分割占領、さらには東部領土の割譲で始まる。やがて東西二つのドイツが建国され、分断は四五年におよんだ。他方、日本は米軍によるほぼ単独の占領を経て、一体のまま独立を回復できた。同じく敗北した枢軸国が冷戦下に被った対照的な戦後史を見出し、自分たちの幸運に安堵する——そうした理解は、教室にとどまらず広く普及している。

しかしここには、一種の錯覚がある。**図1**はヨーロッパの戦後を描く章の冒頭におかれるのがほとんどだ。他方、**図2**は、一九五二(昭和二十七)年に独立を回復した時点を示すように描かれる。実は対象となる時点が、両者では異なっている。

図2で示された戦後日本の空間的な自画像は何を見落としてきたのか。それは日本が敗戦した時点の植民地に目を向けるとよくわかる。朝鮮半島では、三八度線付近を境に、南はアメリカ、北はソ連に占領された。この分割占領を起点に、一九四八年、南北で政治体制の異なる二つの国家、大韓民国

図1 ドイツとベルリンの分割

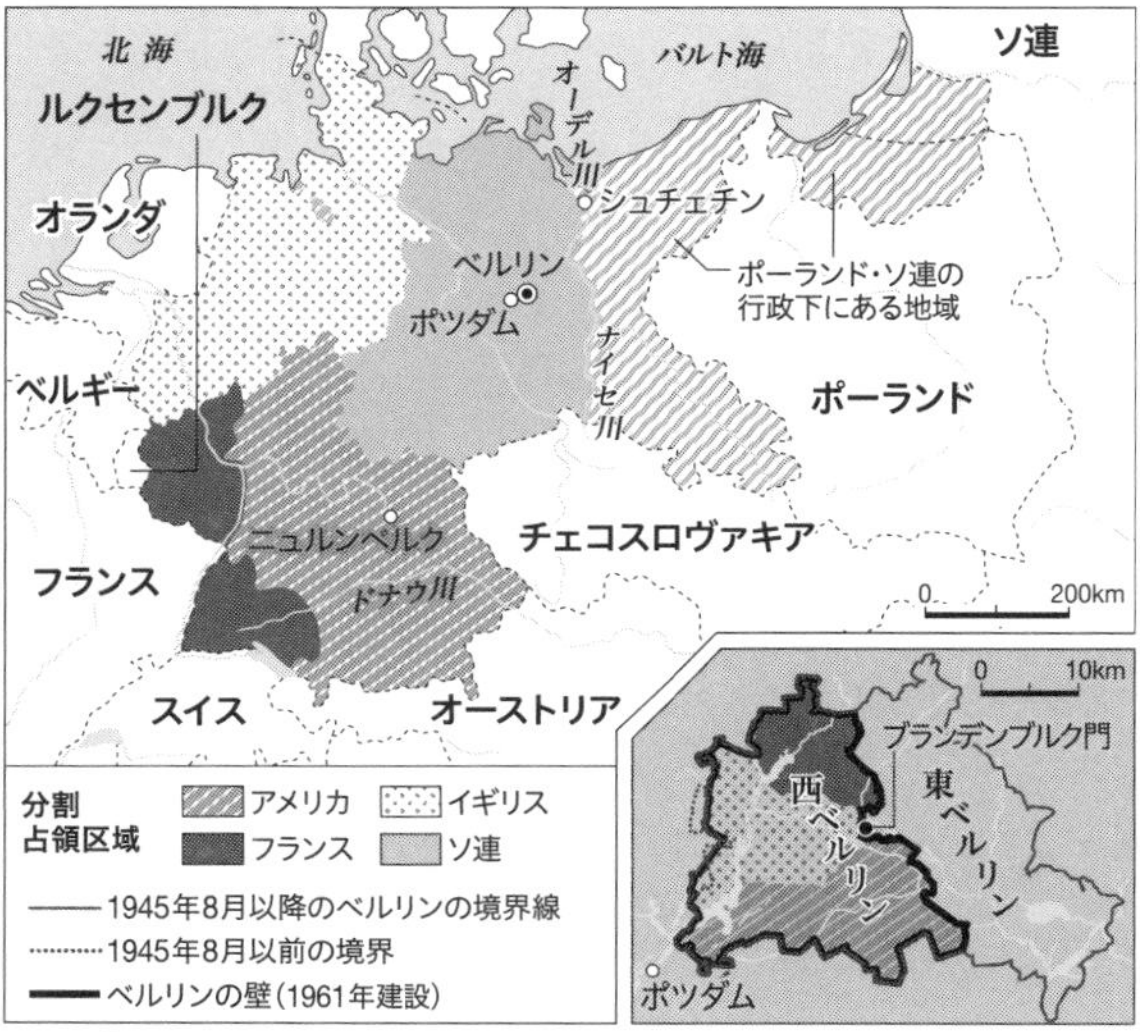

出典:『詳説世界史』(世探)山川出版社、2023年より。

と朝鮮民主主義人民共和国(北朝鮮)が樹立される。ドイツでは本国全体が二つに分かれる民族分断が生じたが、本土決戦の前に降伏した日本では、帝国の周縁部である植民地の人々が分断の憂き目にあった。

この点、**図2**も「太平洋戦争前の日本領」として旧植民地に共通の色を塗り、注意をうながしてはいる。しかし現在の国名が記されて外国扱い、つまりは日本史の範囲外となってしまい、分割占領された日本帝国の過去は見通せない。まして朝鮮半島で今日まで続く分断の悲劇の原因が、日本の植民地支配にあるという責任の所在は、視野の外におかれてしまう。さらには沖縄・小笠原や「北方領土」も米ソによる分割占領といえるが、それも**図2**の表示だけでは読み取りにくい。

こうして戦後史は、近代の軍国主義とは切れた新生平和国家の、日本人だけの歴史としてイメージされる。新科目の「歴史総合」でも、事情はあまり変わらない。学習指導要領によって、国民国家を

図2 サンフランシスコ平和条約の規定による日本の領土

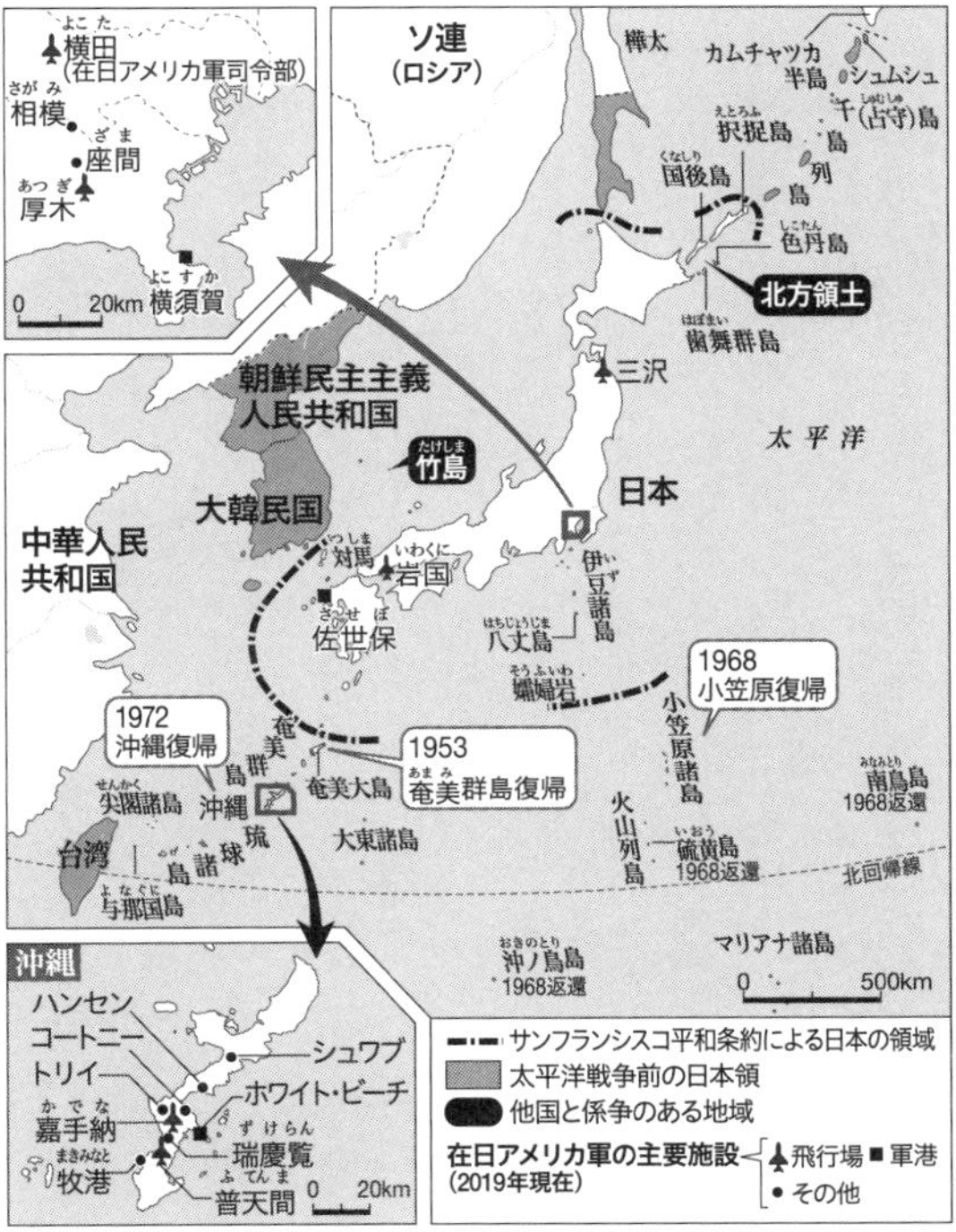

出典:『詳説日本史』(日探)山川出版社、2023年より。

単位とする国際政治・国際経済を基調にグローバル化の時代を描くように指示されているからだ。これでは、国民国家間の関係ではなかった一九四五年以前の東アジアにおける宗主国／植民地、差別／抵抗といった問題が、冷戦期にどうつながるのかがわからない。

2　東アジアの冷戦構造と日本──「〝熱戦〟の後方基地」が得た利益と代償

ソ連の崩壊で冷戦が終わってから、すでに三〇年以上が経つ。だが東アジアでは社会主義を謳《うた》う中国(中華人民共和国)や北朝鮮が国家として存続し、対日関係はかえって悪化している。この間、経済の相互依存は深まる一方なのに、EUのような地域統合は一向に進まない。イデオロギーや経済体制の違いに根ざす冷戦期の対立では割りきれない要因が、この地域には伏在していると見るべきだろう。

東アジアの冷戦構造をヨーロッパと対比すると、二つの大きな違いがある。

第一に、東西両陣営で強圧的な国家運営が正当化され、民主化が阻害された。分断国家の双方が、相手との競争に勝ち抜くため、国民統合と経済成長を最優先した。そこで政治的自由は極端に抑圧され、個人や政党による独裁が続いた[東京大学社会科学研究所 一九九八]。今では想像しづらいが、一九八〇年代まで韓国や台湾(中華民国)の政府は「開発独裁」の典型として、人権侵害を非難されていた。

これこそ同時代の日本とかけ離れた状況に映るだろう。高度成長という経済的成功、五五年体制に見られる政治的安定、占領改革で確立した自由と人権。これらを国民が得られる体制が、日本の「戦後」だからだ。侵略や植民地化を実行した加害者側が民主化を享受する一方、被害者側は「戦後」も分断と抑圧に苦しんだ。

第二に、東アジアの対立は東西各々の陣営の内部にも存在し、とりわけ西側では陣営間の結束は困難だった。例えば韓国やフィリピン、オーストラリアなどが日本の軍事的復活を警戒したため、ヨーロッパのNATO(北大西洋条約機構)のような集団安全保障体制は、アジア太平洋地域では実現しなかった。ここには、近代以来の日本による侵略や植民地支配に起因し、冷戦には還元できない東アジア固有の問題がある。いやむしろ冷戦こそが、日本の戦争責任・植民地支配責任を曖昧にする余地をつくり出し、東アジア全体の脱植民地化を著しく停滞させた。

実際、台湾、韓国、中国との国交正常化にともなう戦後処理の過程では、日本は自国の責任の償いを大幅に軽減できた[林 二〇一五]。とくに韓国や中国とのあいだで、日本政府は賠償の言質となるような責任は認めず、金銭的な補償も「経済協力」という名目での支払いや借款供与ですませた。近年、外交史の実証的な研究が進み、その間の政府間の生々しい交渉が明らかになっている[李ほか 二〇一二]。当時は、工業化の進まない韓国や、文化大革命の混乱で疲弊する中国など、相手国の国力が今日とはまったく異なり、日本が相対的に有利に交渉を進められたことが大きい。

このように相対的に優位な日本の立場は、アメリカの存在抜きには考えられない。前述のように、同じ陣営でも協力関係がつくられなかったこの地域では、アメリカと各国との二国間軍事同盟の束が、域内の集団安全保障を代替した。また日韓基本条約の成立には、対立する日韓両国に対して妥結をうながすアメリカの強い働きかけがあった。中国との国交正常化でも、ニクソン米大統領の突然の訪中による米中関係の大転換に、当時の日本政府が追随したことはよく知られている。

戦後日本のアジア外交は、アメリカを媒介にして成り立っていた。アメリカにとって、東アジアで軍事的勢力を維持するには米軍の日本常駐は不可欠であり、朝鮮半島・台湾海峡・ベトナムという分断の最前線に対して、日本には後方基地の役割を期待した。日本はこれを受けて、日米安全保障条約にもとづく基地の提供と引きかえに、アメリカから政治的・経済的な協力を引き出した。

結果として、日本は東アジア冷戦の対立構造による最大の受益者となった。だがその利益を、アメリカへの依存によって引き出した代償も大きい。何より日本は東アジア各国との信頼関係を主体的につくり出せなかった。そこにもアメリカの影が差す。例えばアメリカはサンフランシスコ講和条約案の作成過程で、自国の利益を優先して竹島や「北方領土」をめぐる領土問題に関する処理を先送りした[原 二〇〇五]。こうして現在まで続く不和の種が東アジアに蒔《ま》かれた。また近年では外交文書の公開が進んで、日米間の数々の「密約」の存在が明るみになった。「密約」に象徴される対米「従属」とも呼ばれる状態を再生産してきた法制度と政治過程の詳細も解明されつつある[古関 二〇二〇]。

もっとも、このような日米関係のあり方は、戦争責任を免れるために積極的な対米協力者となった岸信介のように、日本側の保守政治家や官僚などが求めた側面も無視できない。革新勢力の伸長を恐れたアメリカは、彼らの要請に応えて、自由民主党を資金面で強力に支援した[名越 二〇一九]。潤沢な資金による一連の文化交流事業を通じて、日本の知識人や世論を親米化する計画も長く続けられた[松田 二〇一五]。他方、革新政党の側も、ソ連や中国に資金的な援助を仰いだ結果、それらの国々の冷戦政策に翻弄された[黒川 二〇二〇]。こうした事実に照らせば、冷戦下の日本が文字どおりの独立を保てていたとは言いがたい。

3 冷戦を支える装置・制度と冷戦に抗する運動とのせめぎ合い

前節の大きな構図をふまえつつ、より具体的に冷戦と日本のつながりをつかむにはどうしたらよいだろうか。近年の研究を参照して、冷戦を象徴する二つの装置ないしは制度を取り上げて、その可能性を探ってみよう。なおこの二点は現在、国際的な冷戦期の世界史研究でも重要課題となっている。

第一に、多数の米軍基地を擁する「基地国家」となることで、日本はアジアの熱戦に直接関わった。その発端となる朝鮮戦争では、日本政府の戦争協力や日本社会の動員が、厳しい統制の中で大規模に展開された［南 二〇二三］。ここに始まる基地と日本社会の関係史は、戦後史研究の焦点といえる。

基地については、周辺の地域社会の変容に関する研究の進展が著しい。歓楽街の売買春をめぐる地域住民の反応や行政の対応まで踏み込んだジェンダー史からの分析が現れ、「軍隊と性暴力」が戦後社会に深く根ざした問題であることを示した［平井和子 二〇一四］。また基地を抱える自治体では、同じ神奈川県でも大都市横浜の接収解除のために、より抵抗が少ないとみなされた相模原など郊外への移転が、農民たちの接収解除要求を無視して進められた。こうした基地の抑圧委譲は、その根拠となる日米地位協定が地域社会におよぼす影響を炙り出す［明田川 二〇一七］。砂川闘争を典型とする一九五〇年代半ばの基地接収反対の運動についても、自治体の公文書など新たな史料を活用した研究によって、政治史や運動史を統合した冷戦の地域社会史への展望が開けつつある［歴史科学協議会編 二〇一五］。

米軍基地が戦後日本の文化、とりわけ大衆音楽、映画、ファッション、食文化などに与えた影響も大きい［難波 二〇一四］。日本の歌謡曲と芸能界・音楽産業は、「進駐軍」相手に腕を磨いたバンドマンたちの興業に源流があった［青木 二〇一三、東谷 二〇〇五］。東京都心の原宿や六本木が「若者の街」になったのは、そこに一九六〇年代まで米軍住宅があり、米兵相手のクラブやレストラン、米兵家族向けの店ができたことが、若者を呼び込んだからだった。ところが現在では、これらの街はクールジャパンの象徴とされ、その基盤に米軍との強い結びつきがあることは拭い去られている[吉見 二〇〇七]。

他方で米軍基地は、熱戦の惨禍が直接およばないこの日本で、反戦運動が対峙するもっとも重要な場所となった。朝鮮戦争では、占領者である米軍への批判は徹底的に制限された。にもかかわらず、日本共産党や在日朝鮮人が主導する反戦運動が、海の向こうの戦争を日本で食いとめようと、基地機能の破壊や攪乱を繰り返した[黒川 二〇二〇]。それは、当時の共産党の「誤った革命運動」という評価には回収できない、反戦運動の国際的連帯の難しさを物語る。

基地に向けた反戦の訴えは、ベトナム戦争では、ベ平連(ベトナムに平和を!市民連合)などの市民運動の成長によっていっそう活発になった。とくに基地内の反戦米兵や脱走米兵の支援など、軍事機構を内側から解体させようとする働きかけが強まった[平井一臣 二〇二〇]。さらに、在日米軍がベトナムへと出動する事態は、日本もこの戦争の加害者であるとの自覚をうながし、アジアに対する日本の過去の戦争責任のとらえ直しを生んだ。これは、一九七〇年代以降の日本の社会運動が、アジアとの連帯や支援を掲げ、政府間関係とは異なるルートで国際交流を進める出発点となった[道場 二〇一一]。

第二に、出入国管理行政や「不法入国者」収容施設に象徴される「人の移動」に関わる制度や装置が、冷戦の現実を人々に実感させた。

アジア太平洋戦争中の動員や避難で生じた東アジアの膨大な人流は、その後も中国の国共内戦、朝鮮戦争と戦乱が続くため、容易には収まらず、復員や引揚げに加えて、難民や亡命など様々な移動が続いた[蘭 二〇二二]。だがこれらの移動は、並行して進む冷戦の深化と新たな国境の成立によって阻まれていく。それでも越境を試みる者は、「密航者」や「不法入国者」として拘束され、収容所に送られた。日本におけるその典型が、朝鮮半島との国境管理であり、長崎県の大村収容所である。最新の研究では、出入国管理の「現場」として、収容所をめぐる地域社会の「まなざし」や民間団体の役割に着目し、「日本人／外国人」の境界が戦後社会でいかにつくり出されたのかを分析するまでになっている[李 二〇二三]。同時にその分析からは、国家の政策にとどまらず、地域社会のレベルで帝国意識を温存した実態が浮かび上がる。

こうした厳しい条件のもとで、原則として往来を許されない東西のあいだに起こった「人の移動」は、きわめて政治的な意味を帯びる。社会主義圏から日本への移動では、中国で自己の戦争犯罪を認めた元日本兵や満洲国官僚らの戦犯について、裁判から恩赦・帰国に至る中国政府の政策と思惑、対する日本政府の対応が解明されている[大澤 二〇一六]。最近では、ベトナム軍の育成と独立戦争に貢献した元日本兵が、現地の家族と引き離され、いっせいに帰国を強いられた事実も明らかになった。その背景には、社会主義国家の建設にともなう隣国中国からの影響力の浸透がうかがえる[小松 二〇二〇]。

逆に、日本から社会主義圏へ向けた大規模な移動が、在日朝鮮人の北朝鮮への「帰国」である。在日朝鮮人の運動から始まったとされてきた帰国事業については、近年、実証的な研究が急速に進んだ。日朝間の外交交渉だけでなく、韓米を含めた各国政府の思惑と駆け引き、在日朝鮮人と北朝鮮政府との関係、そして在日朝鮮人が戦後日本でおかれた、脱出を求めるほど酷い差別と貧困の実態など、全体像がつかめるようになった[朴 二〇一二、松浦 二〇二二]。

東西を分断する壁を越えられたこれらの稀有な実例は、しかし往来はできない、あくまで一方通行の移動でしかなかった。実際はそれぞれの国家により、自分たちに都合の悪い存在を排除するために利用された。右の諸事例が、すべて一九五〇年代の半ばから後半に集中しているのは、朝鮮戦争休戦後の東アジアで、各国が急速に進めた国民統合の一環であることを物語る。

他方、西側陣営から日本への移動についても、冷戦は色濃く影を落としている。韓国・台湾・南ベトナム・タイなど、自国の独裁体制から難を逃れ、日本で反政府運動を続けた外国人に対して、日本政府は彼らの在留延長を認めず、強制送還の対象とした。例えば蔣介石・国民党の独裁を批判し、台湾独立を訴える運動家たちに対して、日本政府は台湾政府の要請を受けて、送還を強行した。

もちろん、日台政府の連携による政治的自由の弾圧に対しては、抵抗も粘り強く続けられた。彼らは、日本社会に窮状を訴える際、自分たちを皇民化して戦争に動員しながら、戦後は外国人扱いで人権の埒外に放り出す日本に対して、戦前と戦後を一貫する被害の責任を告発した。同時に、日本の革新政党や社会運動の多くが中国共産党の台湾回収＝両岸統一を支持するがゆえに、台湾独立運動を反動とみなす偏見についても鋭く批判した。イデオロギー対立にもとづく冷戦下の価値判断は、保守・革新のいずれでも、人権問題を蔑ろにする効果を生んだ。したがって、彼らとの連帯を実現したのは、多くの場合、一九七〇年代に興隆する市民運動に携わる人々だった［前田 二〇一四、家永二〇二三］。

4 結節点としての沖縄、そして米軍基地の意味

最後に、冷戦のグローバルな文脈の結節点としての沖縄の位置を浮き彫りにして、本土戦後史の相対化を図りたい。「沖縄の中に基地があるのではなく、基地の中に沖縄がある」と評されるほどの米軍

基地の集積によって、沖縄はアジアの戦場と〝地続き〟であるだけでなく、第二次世界大戦後に築かれた世界規模の米軍基地ネットワークの結節環となった〔林 二〇一二〕。冷戦期には日本本土・韓国からフィリピンを経てグアムやミクロネシア地域へ、あるいは南ベトナムやタイ、オーストラリアに至る米軍基地網の最重要拠点であった。

米軍占領下の沖縄は、日米安保条約の適用外とされた。それにより、日本本土では導入が難しい核兵器がつぎつぎと配備され、一九六〇年代には極東最大の核弾頭貯蔵庫となる〔松岡 二〇一九〕。在本土米軍が「極東」外のベトナムへ向かう際、沖縄を抜け道として使ったのも、同じ理由からだった。本土と沖縄の米軍基地は、このような補完性によってアメリカのアジア介入を支えた。

基地を支えるため、兵站機能はもちろん、兵士の慰安・保養や彼らの家族の日常生活まで包括する大規模な空間を、沖縄は提供させられた。「リトルアメリカ」とも呼ばれる米本国の豊かさを凝縮した施設が基地内に建設される一方、基地周辺には兵士向けの歓楽街が形成された。そこには、世界中の米軍基地が現地でふりまいたアメリカニゼーションの魅力と暴力が集約して表れた〔屋嘉比 二〇〇九〕。「基地の街」は、米軍に依存する社会構造に加えて、性産業とそれにもとづく女性の差別化を地域社会に根づかせた点でも、大きな禍根を残した。

米軍による沖縄の直接統治は、右に述べたような基地の使い勝手を最優先としたため、住民の権利は蔑ろにされた。各地で強行された土地接収はその最たるものだが、「人の移動」の面でも民衆の自由と生存を抑圧した。米軍は沖縄の出入域管理を厳格化することで、米軍の脅威となる治安や衛生を統制し、米軍批判の声を抑えようとした。そこで「琉球」の戸籍を擬似的な国籍とする一方で、本土籍者を含めたそれ以外の住民や外国人を「非琉球人」とすることで分断をつくり、強制送還の対象にする人口管理を実行した［土井 二〇二二］。

対照的に、米軍の移動の自由は基地ネットワークに沿って拡がる。米軍は、独立と国家建設にともなって国境管理の厳格化と「人の移動」の制限が進んだ二十世紀後半のアジアにおいて、それと反比例するかのように移動の権能を拡張させた。アメリカは、基地を提供した各々の国家と米軍の待遇を定めた地位協定を締結することで、ホスト国の出入国管理や検疫の権限に拘束されずに、米軍基地を介して複数の国を自由に往来できる超主権的存在となった。

だが、米国の覇権と抑圧に抗う世界各地の運動も、このネットワークに沿うようにして結びついていった。沖縄でも、アメリカのベトナム反戦や女性解放の運動組織が拠点をつくり、アジアに展開する米軍の中の反戦兵士とその妻や家族を支援する運動を進めた。そこでは、沖縄や本土の活動家との交流も生まれた［大野 二〇一九］。また一九七〇年のコザ民衆蜂起では、アメリカの黒人解放運動を背景にもつ黒人兵士が、ただちに沖縄人への連帯の意志を表明した。その呼びかけは、同じく支配民族から差別されてきたマイノリティゆえの声として、沖縄では敏感に受けとめられた［戸邉 二〇二三］。

このような「別の戦後史」の存在は、日本本土の戦後史、とりわけその冷戦体験を相対化する。ただし、本土でも前述のようにベトナム戦争期には米軍基地に向けた反戦や軍隊解体の呼びかけがあり、一九五〇年代には米軍用地接収に対する民衆の抵抗が沖縄と同様に起こっていた。

共有しうるはずの戦後史は、なぜ見えなくなったのか。五〇年代後半、本土で米軍犯罪や基地拡張への反対運動が活発になると、日米安保体制の破綻を恐れたアメリカは、日本政府の黙認のもと、海兵隊を中心に多くの部隊を沖縄に移駐した。こうして本土が高度経済成長にひた走る頃、本土の米軍基地が急減するのに比して、沖縄の米軍基地面積はほぼ倍増する[野添 二〇二〇]。沖縄への軍事基地の集積は、地上戦の結果ではなく、日本が戦後の日米関係の安定化のために支払うはずのリスクを、沖縄に皺寄せした結果だった。この日沖米の関係構造こそ、日本が「従属」を自覚できない原因であることについては、外交・法制の両面から再検討が進んでいる[古関・豊下 二〇一八]。

沖縄の戦後史は、本土とは異なる歴史が、日本という空間のうちに存在した事実を私たちに突きつける。それによって、私たちが自己の戦後史を都合よく書きかえたことさえ忘却した歴史も教えてくれる。本土戦後史は、沖縄の、さらには東アジアの冷戦体験と一体の過程として把握し直す必要がある。それは、冒頭の地図に現れた冷戦の思考枠組みから、私たちが抜け出す道に通じるだろう。

〈参考文献〉

青木深　二〇一三年『めぐりあうものたちの群像――戦後日本の米軍基地と音楽 一九四五―一九五八』（大月書店）
明田川融　二〇一七年『日米地位協定――その歴史と現在』（みすず書房）
蘭信三　二〇二二年「戦後東アジア社会の再編と民族移動」（蘭ほか編『総力戦・帝国崩壊・占領　シリーズ戦争と社会3』（岩波書店）
家永真幸　二〇二三年『台湾のアイデンティティ――「中国」との相克の戦後史』（文春新書）
大澤武司　二〇一六年『毛沢東の対日戦犯裁判――中国共産党の思惑と一五二六名の日本人』（中公新書）

大野光明　二〇一九年「太平洋を越えるベトナム反戦運動における軍隊「解体」の経験史――パシフィック・カウンセリング・サーヴィスによる沖縄での運動を事例に」（『立命館平和研究』二〇号）
黒川伊織　二〇二〇年『戦争・革命の東アジアと日本のコミュニスト――一九二〇―一九七〇年』（有志舎）
古関彰一　二〇二〇年『対米従属の構造』（みすず書房）
古関彰一・豊下楢彦　二〇一八年『沖縄　憲法なき戦後――講和条約三条と日本の安全保障』（みすず書房）
小松みゆき　二〇二〇年『動きだした時計――ベトナム残留日本兵とその家族』（めこん）
土井智義　二〇二二年『米国の沖縄統治と「外国人」管理――強制送還の系譜』（法政大学出版局）
東京大学社会科学研究所編　一九九八年『開発主義　20世紀システム４』（東京大学出版会）
東谷護　二〇〇五年『進駐軍クラブから歌謡曲へ――戦後日本ポピュラー音楽の黎明期』（みすず書房）
戸邉秀明　二〇二三年「沖縄と現代世界」（『岩波講座　世界歴史22　冷戦と脱植民地化Ⅱ』岩波書店）
名越健郎　二〇一九年『秘密資金の戦後政党史――米露公文書に刻まれた「依存」の系譜』（新潮選書）
南基正著・市村繁和訳　二〇二三年『基地国家の誕生――朝鮮戦争と日本・アメリカ』（東京堂出版）
難波功士編　二〇一四年『米軍基地文化』（新曜社）
野添文彬　二〇二〇年『沖縄米軍基地全史』（吉川弘文館）
朴正鎮　二〇一二年『日朝冷戦構造の誕生――一九四五―一九六五　封印された外交史』（平凡社）
原貴美恵　二〇〇五年『サンフランシスコ平和条約の盲点――アジア太平洋地域の冷戦と「戦後未解決の諸問題」』（溪水社）
林博史　二〇一二年『米軍基地の歴史――世界ネットワークの形成と展開』（吉川弘文館）

林博史　二〇一五年「サンフランシスコ講和条約と日本の戦後処理」(『岩波講座　日本歴史19　近現代5』岩波書店)
平井一臣　二〇二〇年『ベ平連とその時代――身ぶりとしての政治』(有志舎)
平井和子　二〇一四年『日本占領とジェンダー――米軍・売買春と日本女性たち』(有志舎)
前田直樹　二〇一四年「柳文卿・陳玉爾事件とアムネスティ・インターナショナル日本の設立――日本における台湾独立運動をめぐる一断面」(『広島法学』三八―二)
松浦正伸　二〇二二年『北朝鮮帰国事業の政治学――在日朝鮮人大量帰国の要因を探る』(明石書店)
松岡哲平　二〇一九年『沖縄と核』(新潮社)
松田武　二〇一五年『対米依存の起源――アメリカのソフト・パワー戦略』(岩波書店)
道場親信　二〇一一年「ポスト・ベトナム戦争期におけるアジア連帯運動」(『岩波講座　東アジア近現代通史8　ベトナム戦争の時代　一九六〇―一九七五年』岩波書店)
屋嘉比収　二〇〇九年『沖縄戦、米軍占領史を学びなおす――記憶をいかに継承するか』(世織書房)
吉見俊哉　二〇〇七年『親米と反米――戦後日本の政治的無意識』(岩波新書)
歴史科学協議会編　二〇一五年『歴史評論』(特集「砂川闘争から六〇年」)
李鐘元ほか編　二〇一一年『歴史としての日韓国交正常化』I東アジア冷戦編・II脱植民地化編(法政大学出版局、のち新装版二〇二〇年)
李英美　二〇二三年『出入国管理の社会史――戦後日本の「境界」管理』(明石書店)

30

高度経済成長期の社会変容

老川　慶喜

はじめに

日本経済は、一九五五(昭和三十)年までに、実質国民総生産、工業生産、農業生産、一人当たり実質国民総生産、同個人消費、同工業生産、同農業生産などの経済指標で戦前の水準を回復した。敗戦から一〇年を経て、日本は戦前の生活水準を取り戻したのである。なお、輸入数量は一九五七年、輸出数量は一九五九年に戦前の水準に達している[老川 二〇一六]。英文学者で評論家の中野好夫は、このような事態を「もはや戦後ではない」ととらえた。そして、「かつての帝国の夢を捨てるべきときで」、北欧三国やアジア・アフリカ・中南米などの軍事的には「大国でも一等国でもない」小国の「新しい意味を認め、それを人間の幸福の方向に向つて生かす新しい理想をつかむべきである」ると提言した[中野 一九五六]。

一九五五年度には、アメリカの景気回復を背景に輸出が急増して国際収支の改善が進み、金融緩和によって物価が安定した。同年度の『経済白書』を執筆した後藤誉之助は、この好景気を数量景気と名づけ、特需に依存していた日本経済もようやく安定軌道に乗ったとみて、中野の評論のタイトルを援用しながら「もはや『戦後』ではない。われわれはいまや異なった事態に当面しようとしている。回復を通じての成長は終った。今後の成長は近代化によって支えられる」(経済企画庁、一九五六年)と述べた。日本経済は戦後復興を遂げ、新たな局面にさしかかったのである。

表1　GNPの国際比較(1955年、1970年)

国名	1955年(10億円)	1970年(10億円)	年平均成長率(%)
日本(名目)	8,525	70,618	15.1
(実質)	12,859	56,454	10.4
アメリカ	143,280	351,540	6.2
西ドイツ	15,283	66,659	10.3
イギリス	13,220	39,420＊	8.1
フランス	17,712	47,033＊	7.2
イタリア	8,436	29,845＊	9.4

出典：宮本又郎ほか『日本経営史』第3版(有斐閣、2023年)286頁。
注：①＊は1969年。②日本の実質GNPは1965年価格基準。③原資料は、日本興業銀行産業調査部『日本産業読本』第4版(東洋経済新報社、1984年)。

一九五五年から一九七三年に第一次石油危機が起こるまで、日本経済は年平均一〇%前後の実質経済成長率を達成した。**表1**にみるようにアメリカ、西ドイツ、イギリス、フランス、イタリアなどの欧米諸国も高い成長率を実現していたが、日本の成長率の高さには目をみはるものがあった。年平均成長率が名目で一五・一%、実質でも一〇・四%を記録し、一九六八年には西ドイツを追い抜き、資本主義諸国の中ではアメリカにつぐ世界第二位のＧＮＰを誇るようになった。アメリカ主導のＩＭＦ＝ＧＡＴＴ体制のもとで世界市場が拡大し、基軸通貨ドルの供給も対外援助や戦費の散布というかたちで順調に進み、石油などの資源価格も比較的安定していた。日本は、このような条件のもとで経済の高度成長を達成したのである。

経済学者の都留重人氏は、一九六五年までの高度成長は「そう驚異的というわけでもなく、たまっていた新技術の吸収過程や産業構造の急速な高度化を体現したものとしては、ありそうなことだ」としながらも、「もし、これから先も、五年十年にわたって、一人当り実質国民所得が六―七％ずつふえてゆくというのであれば、その時こそ、経済学の常識をやぶる「驚異の現象」と呼ぶことができる」と述べていたが〔都留 一九六五〕、日本はその「驚異の現象」を実現し、軍事大国の道を選択はしなかったが、中野の提言とは異なる経済「大国」への道を歩むことになった。

本稿では、まず高等学校の「歴史総合」や「日本史探究」の教科書でも触れられている高度経済成長の軌跡を確認する。そして、その要因を明らかにし、その結果日本社会がどのように変わったかを各種統計を駆使して検討することにしたい。

1　経済計画と経済成長

国民所得倍増計画

高度経済成長期の一九五五～七三（昭和三十～四十八）年にかけて、政府は**表2**のような経済計画を策定・実施した。鳩山一郎内閣の「経済自立五ヵ年計画」（一九五五年十二月）、岸信介内閣の「新長期経済計画」（一九五七年十二月）、池田勇人内閣の「国民所得倍増計画」（一九六〇年十二月）は、欧米の福祉国家をモデルに「完全雇用」の実現を目標としていた。その一方で、生産現場では近代化・合理化に

表2 高度経済成長期の経済計画

計画の名称	策定年月	策定時の内閣	計画期間（年度）	経済成長率		計画の目的（重点政策課題）
				計画	実績	
経済自立5ヵ年計画	1955.12	鳩山	1956-60	4.9	8.8	経済自立(国際収支の拡大均衡)、完全雇用
新長期経済計画	1957.12	岸	1958-62	6.5	9.7	経済の安定的成長の極大化、生活水準向上、完全雇用
国民所得倍増計画	1960.12	池田	1961-70	7.8	10.0	経済の安定的成長の極大化、生活水準向上、完全雇用
中期経済計画	1965.1	佐藤	1964-68	8.1	10.1	ひずみの是正
経済社会発展計画	1967.3	佐藤	1967-71	8.2	9.8	均衡がとれ、充実した経済社会への発展
新経済社会発展計画	1970.5	佐藤	1970-75	10.6	5.1	均衡がとれた経済発展を通じる住みよい日本の建設

出典：三和良一・原朗編『近現代日本経済史要覧』(東京大学出版会、2007年)155頁。ただし、一部修正。
注：原資料は、経済企画庁『経済要覧』(1958年、1969年、1978年版)、日銀『統計年報』1995年。

よる雇用の削減が求められていたので、これらの経済計画を実施するには、かなり高い成長率を実現しなければならなかった。

鳩山や岸は、安全保障や憲法改正に積極的であったが、池田は経済成長こそが第一に取り組むべき政策課題だととらえ、経済学者中山伊知郎が一九五九年一月三日付『読売新聞』に掲載した「賃金二倍を提唱」に刺激を受け、首相就任前からケインズ流の経済成長論を根拠に「月給二倍論」を唱えていた。そして、一九六〇年七月に首相に就任すると、かねてから高度経済成長論を展開していた下村治の意見を取り入れ、同年九月に年率九％の経済成長を目指すという新政策を発表した。そして、同年十一月には「政治の季節」から「経済の季節」への政策転換を掲げて総選挙に挑み、苦戦が予想されていたにもかかわらず圧勝し、十二月に「国民所得倍増計画」を閣議決定した。

所得倍増計画は、太平洋ベルト地帯に工業を集中させ、農村から大量の労働力を吸引し、政府資金を積極的に投入して社会資本の充実をはかり、向こう一〇年間に国民総生産

(GNP)を倍増させて完全雇用を実現するというものであった。経済成長率は、当初は年率七・二%、後半は九%と見込まれていたが、実際には計画をはるかに上まわる速度で進行し、実質国民総生産は約六年で、一人当たり実質国民所得は約七年で倍増を達成した。

池田は、一九六四年十月の東京オリンピック終了後に退陣し、後継は佐藤栄作に委ねられた。佐藤内閣は、所得倍増計画のひずみをただすとして「中期経済計画」「経済社会発展計画」「新経済社会発展計画」を策定した。しかし、公害問題や過疎・過密などの高度経済成長にともなって発生したひずみを解決できないまま成長戦略を続け、一九六〇年代の後半には戦後最高の経済成長率を記録することになった。

「国際収支の天井」の克服

一九五六(昭和三十一)年の半ばから一九五七年の前半にかけて技術革新をともなった設備投資ブームが到来して「神武景気」と呼ばれたが、景気が拡大し原材料の輸入が増えると外貨準備が急激に減少した。外貨危機を切り抜けるため、政府が金融引締政策に転じると、景気は落ち込み「なべ底不況」がもたらされた。

日本経済は、その後も**図1**にみるように、岩戸景気(一九五八~六一年)、オリンピック景気(一九六二~六四年)と好景気を経験した。しかし、いずれも三~四年ごとに景気の落ち込みがみられ、一九六二年不況、一九六五年不況が発生した。景気の過熱が輸入の増大をもたらし、国際収支が赤字となって外貨準備が減少すると政府・日銀は金融の引き締め(金利の引き上げ)を行い、景気は後退する。この頃

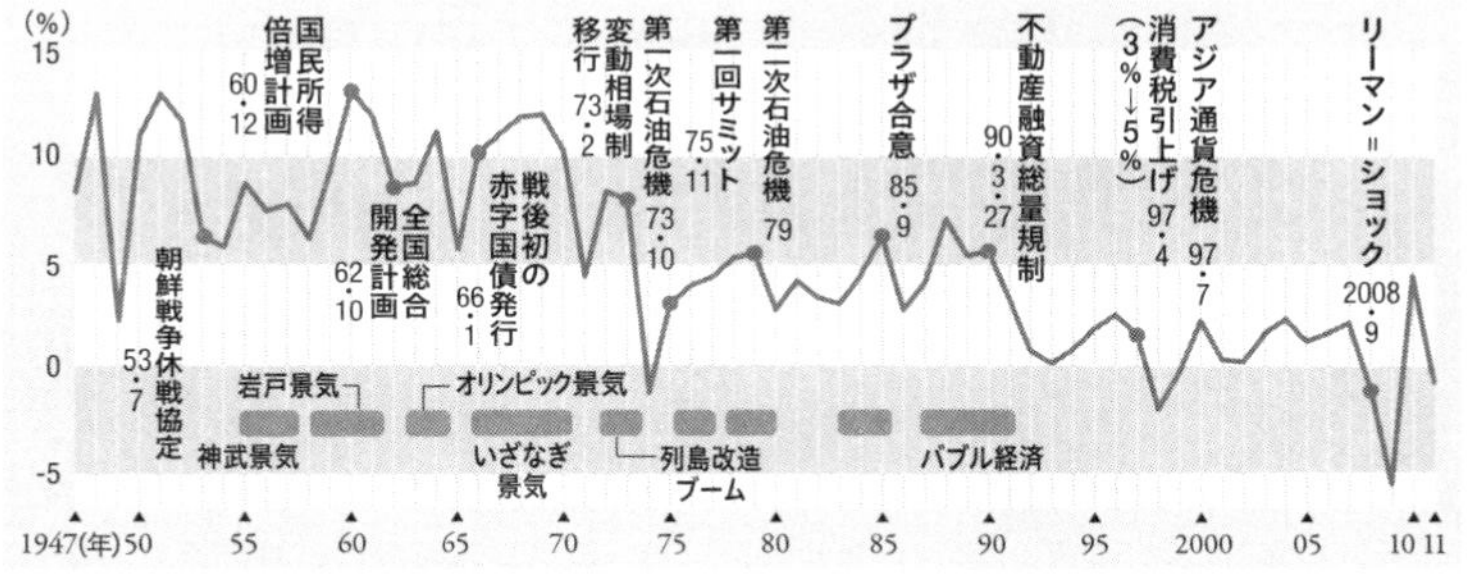

図1　戦後の経済成長率(実質)の推移

出典：『歴史総合　近代から現代へ』(山川出版社、2022)。

までの日本経済は、好況がやってくると三〜四年で国際収支の天井にぶつかり、不況に襲われたのである。

国際収支の天井を破るには、日本の主要産業が国際競争力を高める必要があった。日本の主要産業が国際競争力を高めるのは、貿易の自由化、資本の自由化が進展し、日本経済が開放経済体制に移行してからであった。一九六四年のIMF(国際通貨基金)8条国への移行やOECD(経済協力開発機構)への加盟を通じて、日本は「外国為替及び外国貿易管理法」(外為法、一九四九年)や「外資に関する法律」(外資法、一九五〇年)による外資規制から脱却することができた。こうして一九六七年頃になると、国際収支の恒常的な黒字が見込まれるようになって外貨準備が増加し、国際収支の天井が取り除かれた。一九六五年から七〇年にかけて五七カ月にもおよぶいざなぎ景気が現出したのは、そのためであった[沢井・谷本 二〇一六]。

2　高度経済成長の要因

産業構造の高度化と設備投資

高度経済成長の大きな要因は、**表3**にみるように民間設備投資と個人消費支出の増加であった。民間設備投資の比率は一九五五〜七〇(昭和三十〜四十五)年の間に九・一%から二二・九%に拡大し、増加寄与率は二七・一%であった。個人消費は同じ期間に六二・五%から四八・九%へと構成比を下げているが、なお五〇%近くに達しており、増加寄与率は四四・八%で民間設備投資を上まわっている。

高度経済成長にともなって、**表4**にみるように第一次産業の比重が下がり、第二次・第三次産業の比重が増し、産業構造が高度化した。第二次産業の産業別構成比をみると製造業の比重が高く、一九五五年には二七・五%であったが、一九六〇年には三三・八%、一九七〇年には三四・九%となった。製造業では、**表5**にみるように一九五五〜六〇年に石油・石炭製品(石油が中心)および一次金属(鉄鋼が中心)、一九六〇〜七〇年には金属製品や機械工業が比重を高めた。付加価値生産性の高い重工業化、とりわけ機械工業化が進んだといえる[橋本ほか 二〇一九]。

設備投資額を産業別にみると**表6**のようで、電力(二一・五%)、機械(一九・一%)、鉄鋼(一四・九%)、化学(一三・八%)が一〇%以上の構成比を占め、合計すると六九・三%と七割近くを占めていた。これらの産業への投資は技術革新をともなって労働生産性を高め、コストの低下によって国際競争力を強化した。また、価格の低下によって需要を喚起し、産業発展に寄与した。

表3 高度経済成長の要因

(単位：%)

項目	構成比		構成比の増減	1955〜70年	1955〜70年
	1955年(A)	1970年(B)	(B-A)	平均伸び率	増加寄与率
個人消費支出	62.5	48.9	−13.6	8.5	44.8
民間設備投資	9.1	22.9	+13.8	17.3	27.1
民間住宅建設	3.2	6.2	+3.0	15.1	7.0
政府経常支出	14.0	7.0	−7.0	5.3	4.9
政府資本形成	5.7	8.5	+2.8	13.5	9.3
在庫投資	4.0	5.1	+1.1	12.1	5.4
輸出など	7.8	13.7	+5.9	14.5	15.5
輸入など(控除)	6.3	12.2	+5.9	15.3	13.8
国民総生産(国民総支出)	100	100	±0	10.3	100

出典: 宮本又郎ほか『日本経営史』第3版(有斐閣、2023年)288頁。
注: 原資料は、日本興業銀行産業調査部編『日本産業読本』第4版(東洋経済新報社、1984年)。

表4 産業構造の変化(全産業、付加価値)

(単位：%)

	1955年	1960年	1970年
第1次産業	19.2	12.8	5.9
第2次産業	33.8	40.8	43.1
鉱業	1.9	1.5	0.8
製造業	27.5	33.8	34.9
建設業	4.4	5.5	7.5
第3次産業	47.0	46.6	50.9
卸売・小売業	10.3	11.4	13.9
金融・保険業	3.9	3.5	4.1
不動産業	5.4	7.4	7.8
運輸・通信業	7.0	7.3	6.7
サービス業	9.8	7.4	9.3
政府サービス	7.4	6.2	6.1
その他	3.2	3.4	3.0
合計	100.0	100.0	100.0

表5 製造業の構成変化(就業者)

(単位：%)

	1955年	1960年	1970年
食料品	26.5	16.5	10.6
繊維	11.9	8.3	5.5
パルプ	3.2	3.1	2.6
化学品	9.2	8.5	8.4
石油・石炭製品	2.9	5.1	4.7
窯業・土石製品	3.8	3.9	4.2
1次金属	9.8	12.1	11.3
金属製品	3.2	4.0	6.0
一般機械	4.6	8.5	10.7
電気製品	4.4	8.9	10.9
輸送機械	6.2	8.6	10.8
精密機械	1.6	1.6	1.7
その他	12.7	11.0	12.7
製造業	100.0	100.0	100.0

出典: 橋本寿朗ほか『現代日本経済』第4版(有斐閣、2019年)66頁。注: 原資料は、経済企画庁『戦後日本経済の軌跡』1997年。出典、注ともに表5も同様。

表6　産業別設備投資額(1956〜69年度)

業種	金額(億円)	構成比(%)
電力	46,398	21.5
機械	41,274	19.1
鉄鋼	32,144	14.9
化学	29,776	13.8
石油	14,973	6.9
繊維	12,393	5.7
窯業	7,892	3.7
紙・パルプ	6,777	3.1
非鉄金属	6,266	2.9
都市ガス	4,895	2.3
石炭	4,217	2.0
鉱業	3,512	1.6
卸売・小売	3,163	1.5
その他とも計	215,836	100

出典：三和良一・三和元『概説日本経済史　近現代』第4版(東京大学出版会、2021年)197頁。

注：原資料は、通産省企業局『民間設備投資の中期展開』1973年。

個人消費支出の増加

高度経済成長期における家計の消費動向を、一〇年間隔でみると**表7**のようになる。世帯人員は減少、有業人員は横ばい気味であるが、家計消費支出は一九五〇(昭和二十五)年一万一九八〇円、一九六〇年三万一三〇五円、一九七〇年七万九五三一円と大幅に増えている。内訳をみると、食料費が一九五〇年には五七・四%、一九六〇年には四三・五%、一九七〇年には三一・〇%と減少しているのに対し、教養娯楽費が一九六〇年の六・三%から一九七〇年には九・〇%に増加し、「その他(雑費)」も大幅に増加している。

高度経済成長期には、より豊かな生活を求めて消費が急速に拡大した。所得・消費の水準が全般的に上昇し、生活様式や意識の均質化が進み、国民の八~九割が自分は社会の中間層に属していると考えるようになった。所得の増加が消費の拡大を引き起こし、大量生産による価格の引き下げがさらに消費を拡大するという循環が働いた。核家族化が進んで世帯数が増えたことも、消費拡大の要因であった。

高度成長期の前半に電気洗濯機、白黒テレビ、電気冷蔵庫、後半のいざなぎ景気では自動車(カー)、カラーテレビ、ルームエアコン(クーラー)などの耐久消費財が、大量生産・大量販売体制や割賦販売制度の確立によって普及した。自動車工場では組立ライン方式が採用され、松下幸之助の設立した松下電器(現・パナソニック)は系列販売網を整備した。

小売業では、廉価販売と品ぞろえの良さを武器にスーパーマーケットが急成長した。一九五六年には全国で一〇〇店舗ほどであったスーパーマーケットは、一九五九年には一〇〇〇店舗を超え、一九六八年には売上高で百貨店を上まわった。一九六〇年代後半からチェーン化が進み、中内㓛が設立したダイエーは、一九七二年に売上高で老舗百貨店三越を追い抜き、小売業界で第一位となった。このように流通革命が進行する中で「問屋不要論」「商社斜陽論」が繰り返し論じられたが、商社は大衆化・国際化が進む中で、新しい時代の商業活動を自己の活動領域に取り込み、巨大総合商社へと成長した。

表7 家計消費動向

		1950年	1960年	1970年
世帯人員数(人)		4.79	4.49	3.98
有業人員数(人)		1.39	1.66	1.64
家計消費支出(円)		11,980	31,305	79,531
構成比%	食料費	57.4	43.5	31
	外食費		3.0	3.0
	住居費(含家具費)	4.6	8.9	9.9
	光熱費	5.0	5.1	4.4
	被服費	12.3	12.5	9.5
	教育費		2.9	2.7
	教養娯楽費		6.3	9.0
	その他(雑費)	20.7	17.8	30.5

出典:三和良一・原朗編『近現代日本経済史要覧』(東京大学出版会、2007年)164頁。
注:①全世帯の1カ月平均の数値。②原資料は『家計調査総合報告書』1947－86年。

3 都市と農村の変容

都市部への人口集中

大衆消費社会が形成される中で、都市と農村の様相が大きく変化した。一九五〇(昭和二十五)年から一九七五年までの世帯・人口の推移と人口の都市集

表8　人口・世帯の都市集中度

年	世帯総数（千世帯）	人口総数（千人）	1世帯家族数（人）	3大都市圏 人口（千人）	3大都市圏 集中度（%）	東京圏 人口（千人）	東京圏 集中度（%）
1950	16,580	84,114	5.07	25,130	29.9	13,050	15.5
1955	18,123	90,076	4.97	28,816	32.0	15,424	17.1
1960	20,859	94,301	4.52	32,691	34.7	17,863	18.9
1965	24,290	99,209	4.08	37,790	38.1	21,016	21.2
1970	28,093	104,665	3.73	42,672	40.8	24,113	23.0
1975	32,140	111,939	3.48	47,163	42.1	27,041	24.2

出典：老川慶喜『もういちど読む　山川日本戦後史』（山川出版社、2016年）120頁。
注：①原資料は、総務省統計局ホームページ『平成12年国勢調査最終報告』。②3大都市圏は、東京圏（東京・千葉・神奈川・埼玉）、大阪圏（大阪・京都）、中京圏（愛知・三重・岐阜）である。

中度の変化をみると**表8**のようである。世帯・人口とも著しい増加を示しているが、なかでも人口の都市圏への集中度が高まっている。三大都市圏への人口の集中度は高度経済成長の開始期には三〇%前後であったが、一九七〇年代には四〇%を超えた。とりわけ東京圏への集中度が高く、一九六五年には二〇%を超えた。

一九六五年十月に開催された第六三回国土総合開発審議会は、「人口、産業等の大都市圏への集中は依然として続き、過密の弊害は一層深刻化している一方、急激な人口流出をみた後進地域においては、いわゆる過疎問題を生じている」と、過密・過疎問題が深刻化していると警鐘を鳴らした。一九六九年五月には、交通・通信ネットワーク、産業開発、環境保全などのプロジェクトからなる新全国総合開発計画（新全総）が閣議決定され、過密・過疎問題の解決が目指された。しかし、現実には新幹線や高速道路の建設、新産業都市の誘致などに政治家が暗躍し、環境保全を無視した開発競争が繰り広げられ、国土の破壊が進行した。新全総は高度経済成長政策を抜本的に見直すのではなく、いっそうの高度成長を目指したのである。その結果、日本の人口は一九七〇年に一億人を超えたが、そのおよそ四割が東京圏に集中するようになった。また、新幹線や高速道路など交通ネットワークの全国的な整備によって全国土が開発可能な地域となり、一九七二年には自由民主党の総裁選を翌月に控えた田中角栄が「日本列島改造論」を発表した。

表9　農家世帯員の農外産業への流出

	単位	1958年	1960年	1965年	1970年	1975年
農外産業への就職者	千人	541.6	749.9	850.2	792.9	567.8
他所への転出者	%	73.0	61.7	48.3	39.4	29.5
自宅からの通勤者	%	27.0	38.3	51.7	60.6	70.5
就職者の産業別割合						
建設業	%	7.0	6.2	9.6	10.2	13.4
製造業	%	38.6	44.5	41.4	44.1	32.3
卸･小売業	%	17.0	13.1	16.0	15.0	17.7
運輸･通信･公益事業	%	5.6	5.7	6.7	5.6	4.8
サービス業	%	9.8	15.7	16.4	15.2	18.9

出典：暉峻衆三編『日本の農業150年』(有斐閣、2003年)167頁。
注：原資料は、農林水産省『農家就業動向調査』、同『ポケット農林水産統計』。

農村の変貌

都市に人口が集中する一方、農村では農業人口の農業以外の産業への流出が激しくなった。**表9**は、農家世帯員の製造業、卸・小売業、サービス業、建設業など、農外産業への流出の推移をみたものである。一九五八(昭和三十三)年には五四万一六〇〇人であったが、一九六五(昭和四十)年には八五万二〇〇〇人となり約一・六倍に増加しているが、その後は減少に転じている。特徴的なのは、農外産業への転職者のうち、他所へ転出する者がしだいに減少し、自宅から通勤して農外産業に転出する者の割合が増えたことである。それは、近辺に工場や大型店などが進出し、通勤できる範囲に労働市場が開けたからであった。

こうして農家所得が上昇し、農村にも耐久消費財が普及した。一九六〇年八月の白黒テレビの普及率は、都市五四・五%、農村一一・四%であったが、一九六四年九月には都市の九三・五

%に対し、農村は八一・七%となった。電気洗濯機の普及率も、一九六〇年八月には都市四五・四%、農村八・七%であったのが、一九六四年九月には都市七五・八%、農村四七・〇%となった［暉峻編 二〇〇三］。

こうして一九六〇年代末期から七〇年代初期にかけて、耐久消費財はほぼ全世帯にいきわたり、農村から都市への人口移動も減速した。設備投資も、一九七〇年前後にはピークを迎えた［吉川 一九九七］。そして、一九七三年にアラブ産油国が石油戦略を行使すると原油価格が著しく高騰し、中東から輸入する安価な原油にエネルギー供給を大きく依存していた日本経済を直撃した。かくて、日本の高度経済成長は終焉を迎えた。

〈**参考文献**〉

老川慶喜　二〇一六年『もういちど読む　山川日本戦後史』（山川出版社）
沢井実・谷本雅之　二〇一六年『日本経済史――近世から現代まで』（有斐閣）
武田晴人　二〇〇八年『高度成長　シリーズ日本近現代史⑧』（岩波新書）
都留重人　一九六五年「日本経済の戦後二〇年」（『経済評論』一九六五年一〇月号）
暉峻衆三編　二〇〇三年『日本の農業一五〇年――一八五〇〜二〇〇〇年』（有斐閣）
中野好夫　一九五六年「もはや「戦後」ではない」（『文藝春秋』一九五六年二月号）
橋本寿朗・長谷川信・宮島英昭・齊藤直　二〇一九年『現代日本経済』第四版（有斐閣）
吉川洋　一九九七年『高度成長――日本を変えた六〇〇〇日〈20世紀の日本6〉』（読売新聞社）

31 公害と環境史

小堀　聡

はじめに

公害と聞くと、一九六〇年代を中心とする高度経済成長期のイメージが強いであろう。この時期の公害が四大公害裁判に象徴される深刻な健康被害をもたらしたことを念頭におくならば、これは決して誤りではない。

とはいえ、山川出版社発行の高校の日本史教科書『詳説日本史』(日探 二〇二三)にも明治期の足尾銅山鉱毒事件が登場することからうかがえるように、日本の公害は、実際にはより長期の歴史を有する。また、近年の歴史研究では、人間と自然環境との相互作用の歴史を、環境史という、より幅広い概念で扱うようになった。公害を厳密に定義するならば、それは、人間が自然環境への働きかけによって生み出したもの(化学物質や音・振動・臭いなど)が、人間の生命・健康や生産物に被害をおよぼすことであるから、公害史は環境史の一領域といえる。そこで本稿では、公害史研究の現在を、より長く、また環境史にも触れつつ紹介したい。

1　戦前期の公害

鉱毒と煤煙

日本の公害については、銅など鉱物の採掘・精錬にともなう農作物や人体への被害が、近代以前から発生していたことが知られている。とはいえ、公害が深刻化したのは、明治期の産業革命にともなって、鉱物や化石燃料の生産・利用が拡大したことによる。まず、明治期における資本主義経済の成立過程において、産銅業や石炭鉱業が発展した結果、その汚水や大気汚染などの鉱害が拡大した。また、産出された鉱物・化石燃料が工場や火力発電所などで利用されることで、それにともなう汚染も発生した。

鉱害の代表的な例が、足尾銅山鉱毒事件(より正確には鉱煙毒事件)である。北関東の渡良瀬川上流に位置する足尾銅山の開坑は近世であるが、一八七七(明治十)年にこれを取得した古河市兵衛が八〇年代前半に操業を本格化させると、周辺山村での煙害や渡良瀬川下流域での鉱毒被害が深刻化していく。一八九〇年になると、谷中村など沿岸町村で銅山の鉱業停止を求める動きが起き、九一年の第二回帝国議会では、栃木県選出の衆議院議員・田中正造が政府の対応について初めて質問を行った[藤川・友澤 二〇二三]。

また、十九世紀末葉になると、化石燃料消費地でも大気汚染が顕在化する。その代表例は、大阪市である。大阪市では紡績業を中心とする製造業や火力発電が発展し、そのエネルギーとして石炭の消費量が増加すると、煤塵や硫黄酸化物による煤煙問題が深刻化した［小田 一九八七］。

公害の無視と許容

このような被害の拡大を理解する際に重要なのは、「生産拡大↓被害拡大」という単純な図式では、公害の実態にはせまれないということである。公害史研究の蓄積が絶えず強調してきたのは、公害の発生を無視・許容したことが、公害の深刻化をもたらしたということであった。例えば抗議活動の広がりに直面した古河市兵衛は、一八九二〜九三（明治二十五〜二十六）年にかけて、煙害・鉱毒の軽減ではなく被害農民への「示談金」の支払いによって、抗議の鎮静化を図った。その後、一八九六年の大洪水によって鉱毒被害が渡良瀬川・利根川・江戸川流域の一府五県に拡大すると、政府は鉱毒調査会を設置し、対応を検討したものの、結局は操業停止ではなく「鉱毒予防工事命令」に落ちつく。だが、工事は効果をもたらさず、一九〇三年の第二次鉱毒調査会報告書を機に、被害の一因は洪水にあるとの議論を政府は定着させ、谷中村に遊水地が設置されるに至った。足尾銅山が存続する一方で、被害農民が立ち退きを余儀なくされる結果となったのである［藤川・友澤 二〇二三］。

公害の無視・許容は大阪でもみられる。煤煙の深刻化を受けて、一九一三（大正二）年、大阪府警察部は煤煙防止器の設置義務づけなどを含む煤煙防止令草案を作成した。だが、この草案も、経済的負担を嫌う大阪商業会議所の反対により失敗に終わったのである［小田 一九八七］。このように公害が無視され、しかも弱者に被害が偏在する事態は、その後もたびたび繰り返されていく[藤川・友澤 二〇二三]。

戦前の公害対策とその限界

とはいえ、戦前期においても一定の公害対策を見出すことができる。その代表的な事例は、大阪府である。先述のように一九一〇年代の煤煙対策は失敗したが、一九二〇年代には進展をみせた。それは、関一大阪市長のもとで社会政策が前進したことの一環であると同時に、重工業化の進展による石炭需要の増大がその価格高騰をもたらしたため、石炭燃焼技術の改善が煤煙防止と同時にエネルギー節約にも寄与することへの関心が高まったからである。一九一〇年代の煤煙防止運動が煤煙防止器という工場への追加負担を要求していたのに対し、二〇年代の煤煙防止運動では火夫(ボイラーマン)の技術向上という金銭的な追加負担のない手段が強調された。大阪府は、府立産業能率研究所において工場や火夫への技術指導を行うと同時に、一九三二(昭和七)年には日本初の煤煙防止規則を制定した[小田 一九八三、小堀 二〇一〇]。

また、工場取締行政を所管する内務省でも、工場監督官が第一次世界大戦期頃から工場の公害にも関心を向け、その指導に乗り出している。しかも彼らは、騒音、振動、悪臭、煤煙、汚水など工場を発生源とする種々の被害を、一九二〇年代後半以降、「工場公害」の概念で一括して把握するようになった。公害という言葉自体は、公益の対概念として布達などで明治期から使用例がみられるが、今日的な意味での公害概念が形成されるのは、二〇年代後半以降のことである。

もっとも、これらの公害対策は、経済的利益に反しない限りでの限定的なものであった。すなわち、大阪の煤煙防止政策はあくまでもエネルギー節約に寄与する限りでのものであり、硫黄酸化物被害への対応はなされなかった。また、内務省の工場監督官も工場を「国家発展の原動力」と考え、「多少の弊害」には目をつぶるべきと論じており、彼らの取り締まりはその範囲内でのことであった。そして、公害概念も工場監督官の外部には、広まらなかった［小田 一九八三］。

表1　高度成長期における汚染量の国際比較

（可住地面積当たり。トン/千m^2）

	SO_2	BOD
日本(1970年)	36.0	21.0
米国(1967年)	2.3	1.3
英国(1968年)	9.1	4.5
西ドイツ(1970年)	17.5	9.1
フランス(1965年)	4.0	2.5

出典：経済企画庁編『経済白書』(1974年版、大蔵省印刷局)293頁。

注：SO_2：亜硫酸ガス(大気汚染の指標)、BOD：生物化学的酸素要求量(水質汚濁の指標)。

2　高度成長期の公害

システム公害

このように公害は、戦前期から顕在化していたのである。そして、これが十分には解決をみないまま、高度経済成長によって、事態はいっそう全国化・深刻化していく。高度経済成長末の一九七〇(昭和四十五)年頃について、可住地面積当たりにおける大気汚染と水質汚濁の状況を主要西側先進諸国と比較すると、日本の汚染度は著しい(**表1**)。この当時、日本は国民総生産(GNP)で世界第二位の「経済大国」となっていたが、これは公害大国化と軌を一にしたものであった。

公害はなぜ深刻化したのか。宮本憲一氏は、戦後日本の公害をシステム公害と規定し、高度経済成長の実現が公害発生・環境破壊と密接不可分であったと論じている。具体的には、①経済成長を最重要視する政府が環境保全の役割を怠ったこと、②火力発電、鉄鋼、化学など資源多消費型重化学工業が大都市圏で急速に成長した結果、汚染物質も大都市圏に集積したこと、③自動車産業の成長にともない、排ガス・騒音が深刻化したこと、④家電製品など耐久消費財需要の増大によって、廃棄物も増大したこと、などである［宮本 二〇一四］。

臨海工業地帯

以上の諸点を支える土台として、自然環境との相互作用という観点からとくに注目されるのが、中東産の原油に代表される海外の化石燃料や鉱物資源の大量輸入である。一九七〇(昭和四十五)年頃の日本は、経済大国・公害大国であると同時に、世界最大の資源輸入大国でもあり、ＯＥＣＤ諸国の資源輸入量における日本の比率を一九六九年時点でみると、鉄鉱石で三四％、原料炭で三六％、原油で一八％を占めている［小堀 二〇一八］。これらに依拠して資源多消費型重化学工業が成長したことが、自動車や家電といった労働集約的機械工業の成長を支えた。日本は、海外の天然資源と国内の「勤勉」な人的資源とを効率的に組み合わせることによってはじめて、高度成長を実現すると同時に、西欧や米国の工業地帯を凌駕することができたのである［杉原 二〇二〇］。

日本の海外資源活用を有利にしたのが、太平洋ベルト地帯を中心とする臨海工業地帯の集積である。ルールや五大湖周辺など内陸の大河川沿いに発展してきた西欧や米国の伝統的な重化学工業地帯は、国内資源の活用には有利な一方で、海外資源への転換には比較的不利であった。これに対し、日本の臨海工業地帯は、タンカーや鉱石専用船など大型船舶による海外資源の大量輸入に最適な海港を有している点に、その特徴がある。これは、日本の資源多消費型重化学工業が広大な用地と深い水深とを求めて臨海部への工場建設を希望し、政府・地方自治体もそれに応えて、埋立・浚渫を計画・実施してきた帰結であった。そして、臨海工業地帯やその周辺に広がる機械工業の集積は、様々な都市公害が集積する空間にもなったのである［華山 一九七八、杉原 二〇二〇、小堀 二〇一〇］。

公害防止の住民要求

こうした深刻な公害を改善へと向かわせる大きな力は、『詳説日本史』でも触れられるように、反公害の住民要求であった。再び宮本憲一氏によると、その形態としては、以下の二つが重要である。

第一に自治体改革であり、より具体的には日本社会党・日本共産党(一時は公明党も)を与党とする革新自治体の成立である。東京の美濃部亮吉都政(一九六七～七九〈昭和四十二～五十四〉年)に代表される革新自治体は、一九六〇年代半ば以降大都市圏を中心に普及しており、この背景の一つには住民の強い公害反対世論があった。世論を背景として、革新自治体は、条例や公害防止協定(自治体と個々の工場とのあいだの契約)を通じて、国よりも積極的な公害対策を推進した。

第二に公害裁判である。公害反対の世論や運動が弱く、被害者が差別されているような地域では、自治体改革を通じた公害規制は困難である。公害被害者が社会的立場の弱い漁民に集中した一方で、独占的大企業(チッソ)・労働組合・自治体の一体性が強い「企業城下町」水俣は、その最たるものであった。そこでこのような地域の被害者は、最後の手段として訴訟に踏みきり、一九六七年の新潟水俣病訴訟に始まる四大公害裁判が開始された。当初、その行方は法理的にも勝利が明確ではない状況であったが、弁護団の模索や反公害運動を背景として、七一年のイタイイタイ病を皮切りに、患者側が順次勝訴した。

革新自治体の成立や四大公害裁判の患者側勝訴は、国政の転換もうながした。まず、一九七〇年十一月開会の臨時国会は公害国会と称され、公害対策基本法(一九六七年成立)の経済調和条項撤廃など、公害関係十四法が成立した。そして、政策執行機関として、環境庁が七一年に発足する。さらに政府は一九七三~七四年にかけて、公害健康被害補償法(公健法)による被害者救済制度や、改正大気汚染防止法による規制強化を実施した。これらの政策を背景として、企業が公害対策を加速させた結果、公害は改善されていった[宮本 二〇一四]。

企業、保守、外圧

革新自治体と公害裁判とが日本の公害改善に果たした大きな役割は、疑いようがない。とはいえ、これはあくまでも事後的な観点からすれば疑いようがないのであって、高度成長期の公害問題に対しては、実に様々な主体が様々な角度から、関与をしていた。そこで近年の公害史研究では、より事前的・総合的な観点から、革新自治体や公害裁判以外の動向についても、内在的な分析がなされるようになった。

第一に、企業の役割である。住民運動の公害反対世論が活発化したとしても、それが企業の公害対策を加速させるとは限らない。企業にしてみれば、公害対策のより弱い地域や国家に生産拠点を移転させる選択肢もありうるからである。世論が高まった際に企業がどのような取組を行ったのか、その内在的な分析が必要である。

この点については、戦後日本の公害対策の中でももっとも成功した技術革新といわれる硫黄酸化物対策についての事例研究が進んでいる。注目されるのは、環境規制の導入によってむしろ利益を得られると判断した企業の存在である。例えば、重油からの硫黄分の除去(直接脱硫)を先導したのは、出光佐三率いる出光興産であった。一九六〇年代の出光は、石油連盟脱退など業界秩序に反する行動をとることで市場シェアの拡張を図っており、脱硫により重油品質を改善すれば顧客のボイラーの損傷も防ぐことができ、売り上げの増大に寄与すると考えたのである。また、火力発電での脱硫対策であるLNG(液化天然ガス)の利用を先導したのは東京瓦斯であったが、これも、アラスカからのLNG輸入という自社の巨大プロジェクトを実現するには火力発電でのLNG利用が不可欠との判断から、東京電力に積極的に働きかけることによって、実現した[伊藤 二〇一六]。

また、別の目的で発展した技術の転用も公害対策に寄与している。例えば、一九七一年に発足した公害防止管理者制度はソフトな公害対策として知られているが[宮本 二〇一四]、この発足には戦時期・戦後復興期に鉄鋼業などで熱管理(エネルギー節約技術)を担ってきた技術者が関わっている。これは、一九六〇年代に海外からのエネルギー輸入が拡大する中でその必要性を低下させた熱管理やその関連制度が公害対策にも役立つことを、熱管理技術者がアピールしてきたことの結果であった。公害対策への技術転用を通じた熱管理技術者の生存戦略だったのである[Kobori 2017]。

第二に、保守勢力の動向にも、光が当てられるようになった。その代表例が新生活運動である。これは、一九五五(昭和三十)年に鳩山一郎内閣が本格化させた保守派主導の社会運動であったが、民族自立に加えて民主主義も重視しており、各時代・各地域に即した生活課題の解決を、非階級対立的な枠内で具体的に追求する幅広さを有していた。六〇年代に入ると、都市の生活課題として、公害が浮上したのである[大門 二〇一二]。北九州市戸畑区において地域婦人会が行った反公害運動はその代表例であり、これは企業・保守市政との全面的な対立は避ける一方で、社会党など革新勢力とは共闘しない方針をとっていた[小堀 二〇二四]。

また、革新自治体へと転換せず、大きな公害裁判も経験しなかった地域の公害対策についても、研究が進められている。例えば、石油化学コンビナートが進出した千葉県市原市域については、行政の公害対策が農作物被害・健康被害の双方について詳らかにされた。こうした保守派の取組が何をどこまでなしえたのかを解明することは、戦後日本は基本的に保守政治なのだから、重要な研究課題である[長井 二〇二三]。

第三に、国際関係の中で公害史を論じる視点である。例えば公健法の成立については、米国からの外圧が一因になったことが指摘されている。すなわち、国内での汚染禁止的な政策の実行をせまられた米国政府が、国際競争力維持の観点から、「経済大国」日本にも政策の同調を要求したのであった[松野 一九九六]。一方で、反公害運動についても、その海外の社会運動とのつながりが論じられている[Avenell 2017]。一九七〇年代になると、七二年の国連人間環境会議などを機に地球環境問題が浮上したこともふまえるならば、日本の公害を国際関係の中で論じる視点は、今後よりいっそうの追究が望まれる。

3　環境史への注目

環境史の展開

人間と環境との相互作用を追究する歴史研究である環境史は、一九七〇年代に米国で誕生した。森林劣化や汚染といった環境問題への関心が背景であり、文理融合的性格を有している点も特徴である［ヒューズ 二〇一八］。

日本近代史においても、土地、森林や河川などの資源管理・利用が各地域でどのように行われてきたのか、工業化や地域外からの企業進出がそれにどのような影響を与えたのかについて、実証研究が盛んに進められている。例えば、研究蓄積がきわめて豊富な産銅業や製糸業についても、燃料用薪炭の管理・利用状況や燃料の石炭への転換過程という新たな分析視角からの研究が、登場した［杉山・山田 一九九九、安国 二〇〇三］。日本環境史の最新の論集では、足尾銅山鉱毒事件、水俣病、名古屋新幹線訴訟といった公害に加えて、国立公園、疾病、人糞、原水爆、琵琶湖など様々な話題がおさめられており、人間と環境とをめぐる多様な現象がテーマになりうることがうかがえる［Fujihara 2023］。

公害史と環境史

この論集に公害がおさめられていることからも理解できるように、日本でこれまで蓄積されてきた公害史研究は、近年の環境史とも接点を有しうるものである。

まず、開発や工業化にともなう環境の改変は、公害の深刻化に先立って、人々の生活を大きく変えている。例えば、大気汚染や水質汚濁の原因となった臨海工業地帯の場合、造成にともなう埋立や浚渫は、行楽や漁業といった多様な生活・生業の空間を海辺から衰退させるものであった。海辺は工業生産に特化した空間へと改造されたのである。その一方で、より遠方の海辺が、交通網の発達とともに、行楽のための空間として組み込まれていく[小堀 二〇一八]。また、新潟水俣病の場となった阿賀野川も、高度成長期までは、漁撈、洗濯、飲用、遊び、冠婚葬祭、燃料確保など多様なかたちで生活とつながっていた。だが、こうした川と生活とのつながりは、ガスや家電製品の普及、堤防・ダムの建設、そして有機水銀の流入によって、細いものへと変貌していったのである[関 二〇〇五]。

一方で、自然との関わりが公害を予防した事例もみられる。一九六四(昭和三十九)年に住民側が勝利した三島のコンビナート反対運動については、一九五〇年代前半までは湧水が生活や子どもの遊び場として身近な存在であり、水への強い関心が住民に広く共有されていたことが、全市的な運動の背後にあったと指摘されている[沼尻 二〇〇九]。

おわりに

このように近年の研究は、高度成長期における深刻な公害とそれにあらがう住民要求の役割を重視しつつも、公害をより長く、また公害以外の人間と自然環境との相互作用も含めて、より多様に論じるようになった。とくに環境史の視点は、公害史をより豊かに描くことに役立つであろう。一方で、足尾銅山鉱毒事件や水俣病で典型的に明らかにされてきたように、またそれ以外の事例でもしばしば見出されるように、公害被害や環境リスクが社会的弱者に偏在することを強調してきた日本の公害史研究の視点[藤川・友澤 二〇二三]は、公害に限らない環境史研究にも継承される価値があろう。

そして、公害史・環境史研究をさらに発展させ、高度成長期以降にも研究対象を広げていくうえでより重要になるのは、公害を過去のものとしてみないことであろう。カネミ油症事件、アスベスト災害、原発災害などが示すように、公害は決して終わっていない。また、一九七三(昭和四十八)年の石油危機を機に、企業の影響力が強まると同時に革新自治体が退潮していく中で、七〇年代後半以降の日本では、環境基準の緩和や公害病患者認定の消極化など、公害政策の後退や公害の不可視化が生じた[宮本 二〇一四、藤川・友澤 二〇二三]。今日の地球環境政策における日本の国際的な低評価も、こうした歴史と関連づけることで、その原因をより深く追究できると思われる。まずは「公害は克服された」といった言説を根本から疑う姿勢をもち続けることが、「環境史の将来」には不可欠ではないだろうか。

〈参考文献〉

伊藤康 二〇一六年『環境政策とイノベーション――高度成長期日本の硫黄酸化物対策の事例研究』(中央経済社)
大門正克編著 二〇一二年『新生活運動と日本の戦後――敗戦から一九七〇年代』(日本経済評論社)
小田康徳 一九八三年『近代日本の公害問題――史的形成過程の研究』(世界思想社)
小田康徳 一九八七年『都市公害の形成――近代大阪の成長と生活環境』(世界思想社)
小堀聡 二〇一〇年『日本のエネルギー革命――資源小国の近現代』(名古屋大学出版会)

小堀聡　二〇一八年『京急沿線の近現代史』(クロスカルチャー出版)
小堀聡　二〇二四年「青空がほしい再訪——高度成長期戸畑の婦人会による反公害運動の道のり」(『人文学報』一二二号)
杉原薫　二〇二〇年『世界史のなかの東アジアの奇跡』(名古屋大学出版会)
杉山伸也・山田泉　一九九九年「製糸業の発展と燃料問題——近代諏訪の環境経済史」(『社会経済史学』六五巻二号)
関礼子　二〇〇五年「暮らしの中の川——阿賀野川流域千唐仁の生活文化とその変容」(『国立歴史民俗博物館研究報告』一二三集)
長井景太郎　二〇二三年「高度成長期後半の保守自治体における公害対策の展開——千葉県市原市内における大気汚染に関する議論を中心に」(『社会経済史学』八九巻一号)
沼尻晃伸　二〇〇九年「高度経済成長前半期の水利用と住民・企業・自治体——静岡県三島市を事例として」(『歴史学研究』八五九号)
華山謙　一九七八年『環境政策を考える』(岩波書店)
ヒューズ、J．ドナルド／村山聡・中村博子訳　二〇一八年『環境史入門』(岩波書店)
藤川賢・友澤悠季編　二〇二三年『なぜ公害は続くのか——潜在・散在・長期化する被害』(新泉社)
松野裕　一九九六年「公害健康被害補償制度成立過程の政治経済分析」(『経済論叢』一五七巻五・六号)
宮本憲一　二〇一四年『戦後日本公害史論』(岩波書店)
安国良一　二〇〇三年「別子銅山の開発と山林利用」(『社会経済史学』六八巻六号)
Avenell, Simon［2017］*Transnational Japan in the Global Environmental Movement*, Honolulu: University

of Hawaii Press.

Fujihara, Tatsushi ed. [2023] *Handbook of Environmental History in Japan,* Tokyo: MHM Limited.

Kobori, Satoru [2017] "The Development of Energy Conservation Technology in Japan, 1920-70: An Analysis of Energy-Intensive Industries and Energy Conservation Policies", in Gareth Austin ed., *Economic Development and Environmental History in the Anthropocene: Perspectives on Asia and Africa,* London: Bloomsbury Academic.

32

多民族社会としての日本

塩出 浩之

はじめに

現行の日本史教科書ではほとんど触れられていないが、日本は近現代を通じて、様々な民族が暮らす多民族社会として歩んできた。

もちろん、日本では近世までにかなり同質的な社会が形成されており、今日の日本人の大部分もその子孫である。しかし近現代には、日本という国家が支配する範囲がたびたび変動し、また国や地域をまたぐ人の移動、つまり移民が盛んに行われた。そのため、日本社会は様々な民族的マイノリティを包含するようになったのである。

ここで断っておかねばならないが、本稿では「日本人」という言葉を、日本国籍をもつ人々という意味で用いている。つまり「日本人」を、日本語や日本文化、外見的特徴、アイデンティティなどを共有する民族(エスニック・グループ)としてはとらえない。

国籍とは国家が定める法的地位であるのに対して、民族とは家族やアイデンティティなどを通じて社会的に構築される集団であり、両者が一致することはありえない。「多民族社会としての日本」とは、国籍、つまり日本人であるか外国人であるかにかかわらず、日本社会が様々な民族によって構成されてきたことを指している。

1 開国と外国人・日本人

近世の日本にも、日本人と外国人(異国人)という区別はあった。長崎の出島には貿易を許可されたオランダ人と中国人が居留していたし、十八世紀以降は中国・日本・朝鮮・琉球のあいだで、漂流民を相互に保護・送還する体制が確立していた[杉山・渡辺・藤田 二〇一三]。

しかし開国以後、西洋諸国がもち込んだ国籍という制度は、国家間でたがいの国民(外国人)を、自国民とは区別しながらも、社会の一員として受け入れるための枠組みだった点で、従来とは異なっていた。西洋諸国でも、国籍はフランス革命以後、十九世紀を通じてようやく定着しつつあった制度だった[塩出 二〇二二a]。

まず開国とは、外国人の日本入国許可であった。一八五四(安政元)年の日米和親条約では、アメリカ人に下田・箱館両港での移動の自由や必要品の購入が認められた。さらに五八(安政五)年の安政五カ国条約では、外国人の開港地への居住や自由貿易が許可された[三谷 二〇〇三]。安政五カ国条約で開港された長崎(一八五九〈安政六〉年)や横浜(同上)、神戸(六八〈明治元〉年)などには居留地が設置され、条約国の西洋人が到来した。中国人も、一八七一〈明治四〉年に日清修好条規が結ばれるまでは条約未済国人だったが、開港当初から、西洋人に随伴する買辦や使用人として上海や香港から到来し、やがて自ら経済活動を行うようになった[伊藤 二〇一八]。

つぎに開国は、一六三五(寛永十二)年から禁止されていた日本人の国外渡航解禁をもたらした。一八六六(慶応二)年、徳川政権はイギリスなどの要望によって日本人の国外渡航を解禁し、同年中にパスポートの発行も開始した[塩出 二〇二二b]。パスポートとは、政府が国外に渡航する自国民に発行する国籍証明書にほかならない。

さらに外国人が日本で生活する中で、日本人とのあいだに子どもが生まれるようになったことは、国籍の法制化につながった。西洋諸国は、外国人と日本人とは正式に結婚できるのか、両者や子どもの国籍はどうなるのかを日本側にたびたび問い合わせた。明治維新後の一八七三(明治六)年、政府は内外人民婚姻条規(太政官布告第一〇三号)を公布して国際結婚を公認した。日本国籍を証明する根拠とされたのは戸籍への記載であり、一八七一(明治四)年に制定された戸籍法が実質上の国籍法として機能した。条約改正によって領事裁判権が撤廃され、外国人が日本国内に自由に居住(内地雑居)できるようになった一八九九年、体系的な国籍法規として旧国籍法が公布された[嘉本 二〇〇一、遠藤 二〇一三]。

2 諸民族からなる日本人

明治維新と国境画定

日本人、すなわち日本国籍保有者は、どのような民族によって構成され、その範囲はどのように変わってきたのであろうか。

まず、当初から日本の国籍をもっていたのは、もちろん近世日本で徳川政権や諸大名に統治されていた人々である。近世日本は身分制社会であり、また徳川・諸大名からなる複合国家だったが、人々は言語(とくに書き言葉)や文化、宗教などの面でかなりの同質性を有し、武士のあいだでは、日本という国家への帰属意識も形成された[尾藤 二〇〇六、三谷 二〇一三]。一八六九(明治二)年の版籍奉還、すなわち諸大名が土地・人民を天皇に返上したことにより、彼らは明確に日本政府の統治下に置かれた。本稿ではこれを一つの民族ととらえ、大和人と呼ぶ。実際、戦前には大和民族という自称が一般に用いられていた[塩出 二〇一五]。これは沖縄人《ウチナーンチュ》にとっての大和人《ヤマトンチュー》、アイヌにとっての和人《シサム(シャモ)》と一致する。

アイヌや琉球の人々(沖縄人)は、版籍奉還の時点では日本人ではなかった。蝦夷島《えぞがしま》(北海道本島)・千島列島(クリル諸島)・樺太(サハリン)に住むアイヌは日本(松前藩、のち徳川政権)に服属していたが、アイヌの居住地は日本の統治下にはなく、彼らは自らの国家をもたなかった。琉球は中国(明、のち清)と日本(薩摩藩)に服属していたが、中国とも日本とも異なる国家だった[塩出 二〇一四、坂田 二〇一八]。しかし明治維新直後、新政府は西洋諸国にならって主権国家原理を採用しただけでなく、これを近隣との関係にも適用して国境画定に乗り出した。これは日本人の範囲拡大につながった。

まず一八六九(明治二)年、新政府は蝦夷島・国後島・択捉島に「北海道」と名づけて日本の領土と定めた。この結果、アイヌは日本国籍に編入され、行政上は「旧土人」として区分された。一八七五年にはロシアとのあいだで樺太千島交換条約が締結され、サハリン(樺太)がロシアの領土とされる一方、千島列島(クリル諸島)が日本の領土とされた。現地に住んでいたアイヌなどの先住民は、日露どちらかの国籍を選ばされた。日本国籍を選んだ樺太アイヌは、北海道に移住させられた[塩出二〇一四]。

つぎに一八七六年、日本は小笠原諸島を領有した。従来、日本では無人島《ぶにんしま》、西洋からはボニン諸島と呼ばれたこの島々は、一八二〇年代から西洋諸国の捕鯨船の寄港地となり、欧米・ハワイ系の住民が暮らしていた。小笠原諸島の領有後も、彼ら欧米・ハワイ系住民は日本国籍に属さなかったため、西洋諸国の領事裁判権を適用される可能性が残った。そこで政府は一八七七年から八二年のあいだに、彼らを日本国籍に編入した[石原俊二〇〇七]。

さらに一八七九年、日本は琉球を併合して沖縄県を設置した(琉球処分)。この結果、沖縄人は日本国籍に編入されたと考えられる。ただし琉球処分後も、一部の琉球士族や中国(清)は琉球の日本への併合を認めず、国家としての復活を求めた。日清戦争の結果、琉球処分が不可逆化したことで、沖縄人の日本国籍が確定したといえる[塩出二〇一四]。

対外戦争と領土拡大

日清戦争以後の対外戦争は日本の領土拡大をもたらし、日本人(日本国籍保有者)の範囲もさらに拡大した。

まず日清戦争の結果、一八九五(明治二十八)年の下関条約にもとづき、日本は中国(清)から台湾の割譲を受けた。台湾人を構成したのは、先住民と、おもに華南から移民した漢人とであった。下関条約では、二年の猶予期間内に台湾を退去しなかった者は日本国籍を付与することとされており、退去した五千人強を除く台湾人に日本国籍が付与された[遠藤 二〇一三]。

つぎに日露戦争の結果、一九〇五年のポーツマス条約にもとづき、日本はロシアから南樺太(サハリン南部)の割譲を受けた。南樺太には樺太アイヌ、ウイルタ、ニヴフなどの先住民とロシア人が住んでいたが、ロシア人は退去させられた。先住民は日本の統治下におかれながら国籍不明状態だったが、政府は一九三一(昭和六)年に至って、ポーツマス条約によって先住民が日本国籍を付与されたことを確認した[加藤 二〇二二]。

さらに日露戦争後に日本の保護国とされた韓国は、一九一〇年に日本に併合された。朝鮮人はこれによって、強制的に日本国籍を付与された[遠藤 二〇一三]。

なお日本は日露戦争後に関東州を租借地とし、第一次世界大戦後に南洋群島(ミクロネシア)を国際連盟の委任統治領として支配した。また満洲事変を経て、一九三二年に満洲国が建国され、事実上は日本の支配下におかれた。しかし、これらは日本の領土ではなかったので、住民は帰化や日本人との結婚による以外では日本国籍に編入されなかった[遠藤 二〇一三]。

以上のように戦前の日本では、領土の画定・拡大にともない、大和人、北海道アイヌ、小笠原諸島の欧米・ハワイ系住民、沖縄人、台湾人、樺太先住民、朝鮮人が日本人となった。加えて国際結婚や帰化によって日本人となった、外国にルーツをもつ人々もいた。

3　多民族社会の形成

移民がもたらした多民族社会

日本の領土拡大にともなって日本人(日本国籍保有者)の範囲も拡大したといっても、それだけで「多民族社会」とはとらえにくい。多民族社会、つまり複数の民族が生活する社会が形成されたのは、日本人の範囲拡大と並行して、労働力の移動、すなわち移民が活発に行われた結果であった。当時の移民といえば南北アメリカ諸国などへの移民がただちに想起されるが、これらの国々では日本人の移民がしだいに制限・禁止されたため、実際には日本の主権下・支配下にある地域間での移民の方がはるかに大規模だった[塩出二〇二二b]。

第一に大和人は、まず明治維新後、新たに領土となった北海道・小笠原諸島・沖縄に移民した。とくに北海道への移住は、一八九〇(明治二十三)年頃から一九二〇(大正九)年頃まできわめて活発に行われ、先住民のアイヌは急激にマイノリティと化した。さらに大和人は、新たに日本の領土となった台湾や南樺太、朝鮮にも移民した。朝鮮では一八八〇年代以降、大和人が開港地などに居住していたが、日清戦争後に移民が激増し、韓国併合によって国内移民となった。台湾では台湾人、朝鮮では朝鮮人が人口の大部分を占め続けたが、南樺太では北海道と同様に、大和人移民が圧倒的なマジョリティとなった。なお日本の領土ではなかった関東州・南洋群島・満洲国も、大和人が活発に移民した点では同じであった[塩出二〇一五]。

第二に、日本の領土拡大によって日本人となった沖縄人・台湾人・朝鮮人も、日本主権下・支配下の地域に移民した。沖縄人のおもな移民先は関西や首都圏、台湾、南洋群島であり、南洋群島では大和人より沖縄人の移民が多かった。朝鮮人のおもな移民先は、関西や首都圏、南樺太、満洲国であった。日本本国に居住する朝鮮人は、一九二〇年代以降は在日外国人の総数を上まわった。また満洲国への朝鮮人移民は、大和人や沖縄人の移民よりも大規模だった。台湾人については、日本よりも中国南部(華南)への移民が盛んだったが、商業関係者を中心に日本への移民もみられた［塩出 二〇一五、塩出 二〇二二b］。

第三に、日本本国(道府県)に居住する外国人で最大の割合を占めたのは、戦前を通じて中国人だった。日本国籍に帰化した外国人も、中国人がもっとも多かった［塩出 二〇一五］。

均質な日本人は生まれたか

このように移民活動を通じて、日本は複雑な民族構成を有する多民族社会となった。しかし当時の日本は、国家儀礼や教育などを通じて国民統合が進んだ時代でもあった［有泉 一九七六、牧原 一九九八］。はたして、均質な日本人は形成されたのだろうか。ここでは二人の人物の経験から考えてみよう。

一人目は、沖縄学の研究者として知られる比嘉春潮(一八八三―一九七七)である。一九一〇(明治四十三)年九月七日、当時沖縄で小学校の教員を務めていた比嘉は、日記につぎのように記した。

去月(一九一〇年八月)二十九日、日韓併合。万感こもごも至り、筆にする能はず。知りたきは我が琉球史の真相なり。

人は曰く、琉球は長男、台湾は次男、朝鮮は三男と。嗚呼、他府県人より琉球人と軽侮せらるる、又故なきに非ざるなり。

(中略)吾等の所謂先輩は何故に他府県にありて己れの琉球人たるを知らるるを恐るるか。誰か起ちて〈吾は琉球人なり〉と呼号するものなきか。[比嘉　一九七三]

比嘉によれば、当時、沖縄の「教育界」には「一種植民地的な様相」があり、「実権は外来者つまり大和人(他府県人)の手に握られていた」[比嘉 一九七二]。沖縄における学校教育、とくに標準語教育は、沖縄人を「他府県並み」とし、大和人と対等な地位を獲得させる手段となっていたが、教員のあいだでは大和人が上、沖縄人が下という民族間の序列があったのである[近藤 二〇〇六]。そして比嘉からみると、大和人の沖縄人に対する差別や蔑視、そして沖縄人が差別を恐れ自らの出自を隠そうとする現状は、沖縄が台湾や朝鮮と同様に後から日本の領土となった経緯と深く関わっていた。

比嘉はその後、一九二三(大正十二)年三月に沖縄から東京に出たが、約半年後に関東大震災に遭遇した。比嘉や一緒にいた沖縄人たちは、自警団から「朝鮮人だろう」「ことばが少しちがうぜ」と迫害を受け、警察署に連行されたあと、ようやく解放された。他の在京沖縄人には、自警団から暴行を受けた者もいた[比嘉 一九七一]。

関東大震災の直後、「朝鮮人が暴動を起こした」などの誤った情報が警察から流布され、警察・軍隊や自警団が朝鮮人を殺害した。一部では、自警団による中国人の殺害も起こった。この背景には、一方では首都圏に労働者として朝鮮人や中国人の移民が増加していたこと、つまり多民族社会化があった。そして他方では、官憲や自警団が朝鮮人や中国人への差別意識や排斥感情をもっていたこと、つまりマジョリティである大和人の民族意識があった[藤野 二〇二〇、伊藤 二〇一八]。沖縄人移民もこうした多民族社会の一員として、やはり大和人から差別され、迫害におののいていたのである。

もう一人の人物は、北海道のアイヌ女性である戸塚ハルである。戸塚は一九七五(昭和五十)年に、自らの小学校時代(一九三七年頃)についてつぎのように回想している。

三年の時シャモ(和人=大和人)の学校と併合されることになり、それきり学校へは行かなかった。併合されたのはよいが、アイヌの子供たちが学校へ通う時、学校の窓という窓から、シャモの子供たちが顔を出し、〝アイヌ、アイヌ、アイヌ、なんで学校くる！〟とはやしたてるのだという。［小川 一九九七］

アイヌにとっても学校教育、とくに日本語(標準語)教育は大和人と対等化するための手段であり、ゆえに彼らは自らの言語や文化の継承を断念してでも子どもを学校に通わせた。ただし、当初はアイヌと大和人は別学であり、アイヌ小学校は科目や年限が簡易化されていたため、アイヌの不満を呼んだ。ゆえにアイヌ小学校は一九一〇年代末から廃止され、三七年に全廃された。しかし戸塚が回想したように、アイヌと大和人が共学化すると、アイヌ児童は大和人からの差別や迫害に直接さらされたのである［小川 一九九七］。

以上のように、大和人が支配民族として優位に立った多民族社会・日本において、他の民族は差別を解消して社会的に上昇するため、日本語(標準語)教育などを積極的に受容した面がある。台湾人や朝鮮人が日本語教育や皇民化政策を受け入れた動機にも、やはり民族差別解消や近代化への期待があった。つまり、いかに日本語(標準語)教育などを受容したとしても、民族のアイデンティティが消え去ったわけではなく、むしろ大和人との対等化という民族意識が受容をうながしたのである。また日本自体が西洋化を通じて近代化したため、日本国内では、日本語による教育こそが近代化の手段だった[陳 二〇〇一、宮田 一九八五、坂田 二〇一八]。しかし、大和人の差別や蔑視も民族意識に立脚しており、容易には解消されなかった。大和人はむしろ、自らの支配的地位を守ろうとしたのである。

戦前の日本では、このような多民族社会を背景として、日本人(日本国籍保有者)は多民族からなるという見方が一般的だった。さらに支配民族である大和人自体も、古来から異民族や渡来人(帰化人)を同化してきた混合民族であるため、異民族を統治し同化する能力に長じているとの見方が主流だった。こうした認識が一変して、日本は単一民族国家だという見方が主流となるのは、実は第二次世界大戦後のことなのである[小熊 一九九五]。

4 戦後から現代へ

日本人・外国人の再編

第二次世界大戦後、連合国軍による日本占領政策では、日本の植民地支配を解体し、さらに国境と国籍を一致させて、民族的に同質な国民国家を創出しようとする政策が追求された[塩出 二〇一五、蘭ほか編 二〇一九]。

まず一九四五(昭和二十)年、日本はポツダム宣言を受諾して連合国に降伏した結果、台湾・朝鮮に対する主権や、関東州・満洲国・南洋群島・その他占領地などの支配を放棄した。また対日参戦したソ連は、日本の降伏までに南樺太・千島・満洲を占領した(のち満洲は中国に返還)。五一年、サンフランシスコ平和条約の締結(翌年発効)により、日本は本州・北海道・九州・四国のみを領土として統治することとなった。

つぎに、日本を占領統治したGHQは、日本人(日本国籍保有者)のうち「琉球人」(沖縄人)・台湾人・朝鮮人を「非日本人」と定め、日本に居住する「非日本人」には出身地への送還か、日本への残留かの二択を強いた[塩出 二〇一五]。

さらに日本国内では、残留を選んだ在日台湾人・朝鮮人の参政権が一九四五年十二月に停止され、四七年五月には外国人登録が義務づけられた。五二年、サンフランシスコ平和条約の発効に際して、日本政府は台湾人・朝鮮人の日本国籍喪失を通告した。他方、日本政府は、沖縄人や小笠原諸島の欧米・ハワイ系住民については、平和条約発効によって琉球列島・小笠原諸島がアメリカの施政権下におかれた後も日本が潜在主権を有するという立場から、日本国籍の保有を認めた。また樺太アイヌ、ウイルタ、ニヴフについても、日本国籍の保有を認めた[塩出 二〇一五、加藤 二〇二二]。

かくして戦後の日本で、日本人はおもに大和人、沖縄人、北海道アイヌ、樺太先住民、小笠原諸島の欧米・ハワイ系住民、および外国にルーツをもつ人々(国際結婚や帰化による)から構成されるようになった。ただし小笠原諸島は一九六八年まで、そして沖縄は一九七二年までアメリカの施政権下に置かれたため、その間、沖縄人と欧米・ハワイ系住民は実質的に国籍不明状態におかれた。戦後の日本で単一民族論が主流となったのは、このように日本の支配する領域が縮小し、台湾人や朝鮮人が日本国籍を喪失した結果、日本人の大部分が大和人となったことを背景としている[小熊 一九九五]。

グローバル化と多民族化の進展

しかし戦後も今日も、日本が多民族社会であることに変わりはない。日本人の中には、様々な民族的マイノリティが含まれる。沖縄人は、アメリカの統治を異民族支配と位置づけ、日本への復帰を「民族統一」として追求したが［小熊 一九九八］、復帰後には「日本人」であると同時に「沖縄人《ウチナーンチュ》」であるというアイデンティティが強まっている。アイヌの中には民族的アイデンティティを守ろうとする人々がいる一方、差別を逃れるために出自を隠したり、大和人と結婚したりする人々も多いが、それは日本社会が、多様なルーツをもつ人々からなる社会であることを示している［石原 二〇二〇］。

外国人となった在日台湾人・朝鮮人も差別に苦しみながら、日本社会を構成してきた。在日朝鮮人は二〇〇七年に中国人に抜かれるまで、戦後を通じて最大の在日外国人集団だった［望月 二〇一九］。なお在日外国人のうち西洋人についてみると、旧居留地の西洋人コミュニティは、戦時中の敵国人抑留や出身国への送還で崩壊した［小宮 二〇〇九］。戦後は占領軍、そして在日米軍の軍人・軍属として日本に滞在するアメリカ人の存在が大きくなった。

さらに日本では一九八〇年代以降、ブラジルなど南米諸国から日本人・日系人の労働者を受け入れるようになり、九〇年代以降はアジア諸国から労働者を受け入れている。日本政府は今日まで、外国人の移民（単純労働者）は受け入れないという政策を公式には維持しているが、実際には研修生や技能実習生、留学生などの資格で外国人労働者が導入され、低賃金で雇用されてきたのである。また近年は、「専門・技術」や「特定技能」という資格での受け入れも拡大している［望月 二〇一九］。日本人の少子高齢化が進む中、もはや外国人や外国にルーツをもつ人々を抜きにして日本社会をとらえることは困難になっている。

おわりに

多民族社会としての近現代日本において、日本人とは日本国籍保有者であり、様々な民族に属する人々、様々なルーツを有する人々を含んできたが、いずれも日本の「市民」であり続けてきた。そして同時に、日本国籍をもたない外国人も日本社会の一員であり続けてきた。今日の「日本史」という学問も、もはや閉ざされたナショナル・ヒストリー(国史)ではなく、多民族社会としての日本を明らかにしようとしているのである。

〈**参考文献**〉

蘭信三ほか編　二〇一九年『引揚・追放・残留――戦後国際民族移動の比較研究』(名古屋大学出版会)
有泉貞夫　一九七六年「明治国家と民衆統合」(『岩波講座　日本歴史17　近代４』岩波書店)
石原俊　二〇〇七年『近代日本と小笠原諸島――移動民の島々と帝国』(平凡社)
石原真衣　二〇二〇年『〈沈黙〉の自伝的民族誌――サイレント・アイヌの痛みと救済の物語』(北海道大学出版会)
伊藤泉美　二〇一八年『横浜華僑社会の形成と発展――幕末開港期から関東大震災復興期まで』(山川出版

社）
遠藤正敬　二〇一三年『戸籍と国籍の近現代史――民族・血統・日本人』（明石書店）
小川正人　一九九七年『近代アイヌ教育制度史研究』（北海道大学図書刊行会）
小熊英二　一九九五年『単一民族神話の起源――〈日本人〉の自画像の系譜』（新曜社）
小熊英二　一九九八年『〈日本人〉の境界――沖縄・アイヌ・台湾・朝鮮／植民地支配から復帰運動まで』（新曜社）
加藤絢子　二〇二二年『帝国法制秩序と樺太先住民――植民地法における「日本国民」の定義』（九州大学出版会）
嘉本伊都子　二〇〇一年『国際結婚の誕生――「文明国日本」への道』（新曜社）
小宮まゆみ　二〇〇九年『敵国人抑留――戦時下の外国民間人』（吉川弘文館）
近藤健一郎　二〇〇六年『近代沖縄における教育と国民統合』（北海道大学出版会）
坂田美奈子　二〇一八年『先住民アイヌはどんな歴史を歩んできたか』（清水書院）
塩出浩之　二〇一四年「北海道・沖縄・小笠原諸島と近代日本」（『岩波講座　日本歴史15　近現代1』岩波書店）
塩出浩之　二〇一五年『越境者の政治史――アジア太平洋における日本人の移民と植民』（名古屋大学出版会）
塩出浩之　二〇二二年a「東アジア近代史のなかの明治維新――外国人の安全と自由から考える」（『明治維新史研究』第二一号）
塩出浩之　二〇二二年b「帝国日本と移民」（『岩波講座　世界歴史20』岩波書店）

杉山清彦・渡辺美季・藤田明良　二〇一三年「すみわける海」(羽田正編、小島毅監修『東アジア海域に漕ぎだす1　海から見た歴史』東京大学出版会)
陳培豊　二〇〇一年『「同化」の同床異夢――日本統治下台湾の国語教育史再考』(三元社)
比嘉春潮　一九七一年『比嘉春潮全集4』(沖縄タイムス社)
比嘉春潮　一九七三年『比嘉春潮全集5』(沖縄タイムス社)
尾藤正英　二〇〇六年『江戸時代とはなにか――日本史上の近世と近代』(岩波現代文庫)
藤野裕子　二〇二〇年『民衆暴力――一揆・暴動・虐殺の日本史』(中公新書)
牧原憲夫　一九九八年『客分と国民のあいだ――近代民衆の政治意識』(吉川弘文館)
三谷博　二〇〇三年『ペリー来航』(吉川弘文館)
三谷博　二〇一三年『愛国・革命・民主――日本史から世界を考える』(筑摩選書)
宮田節子　一九八五年『朝鮮民衆と「皇民化」政策』(未來社)
望月優大　二〇一九年『ふたつの日本――「移民国家」の建前と現実』(講談社現代新書)

33

財閥、独占、財閥解体、企業グループ

中林　真幸

はじめに

企業には、近世期の商家や明治期の財閥のように、株式を公開することなく、創業家が封鎖的に所有する非公開企業と、創業家が株式を上場して幅広く所有され、取引される公開企業とがある。それらの中間形態として、公開企業ではあるが、創業家が相対的に多くの株式を所有し続け、経営にも関わる公開同族企業もある。そうした所有形態のうち、どれが、その企業の発展にとって、そして、経済全体にとって望ましいのかは、株式市場の効率性に依存する。

創業家が経営に全面的に責任を負う非公開企業に対して、雇われ経営者が経営する公開企業がもつ問題点は、雇われ経営者が株主価値を最大化する経営を行うとは限らない点にある。所有者である株主が、雇われ経営者の一挙手一投足を監視することは難しいし、そもそも、株主の側がリスクを分散するために幅広い銘柄に投資している場合には、株主の側も、手間暇をかけて個々の企業の経営者を厳しく監視するインセンティブをもたない。

そのような状況において、雇われ経営者を規律づける役に立つのが効率的な株式市場である。例えば、ある企業の雇われ経営者が、株主の監視がゆるいのをよいことに、経営の効率化を疎かにし、プライベートジェット機や、研修施設と称する役員用の別荘など、自分たちの贅沢のために会社のお金を使っているとしよう。効率的な株式市場では、そのように、怠惰放漫な経営者は投資家にすぐに発見され、敵対的買収をかけられ、解雇される。怠惰放漫な経営者を解雇した投資家は、敏腕経営者を送り込んでその会社の経営を立て直す。株価はその企業の将来に期待される利益によって決まる。すなわちほかの投資家たちが、その企業の経営が改善されると期待すると株価は上がる。かくして、敵対的買収によって怠惰放漫な経営者を放逐した投資家は、敵対的買収時よりも高い価格でこの企業を売り、譲渡益を得る。効率的な株式市場では、このような経営陣の新陳代謝が現実に頻発するし、現経営陣も、敵対的買収が起こりうることをわかっているから、非効率的な株式市場で取引される企業の経営者よりも真面目に経営に努力する。したがって、株式市場が十分に効率的ならば、公開企業であっても、そして、株主が一般家計などの小株主ばかりであっても、問題は生じない。そのような資本主義を達成した国の一つがアメリカ合衆国である。

しかし、株式市場が非常に非効率的である場合や、そもそも、近代的な株式市場が整備されていない場合には、雇われ経営者が株主を欺いて私腹を肥やす余地が大きい。そのような場合には、近世期の商家や明治期の財閥のように、株式を公開せず、創業家が所有し、経営陣を監視し続ける方がよい。

明治期の日本や現在の新興国など、株式市場が未整備な国々において財閥が栄えるのはそのためである。しかし、現在の日本であれヨーロッパであれ、アメリカほど効率的な株式市場を確立できているわけではない。そのような中間的な国々においては、公開企業でありながら、創業家が一定の株式を所有し続け、経営の監視を続ける同族企業の方が、経営者のモラル・ハザードを防ぎ、企業経営の効率性を高めることができる。要するに、株式市場が効率的であればあるほど株式所有は分散的でかまわず、株式市場が非効率的であればあるほど、株式所有は集中的である必要がある。現在のアメリカにおいてもっとも影響力の大きい機関投資家は、一般勤労者が老後のためにこつこつと積み立てている年金組合であり、アメリカ資本主義を支配しているのは、生身の人間たちからなる「資本家」階級ではない。これはひとえに、効率的な株式市場のなせる業である。これに対して、日本やヨーロッパ、そして新興国には、依然として、創業家が「資本家」として君臨している。アメリカに比べて株式市場が非効率的な日本やヨーロッパ、新興国では、株式を集中的に所有する「資本家」の監視が、経営者のモラル・ハザードを防ぐために必要だからである。言い換えれば、日本やヨーロッパにおいては、依然として、生身の人間としての「資本家」が、アメリカと比べて非効率な株式市場を補完する役割を果たし、経済発展に貢献しているからである。

現代における企業所有と市場の効率性の関係は、**図1**のようにまとめられる。所有が集中する明治期の三井財閥や三菱財閥の所有形態は、この図における、現在の新興国のそれと同じである。財閥本社が封鎖的、集中的に所有する株式を強制的に買い上げて小株主に売却することを試みた戦後の「財閥解体」は、この図の北東の「新興国」あたりにいた大日本帝国の資本主義を、北に位置するアメリカ合衆国の資本主義の位置に人為的に移動させようとするものであった。株式市場がアメリカほど効率的ではない日本において、それは持続可能な所有形態ではなかった。現在の日本やヨーロッパの主要企業は、新興国とアメリカの中間、北北西あたりの所有形態にある[Nakabayashi 2019]。つまり、一九四五(昭和二十)年時点において、分散的な所有形態をとるアメリカ合衆国の資本主義と、集中的な所有形態をとる大日本帝国の資本主義の、どちらが正しかったのかは、株式所有形態だけを取り上げて論じても意味がない。株式市場が効率的であれば、アメリカ的な分散的所有でも企業は高い成果を挙げられる。しかし、株式市場が非効率的である場合、経営者の怠惰贅沢を防ぐには、資本家の集中的所有を前提とした監視が必要だったのである。

企業のあり方を資本の所有のみで腑分けすると以上のようにまとめられる。しかし、実際の企業の資金調達においては、資本金の調達のほかに、借入金の調達も重要な役割を果たしている。ここでも、社債市場がどれだけ効率的であるか否かによって、メイン・バンクを中心とする企業グループを構成することが効率的なのか、それとも、不特定多数の投資家に社債を売って資金を調達する方が効率的なのか、が分かれる。そこで、本稿では、資本金の調達と借入金の調達の二軸

図1 企業の所有形態と市場の効率性

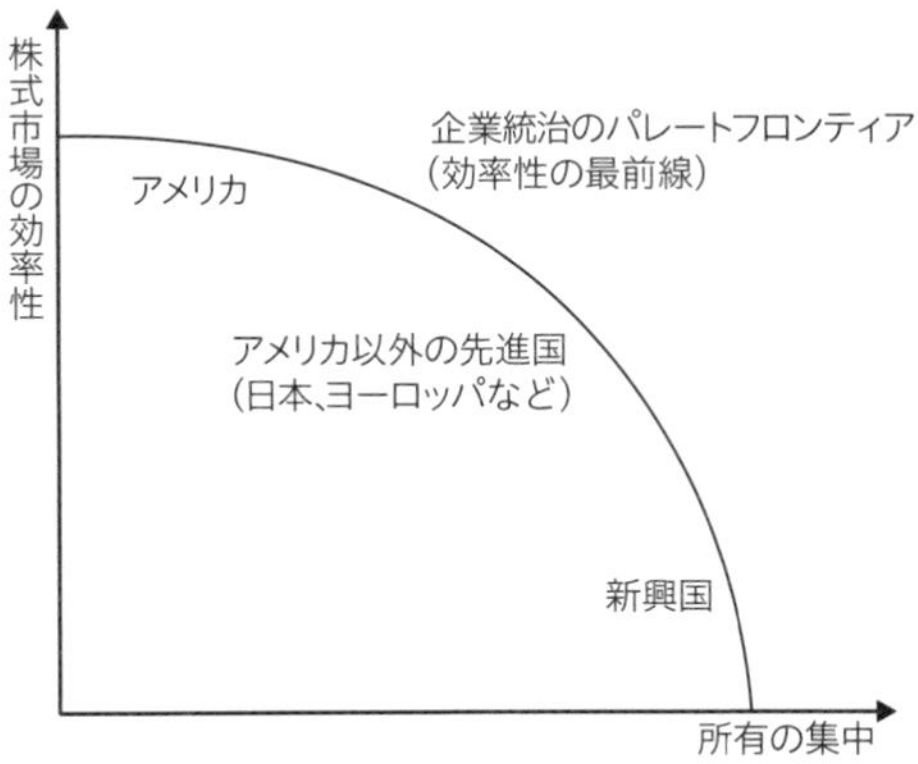

出典：[Nakabayashi 2019] 193頁。

から、企業形態のあり方を紐解いてみたい。その際、株式所有の構造を**図1**のように三つに分類すると煩瑣に過ぎるので、以下においては、明治期日本や現在の新興国など、財閥創業家の封鎖的所有が支配的な形態と、アメリカおよびアメリカ以外の先進国における、公開所有が支配的な形態との、二つに区分して論じることとする。

1　企業の資金調達

資本金と借入金

企業が資金を調達する際には二つの経路がある。一つは株式の発行による資本金の調達であり、もう一つは銀行からの借入や社債の発行による借入金の調達である。

資本金の出し手である株主には、残余制御権《ざんよせいぎょけん》と残余請求権《ざんよせいきゅうけん》がある。残余制御権とは、法律と契約と慣習に反しない限り、会社の有形無形の資産を自由に使用し、処分する権利である。例えば、株主総会は経営陣を解任することができる。残余請求権とは、借入金の返済や賃金の支払、原料代の支払、税金の納付など、法律と契約と慣習が求める債務をすべて履行した後に残る利益を、配当などのかたちで受け取る権利である。

これに対して、銀行や社債の保有者は、それぞれの期における利益の大小にかかわらず、契約どおりの利子を受け取る権利をもつ。株主が受け取る配当は、借入金の利子を支払った後に利益が残る場合にしか支払われない。

すなわち、毎期毎期変動し、ときには利益が正、すなわち黒字に、ときには負、すなわち赤字になるリスクは資本金の出し手である株主が負う。このリスクを負う株主に残余制御権を与えれば、株主は、自身の利益を最大化するために残余制御権を行使するであろう。所有権とは、つまり、残余制御権と残余請求権を合わせた権利であるから、株主は企業の所有者である[Hart 1988]。そして、所有者である株主が自身の利益を最大化するために残余制御権を行使する行動こそが、より効率的な社内資源配分をもたらすであろう。これが、株主に企業の所有権を与える「資本主義」という考え方である。

そして、株主資本で実現できる以上の事業を展開しようとするとき、企業は、契約どおりの利子を支払う、すなわち、より小さなリスクを負担する貸付人をつのる。銀行や個人からの借入、社債の発行がおもな手段となる。

非匿名的か匿名的か

資本金と借入金による資金調達は、近世期から現代まで、およそ企業が存在する限り、共通している。近世、近代、現代における企業のあり方の違いは、資本金や借入金をどのように調達するか、に現れる。鍵は、資金調達が「顔の見える」非匿名的な関係に支えられているのか、それとも、「顔の見えない」匿名的な市場に支えられているのか、である。

「顔の見える」非匿名的な関係も、「顔の見えない」匿名的な市場も、企業経営を預かる経営者が、株主や貸付人を騙すことを防ぐ仕組みである。高度に専門的な事業を行っている企業経営の内部を、株主や貸付人が日々、監視することは難しい。そのような情報の非対称性があるとき、情報をもっている側である経営者には、株主や貸付人を騙して私腹を肥やそうとする誘因が働く。このように、情報の非対称性に付け込んで情報をもつ側がもたない側を搾取しようとする問題を、モラル・ハザードと呼ぶ。

モラル・ハザードを防ぐ一つの方法は、「顔の見える」長期的な関係を築くことである。長期的な関係が築かれると、経営者は、仮にある期に資金の出し手を騙して私腹を肥やすことができても、正直な仕事をしていたら得られたであろう、次期以降の所得を失うことになる。将来にわたって得られるであろう正直な仕事の所得の累計額と、今日、資金の出し手を騙して得られる所得とを比較し、前者の方が大きければ、経営者は今期、正直な仕事をするであろう。そのように、長期的な関係に依存してモラル・ハザードを抑止する仕組みを、関係的契約という。

資本家(株主)と経営者とのあいだで「顔の見える」関係的契約を築く企業所有形態が、封鎖的所有であり、近世の商家や近代の財閥がこれに該当する。近世の三井大元方も、近代の持ち株会社である三井合名会社も、自社株を未来永劫、所有することを前提としていた。ゆえに、三井大元方や三井合名は傘下企業の経営を細かく監視する誘因をもつし、番頭や経営者を長期的な視点から評価することができた。長期的な視点から評価されることにより、番頭や経営者が短期的な利益を追って大元方や三井合名を騙す誘因は小さくなる。

モラル・ハザードを防ぐもう一つの方法は、情報がすみやかに共有される匿名的な市場を使うことである。個々の株主が投資先の企業の経営者を完全に監視することはできない。しかし、株式市場に上場されている企業の場合、無数の株主が、自らが得た情報で随時、株を売ったり買ったりする。よい情報が得られれば買うし、悪い情報を知れば売る。個々の株主はたがいに知らないし、いざとなったら売り抜けるつもりだから、投資対象の企業を厳しく監視しているわけでもない。所有者と株主と企業の関係は匿名的である。しかし、この時々刻々と変わる匿名的な株価の動きには、個々の投資家が得た情報が織り込まれているのである。この、情報を効率的に織り込む株式市場が、経営者のモラル・ハザードを防ぐ手段となる。例えば、ある企業の経営者が株主を欺く行為を働いたとしよう。すると、その企業の成績は低下し、株価も低下する。それを見た投資家の中には、「自分が買収して現経営陣を解任すれば、もっとうまくやれるはずだ」と考える者が出てくる。実際に買収して経営陣が更迭され、経営が改善することもあるし、そのような買収、解任の恐怖におびえて真面目に経営する効果も期待できる。

同様に、借入金の調達にも、顔の見える関係的契約に頼る方法と、匿名的な社債市場に頼る方法がある。関係的契約によって裏切りのインセンティブを引き下げる仕組みを、関係的な銀行取引(relationship banking)と呼ぶ。債務者である企業と債権者である銀行が長期的な取引関係を確立し、たがいを裏切るインセンティブを引き下げる方法である。日本の場合、戦前の機関銀行や戦後の「メイン・バンク・システム」がこれに当たる。これに対して、匿名的な市場を使う方法が、社債発行による借入金の調達である。

どちらがよいのか

非匿名的、関係的な資金調達と、匿名的な市場からの資金調達と、どちらの方がよいのか。これは、個々の企業の発展の歴史と、経済全体の発展の歴史によって決まる。例えば、起業したばかりの企業が株式発行による資金調達を試みるとする。赤の他人は、その起業家のことを知らないし、信じてもいないから、その起業家が無能であったり、不誠実であったりするリスクを織り込んで、高い利回りを要求する。なので、起業家は、自分のことを知っていて、自分が長期的な関係をもっているがゆえに、自分が裏切るインセンティブも低い、親族や親友に出資してもらう。親族や親友が要求する利回りの方が、赤の他人のそれよりも低いからである。

また、匿名的な市場が機能するには、企業に明快な情報公開を強制する法制度の枠組みが欠かせない。個々の投資家は、個々の銘柄を未来永劫所有する気はないので、熱心に監視するわけではない。言い換えると、企業が経営状態をわかりやすく公開する仕組みが整わないと、投資しない。例えば、明治期の投資家として重要であった地主の場合、小作契約から得た利益を投じてさらに農地を買い増すのか、それとも株式や社債を買うのかを判断する。個々の投資家が容易に経営情報を得ることができて、それにもとづく判断が着実に株価、社債価格に反映される市場ができないと、地主は株式や社債には投資してくれないか、もしくは、高い利回りを要求するであろう。言い換えると、企業の経営情報公開を効果的に強制する法制度の仕組みが整うほど、株式や社債に投資するリスクは小さくなるので、より多くの投資家が集まり、より低い利回りで資金を提供してくれるようになる。

2 企業の歴史と社会の歴史

企業の歴史

すなわち、生まれたばかりの企業は、必ず、創設者自身の資本金と、親族や親友からの出資や借入に頼る。愛情や友情ゆえにそうなるのではなく、起業家とその親族、親友の長期的な関係ゆえに、起業家が親族や親友を裏切る確率は低く、したがって親族、親友はより低い利回りを要求し、ゆえに、より安く資金を調達するなら親族、親友から調達することが合理的だからである。つまり、すべての企業は、**図2**の第三象限(非公開・封鎖的所有かつ長期継続的な金融取引)からその歩みを始める。

事業が拡大すると、その業績は地元の信用金庫や地方銀行に知られるようになるであろう。そうなると、借入は、親族や親友に代えて、信用金庫や地方銀行との長期継続的な金融取引に頼るようになる。預金を集める信用金庫や地方銀行の方が低利を提案してくれるからである。

さらに事業が発展してきて、投資家にもその名

図2　企業と社会の歴史

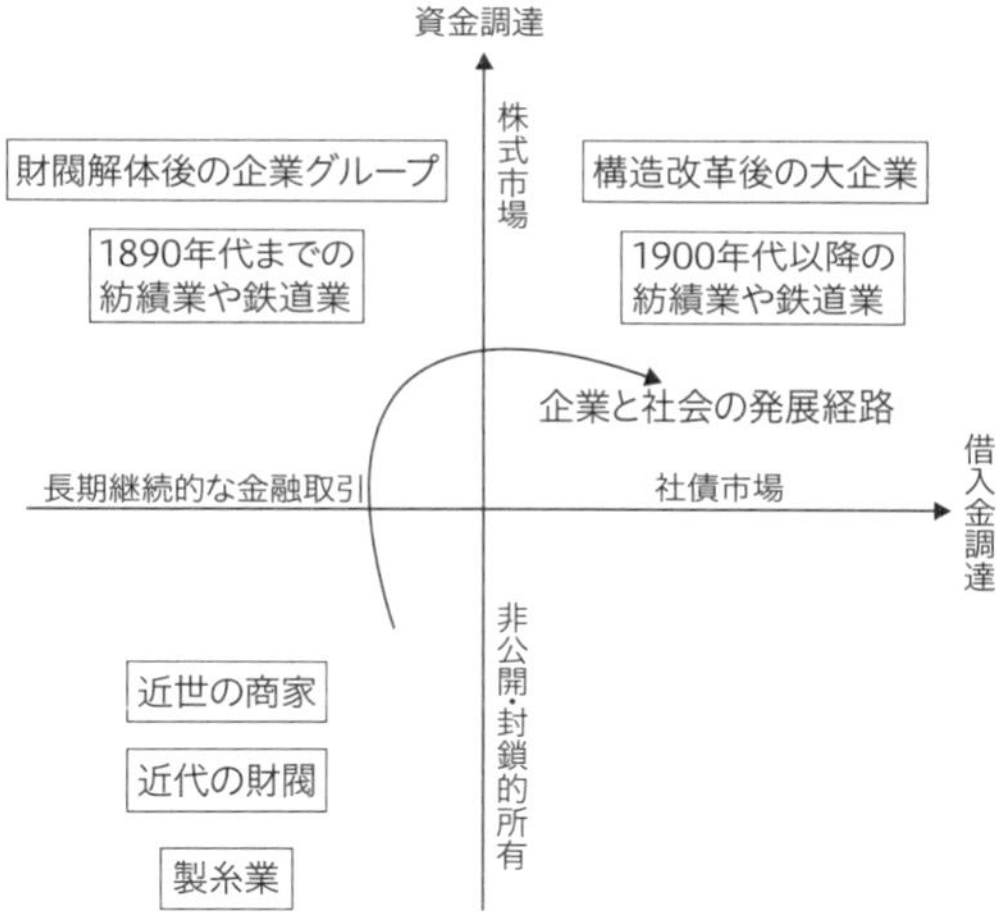

筆者作成

を知られるようになると、上場し、資本金を株式市場から得ようという話になる。借入先の銀行も、地方銀行からメガバンクに移るかもしれない。預金金利の安いメガバンクの方が低利で貸してくれるからである。とはいえ、資金調達に当たっての裏切りを防ぐ仕組みは、依然として長期継続的な金融取引である。すなわち、上場を果たした企業は、**図2**の第三象限から時計回りに第二象限への移動を果たすことになる。

さらに事業が発展し、その一挙手一投足が世間に注目されるようになると、個々の投資家からすれば、社会全体で監視することにより、自分一人当たりの監視の手間暇が減ることになるから、その企業の社債を低い利回りで買ってもよいかな、と思われるようになる。そうなったら、銀行借入を減らして、より低い利回りで社債を発行するようになる。例えば、現在、三井物産、三菱商事、三井不動産、三菱地所、三菱UFJ銀行、三井住友銀行、三菱重工といった、旧財閥系企業のうち、祖業である中核企業や、トヨタ自動車、本田技研工業などの成熟した独立系企業は、**図2**の第一象限において、超長期社債を発行して借入金を調達している。

すなわち、個々の企業は**図2**の第三象限に生まれる。そして、成長とともに、より低い利回りの資金を求めて、時計回りに第二象限、第一象限へと移動していく。

社会の歴史

個々の企業が第三象限に生まれて第二象限、第一象限へと移行していくことを可能にするのは、国家による制度設計である。最低限、所有権が保障されないと企業は持続的に存続できない。所有権が確立された近世において、三井家をはじめとする、現在の大企業につながる企業が設立されたのはそのためである。

明治維新後の一八七八(明治十一)年、株式取引所条例にもとづいて東京株式取引所(現東京証券取引所)と大阪株式取引所(現大阪証券取引所)が設立された。上場するには一定の情報開示基準を満たさなければならなかった。それは、投資家にとっては、経営者に騙されるモラル・ハザードのリスクが減ることを意味したから、東京株式取引所や大阪株式取引所に上場された企業については、低利回りで投資するようになった。

さらに、一八九九年に商法が施行されると(『詳説日本史』〈日探〉二〇二三 山川出版社、二五四頁)、株式会社の情報開示は標準化され、個々の企業の業績を監視、評価することがさらに容易になった。投資家にとっては、経営者に騙されるリスクがさらに減ることを意味したから、株式だけでなく、社債も、低い利回りで買うようになった。

すなわち、第三象限から第一象限への時計回りの発展を可能にし、加速するのは、国家が企業に対して情報開示を強制する制度の精緻化にほかならない。情報の非対称性から生じるモラル・ハザードが法制度によっておさえ込まれるほど、投資家は株式や社債を通じた資金提供に、より低利回りで応じるようになり、社会全体としてのお金の循環が効率的になるのである。以上をふまえて、教科書において論じられる具体的な事例を分析しよう。

3 具体的な事例

財閥、財閥解体、企業グループ、金融制度改革

財閥 財閥とは、株式を上場せず、借入を行う際にも長期継続的な金融取引を頼る企業形態であり、第一象限に位置するもっとも原始的な企業形態である。資金調達の本質において、近代の三井財閥や三菱財閥と、近世の三井大元方とのあいだに大差はない。国家による株式市場や社債市場の整備が途上であった時期において合理的な組織であった。例えば、仮に三井財閥の祖業である三井物産が戦前に上場されていたとしよう。その場合、利益の配当は、個別の株主に支払われる。その配当の再投資先は個別の投資家が判断する。三井物産の株を買い増すかもしれないし、ほかの会社に投資するかもしれない。これに対して、実際には戦前の三井物産株は三井合名に所有されていたから、三井物産から上がる利益の再投資先は三井合名という、内部資本市場が決める。東京株式取引所という外部資本市場に集う投資家全員による再投資先の判断よりも、三井合名という内部資本市場による再投資先の判断の方が効率的である場合、内部資本市場である三井合名という財閥本社の存在は、効率性の観点から正当化される。明治期、地方の企業勃興を担った地方企業も、同様に非公開の封鎖的な所有と関係的銀行取引を頼っていた［武田 二〇二〇、中村 二〇一〇］。

この財閥という内部資本市場は、近代日本に特殊な何物かではない。近世三井の大元方の機能も同じであるし、一九九〇年代までの韓国の財閥や、現在に至る東南アジア諸国の財閥の機能も同じである。要するに、外部資本市場が未整備である時代、諸国に共通に見られる、原始的な資源配分機構で

ある。

しかし、法制度が市場における情報の非対称性を低めると、東京株式市場からの資金調達の利回りが低くなってくる。このため、とくに一九二〇年代以降、財閥は所有企業の公開を始め、徐々に第三象限から第二象限へと移行し、さらに社債も発行して第一象限にも進みつつあった。こうした動きの結果として、東京株式取引所上場企業の時価総額(上場企業の発行株式数×株価の合計)は一九三〇年代にはGDPを上まわる水準になった。社債発行も活発であり、日本経済は、自生的に、第三象限から第二象限、第一象限への進化を遂げつつあったといえよう[Hoshi and Kashyap 2001]。

戦時統制、財閥解体、企業グループ　ところが、一九三七(昭和十二)年に日中戦争が勃発すると、政府は物資動員のために株式市場と公社債市場を抑圧した。一九三八年の国家総動員法により、株式市場が強く規制され、社債市場が閉鎖されると、企業は資金調達をメイン・バンクからの関係的銀行取引に頼らざるをえなくなる。製造業企業がメイン・バンクを頼らざるをえないように追い込んだうえで、メイン・バンクを保護、規制し、銀行とともに製造業企業を戦争に協力させる仕組みが戦時統制であった。すなわち、第一象限に移行しつつあった財閥系大企業は、戦時統制によって、第二象限に押し戻されたのである[岡崎・奥野 一九九三、Hoshi and Kashyap 2001]。

戦後改革において、アメリカは、日本に透明な株式市場を確立することが、経済民主化の要であると考えた。それゆえに、財閥本社が保有する財閥系企業の株式を日本国政府が買い上げ、個人投資家に売却する財閥解体を断行した(前掲『詳説日本史』〈日探〉三二八頁)。

しかし、アメリカは、日本国政府による公社債市場と銀行の規制の緩和を要求しなかった。財閥解体の結果、たしかに、財閥系企業の株主名簿から財閥本社は消えた。しかし、アメリカによる改革は、公社債市場を規制し、銀行を保護、規制して従わせる戦時統制の根幹を解体しなかったのである。それゆえ、三井物産や三菱商事といった財閥系優良企業は、純然たる上場企業にはなったものの、社債発行ではなく、三井銀行や三菱銀行といったメイン・バンクからの関係的銀行取引に縛りつけられる第二象限に押しとどめられた。この、メイン・バンクとの関係的銀行取引によって結ばれていた企業群が、企業グループと呼ばれている。企業グループには、メイン・バンクに縛られた財閥系企業がたがいの株式をもち合い、優良企業が非優良企業を保護する機能もあった[Hoshi and Kashyap 2001]。

しかし、大企業の借入をメイン・バンクからの借入に限定する公社債市場規制は、日本企業が競争力を増すほど、合理性を失い、また、非金融企業からの支持も失っていくことになる。例えば、三井財閥と三菱財閥の祖業である三井物産や三菱商事は、三井住友銀行や三菱ＵＦＪ銀行からの借入に全面的に依存するよりも、社債を発行することにより、より低利回りの資金を調達することができるようになるからである[Hoshi and Kashyap 2001]。

金融制度改革　日本国政府にとっても、公社債市場の復活は避けて通れない選択となった。一九五八(昭和三十三)～五九年に岸信介内閣(前掲『詳説日本史』〈日探〉三四二頁)によって全住民強制加入の国民健康保険と国民年金が整備され、現在に至る福祉国家が確立された。その結果として拡大する財政赤字を、なるべく低い利回りの国債でまかなわなければならなくなったからである。戦時統制期に公社債市場を閉じた結果として、国債を買った銀行は、満期まで国債をもち続けなければならない状況が続いていた。満期までもつとは、一〇年後、二〇年後の財政赤字やインフレーションのリスクを一身に引き受けることを意味するから、財政赤字の拡大とともに、銀行は高い利回りを要求するようになる。一方、公社債市場を再開すれば、公社債市場にたくさんの投資家が集い、日本国政府の財政について悲観的な投資家は、楽観的な投資家に対してすぐに売り抜けることができる。それゆえに、国債発行時に最初に買う銀行が求める利子率も低くなる。このため、日本国政府は、一九七〇年代末、ついに戦時統制以来の公社債市場規制を解き、復活することにした。この規制緩和は、橋本龍太郎内閣(同三六一頁)が構造改革の一環として構想し、小泉純一郎内閣(同四一四頁)が完了した金融制度改革(金融ビッグバン)によって完結した[Hoshi and Kashyap 2001、内田 二〇一八]。

この規制緩和によって利益を得た経済主体は、大きく分けて二つである。一つは、もちろん、日本国政府と住民である。現在、戦時統制期を上まわる対GDP比国債発行残高を抱えながらも、なお、低い利子率で国債を発行し、福祉国家を維持し、医療保険や年金を享受できるのは規制緩和の賜物である。もう一つは、メイン・バンクの軛《くびき》を解かれた優良企業である。トヨタ自動車や本田技研工業といった独立系企業はもとより、三井物産や三菱商事といった財閥の祖業たる名門企業も、同じ財閥系のメイン・バンクの軛を逃れ、社債発行による低利回りの資金調達を実現している。同じ財閥系の非優良企業の株式を採算度外視で保有し、支援する株式持ち合いも二〇〇〇年代以降、急速に減少し、同じ「三井」、「三菱」を冠する非優良企業の支援を三井物産や三菱商事が断ることも、もはや珍しくはない。

一九二〇~三〇年代、日本の優良企業は一度は、第二象限から第一象限への発展を遂げつつあった。これを妨げたのが戦時統制経済であったが、財閥解体、そして金融制度改革を経て、ようやく、第一象限への発展を完了したのである。

戦前、戦後の独立系企業

日本の産業革命を主導した製糸業(前掲『詳説日本史』〈日探〉二八一〜二八二頁)、紡績業(同二八一〜二八二頁)、鉄道業(同二八三頁)において、財閥は大した役割を果たしておらず、片倉製糸や大阪紡績会社(同二八一頁)、日本鉄道会社(同二八三頁)など、代表的な企業はいずれも、財閥に属さない独立系企業であった。

このうち、製糸企業は、一九二〇年代に片倉製糸株式会社が上場するまで、第三象限にとどまり続けた。片倉家の封鎖的所有であった片倉製糸のような形態のほかに、合資岡谷製糸会社のように、複数の設立者が株式を、未公開のまま封鎖的に所有し続ける場合もあった。借入は、銀行や売込問屋との長期継続的な関係取引に依存していた。事業のリスクが高い製糸業においては、非公開所有と、関係的取引による借入が合理的だったのであろう[中林 二〇〇三]。

一方、鉄道業と紡績業は、膨大な初期投資をまかなうべく、株式会社として設立された。しかし、一八九九(明治三十二)年の商法施行以前には、社債発行による資金調達の構成比は小さく、第二象限の企業として活動していた。商法施行以後、メイン・バンクからの借入から社債発行へと借入金調達の重心を移し、また、小株主を含む株式市場との対話を重視する第一象限へ移動することになる[結城 二〇一一・二〇一二・二〇一三、寺西・結城 二〇一七]。

トヨタ自動車株式会社を生み出した豊田佐吉(前掲『詳説日本史』〈日探〉三〇一頁)の豊田自動織機株式

会社や、本田技研工業といった、戦前から戦後の経済発展を代表する企業も、独立系企業であった。これらの企業は第二象限の企業として設立されたものの、公社債市場を閉めた戦時統制の結果として、必要以上にメイン・バンクへの従属を強いられた企業である。金融制度改革によって社債発行が自由化されたことにより、これらの企業は、現在では銀行への依存を減らし、国内外の公社債市場において低利回りの資金を調達する自由を得ることになった。

依然として残る創業資本家の役割

ただし、冒頭に述べたように、明治期の東京株式取引所が十分に効率的であったわけではない。明治期における東京株式取引所全上場企業の業績を比較すると、創業者である大規模所有者が経営している企業は、従業員が経営している企業よりも、長期的に見て望ましい財務状況にあった。東京株式取引所の機能は依然として未成熟であり、上場企業であっても、創業家の支配が経営に望ましい影響をもつ実態があったのである[Nakabayashi 2019]。

その傾向は現在も続いている。その一つの理由は、**図1**に示したとおり、東京証券取引所が依然としてニューヨーク証券取引所ほどに効率的ではないことに求められる。もう一つには、日本特有の家制度、番頭制度がある。同族企業の場合、近世の家制度において一般的であった成人養子が今でも広く用いられており、優秀な経営人材を外部から抜擢して同族に組み込み、あるいは成人養子候補者である従業員と実子とに経営承継者の座を競わせることによって実子の堕落を防いでいる[Mehrotra et al 2013]。こうした、血統よりも家業を承継して経営する能力を優先し、必要とあれば実父が実子を切り捨てる冷徹な家制度は［大藤 二〇〇一、萬代 二〇二一・二〇二三］、ヨーロッパにも他の東アジアにも見られない近世日本特有の制度であった［川口 二〇一四 一五五〜一五六頁］。この冷徹な養子制度が近世日本における本百姓の持続的経営を支えてきたのだが［Kumon, forthcoming］、現在の同族企業にもこの慣習を続けているものが少なくないのである。さらに、成人養子をとらないまでも、実子の才能ないし経験が不十分であると当代家長が判断した場合、次期社長を実子に代えて従業員ないし外部から抜擢し、創業家の番頭として経営を任せる慣習も幅広く採用されている。こうした近世以来の経営承継慣習が同族資本家の経営力を支えている面もあろう。

〈参考文献〉

内田浩史　二〇一八年「第二章　金融低成長下の日本の金融システム――バブル・危機・停滞下の安定」（深尾京司・中村尚史・中林真幸編『岩波講座　日本経済の歴史　第六巻　現代二　安定成長期から構造改革期〈一九七三―二〇一〇〉』岩波書店）
大藤修　二〇〇一年「村と町」（水林彪・大津透・新田一郎・大藤修編『新体系日本史二　法社会史』山川出版社）
寺西重郎・結城武延　二〇一七年「第二章　近代的金融システムの形成と企業金融」（深尾京司・中村尚史・中林真幸編『岩波講座　日本経済の歴史　第三巻　近代一　十九世紀後半から第一次世界大戦前〈一九一三〉』岩波書店）
岡崎哲二・奥野正寛編　一九九三年『現代日本経済システムの源流』（日本経済新聞社）

川口由彦　二〇一四年『日本近代法制史　第二版』(新世社)

武田晴人　二〇二〇年『日本経済の発展と財閥本社——持株会社と内部資本市場』(東京大学出版会)

中村尚史　二〇一〇年『地方からの産業革命——日本における企業勃興の原動力』(名古屋大学出版会)

中林真幸　二〇〇三年『近代資本主義の組織——製糸業の発展における取引の統治と生産の構造』(東京大学出版会)

萬代悠　二〇二一年「畿内豪農の「家」経営と政治的役割」(『歴史学研究』一〇〇七)

萬代悠　二〇二三年「近世日本の強制隠居慣行——武家・公家・商家・農家の場合」(『三井文庫論叢』五七)　http://www.mitsui-bunko.or.jp/archives/pdf.data/mbr-57_mandai.pdf　ダウンロード無料

結城武延　二〇一一年「企業統治における株主総会の役割」(『経営史学』四六—三)　https://doi.org/10.5029/bhsj.46.3_56　ダウンロード無料

結城武延　二〇一二年「資本市場と企業統治——近代日本の綿紡績企業における成長戦略」(『社会経済史学』七八—三)　https://doi.org/10.20624/sehs.78.3_403　ダウンロード無料

結城武延　二〇一三年「第五章　企業統治の成立——合理的な資本市場と紡績業の発展」(中林真幸編『日本経済の長い近代化——統治と市場、そして組織　一六〇〇—一九七〇』名古屋大学出版会)

Hart, Oliver D. [1988] "Incomplete contracts and the theory of the firm," *Journal of Law, Economics, & Organization*, 4 (1), www.jstor.org/stable/765017.

Hoshi, Takeo and Anil Kashyap [2001] *Corporate Financing and Governance in Japan: The Road to the Future*, Cambridge, MA: The MIT Press, (鯉渕賢訳　二〇〇七年『日本金融システム進化論』日本経済新聞社)

Kumon, Yuzuru (forthcoming) "Adoption, inheritance, and wealth inequality in pre-industrial Japan and Western Europe," *The Journal of Economic History*.

Mehrotra, Vikas, Randall Morck, Jungwoook Shim, and Yupana Wiwattanakantang [2013] "Adoptive expectations: Rising sons in Japanese family firms," *Journal of Financial Economics*, 108 (3), https://doi.org/10.1016/j.jfineco.2013.01.011.

Nakabayashi, Masaki [2019] "Ownership structure and market efficiency: Stockholder/manager conflicts at the dawn of Japanese capitalism," *Journal of International Financial Markets, Institutions and Money*, 61, https://doi.org/10.1016/j.intfin.2019.03.003　ダウンロード無料

34

感染症と衛生

二谷 智子

1 問題の所在

本稿は、近現代における日本の感染症流行と衛生体制の形成について概観し、それらが社会に与えた影響についても触れる。

二〇一九年十二月に中国湖北省武漢市において、新型コロナウイルスの感染患者が確認された。二〇二〇年一月三十日、WHO(世界保健機関)は、新型コロナウイルス感染症について「国際的に懸念される公衆衛生上の緊急事態」と宣言し、二月十一日には同感染症を「COVIT-19」と名づけ、一カ月後にはパンデミックを宣言した。日本では、一月に国内初の感染者が確認された後、三月以降に感染が急速に拡大した。

この情勢を受けて政府は、同感染症を早期に収束させるため対策を講じていく観点から、新型インフルエンザ等対策特別措置法(以下「特措法」と略)の対象に、新型コロナウイルス感染症を時限的に加えることを内容とする「新型インフルエンザ等対策特別措置法の一部を改正する法律案」を国会に提出した。この改正案は、三月十三日に参議院本会議において可決・成立した。同年四月七日、感染者が増加して医療崩壊が危惧される情勢をうけ、政府は、「特措法」にもとづく緊急事態宣言を東京都、埼玉県、千葉県、神奈川県、大阪府、兵庫県、福岡県に発出したが、感染状況などをふまえ、四月十六日には全都道府県を緊急事態措置区域とした。感染状況などを総合的に分析した結果、五月二十五日には、すべての都道府県が緊急事態措置区域に該当しないこととなり、政府は第一回目の緊急事態宣言を解除したのである[榎本 二〇二〇、大曽根 二〇二〇、厚生労働省編 二〇二一]。

それ以後も新型コロナウイルス感染症に対しては、二〇二三年五月八日の「感染症の予防及び感染症の患者に対する医療に関する法律(感染症法)」五類感染症に移行するまでは、その流行状況に応じて様々な対策が講じられた。

そこで本稿では、二十一世紀のパンデミックの経験をふまえ、日本の衛生体制はどのように形成されてきたかという視点から、近代以降の主要な感染症であったコレラと結核を取り上げ、それとの関係で衛生についてまとめる。

なお、「感染症」については、二〇一八年告示の高等学校「歴史総合」の学習指導要領(2「内容」のD「グローバル化と私たち」(1)グローバル化への問い)で言及されているため、「歴史総合」の教科書では扱われることが多いが、「日本史探究」ではほとんど見られない。近代の大きな課題であった衛生体制の形成についても、まとまった叙述はなされていない。また、現在は「感染症」が一般的に使われているが、本稿では、伝染病予防法の時代に、その対象となっていた感染症については、「伝染病」と表記する。

2 コレラと衛生

幕末期のコレラ流行と人々の対応

初めてコレラが日本に侵入したのは、一八二二(文政五)年である。下関から山陽道を東に進み、大坂・京都で大流行し、箱根を越えずに終息した。第二次流行は、一八五八(安政五)年五月にアメリカ船のミシシッピー号が長崎に寄港したことが発端とされ、七月下旬には江戸で大流行し、奥州まで流行はおよび、九月頃まで各地で流行が続いた。その後は、一八五九(安政六)年、六〇(万延元)年、六二(文久二)年と、地域や程度の差はあるが夏期に入ると再燃を繰り返した。完全な治療法や薬はなかったため、都市や農村では人々がコレラ退散を願う様々なかわら版が発行され、地域の共同体による呪術的禦《ふせぎ》行為が行われ、人々はコレラ流行の恐怖を思い知ったのである[青木 二〇〇六、鈴木 二〇二二]。

明治期以降のコレラ流行と衛生体制

明治期のコレラの全国的流行は、一八七七(明治十)年、七九年、八二年、八五〜八六年、九〇〜九一年、九五年、一九〇二年に発生し、なかでも一八七九年と八六年は、全国総患者数が一五〜一六万人を超え、一〇万人を超える死亡者を出した[厚生省医務局編 一九七六b]。当時の日本は、農村では自然流水や井戸が生活に用いられ、上下水道などの衛生設備は都市でもそれほどには普及していなかった。都市住民の糞尿は近郊農村で肥料として使用されることも多く、コレラ、腸チフス、赤痢などの消化器系急性伝染病などが発生すれば、流行しやすい生活環境であった。当時は、こうした急性伝染病の根本的な治療方法はなく、患者が発生すると対症療法と看護に依るのみであった。このため政府はコレラなどの病毒の侵入を防ぐため、海港での検疫を強化し、また病毒の国内侵入後は、流行拡大を阻止するため防疫を行ったのである[杉山二〇〇六a]。

一八七三年に設立された内務省は、殖産興業や地方行政を所管するほか、全国の警察を統括した組織であるが、明治初頭に文部省医務局が所管していた衛生行政も、七五年に内務省に移管されて衛生局となった。当初、衛生局は、地域社会の実情を考慮して衛生行政を進めようとした。しかし、一八七七年のコレラ流行では「虎列刺《これら》病予防法心得」が、七九年のコレラ流行では「虎列刺病予防仮規則」などが布達されて、欧米から導入した消毒・撲滅・遮断・隔離が、警察により行われたのである。政府の防疫手法と地域の人々が受け継いできた伝染病への対応の慣習には隔たりがあったため、社会は混乱し、各地で予防に反対するコレラ騒動が発生した。ただし、地域によっては、地域住民が防疫を自主的に実行した場合もあったのである[杉山二〇〇六a、二谷二〇〇九]。

政府は、官民協力する予防を目指して、一八七九年末に府県に衛生課、町村には公選による町村衛生委員を設け、翌一八八〇年には「伝染病予防規則」を定めた。「伝染病予防規則」では、伝染病をコレラ・腸チフス・赤痢・ジフテリア・発疹チフス・痘瘡の六種としたが、そのほかに、地方長官が内務省に許可を得て定めた流行病についても、同規則が適応された。その意味で、初めて総合的な伝染病予防対策を行う体制が整えられたのである。しかし公選衛生委員制度は、町村の経費難と必ずしも適切な人物を得られなかったため、一八八五年に廃止された。翌年の地方官官制の制定にともない、地方衛生行政は警察に移管され、警察を予防実務者とすることが同年五月の「虎列刺病予防消毒心得書」に示された。一八八六年のコレラ流行では、警察が実務者となり厳重に予防したが、むしろ患者隠蔽が横行したため、翌一八八七年には改訂増補された「虎列刺病予防消毒心得書」に衛生組合の設置が規定された。また一八九〇年の地方官官制の改正では、内務部が衛生事務を管轄することになったのである。

このように明治二十年代の地方衛生行政は自治的予防体制を志向したが、明治二十年代後半からコレラに加えて赤痢が流行し、情勢は変化しはじめた。赤痢はコレラと違い、症状が緩慢で致死率が低く、医師が患者隠蔽に加担する場合もあったため、衛生組合も役割を果たしえなかった。結果として、警官をともなって患者を検診する戸口調査を行わざるをえず、一八九三年の地方官官制改正で、衛生事務は、再度、府県の警察部の管轄下におかれたのである〔厚生省医務局編 一九七六a、竹原 二〇二〇〕。

その後、十九世紀後半の伝染病学の進歩もあり、一八九七年に「伝染病予防法」が制定された。この法律は国内の伝染病予防に効力をもち、しばしば改正されながらも、一九九八(平成十)年に「感染症の予防及び感染症の患者に対する医療に関する法律(「感染症法」)」が制定されるまで、国内の伝染病予防の中心的法規であった〔厚生労働省編 二〇一四〕。こうして急性伝染病についての衛生体制は形成され、衛生行政は一定の効力を発揮したが、その一方で産業革命の進行にともない、慢性伝染病である結核の拡大が深刻化した。

3　結核と衛生

女工と結核

政府は、富国強兵を目指して殖産興業に力を注ぎ、一八七三(明治六)年に設立された内務省は殖産興業に大きな役割を果たし、製糸・紡績などの官営模範工場を経営していたが、軍事工業と鉄道を除く官営事業は一八八四年頃からつぎつぎと民間に売却されていった。一八七二(明治五)年に富岡製糸場が群馬県に設立されてから、繊維産業では西洋からの技術導入と工場制工業化が進展した。産業革命期の繊維産業(製糸・紡績・織物業)を支えたのは、女性労働者である。一九〇〇年には、工場労働者総数約三九万人のうち、繊維産業が約二四万人とほぼ六割を占め、その八八%は女性であった。女性労働者(女工、または工女と呼ばれた)の多くは、苦しい家計を助けるために出稼ぎにきた小作農家などの子女たちで、賃金の前借や寄宿舎制度で工場に縛りつけられ、劣悪な労働環境のもと、低い賃金で長時間の労働に従事していた。紡績業では、電灯を設置して二交代制の昼夜業が行われ、製糸業では労働時間が約一五時間から一八時間におよぶこともあった。女性労働者がおかれた劣悪な労働環境で、とくに問題となったのが結核であった。

日本での結核の流行について述べておく。政府は一八九九年に初めて肺結核死亡数の全国的調査を行ったが、同年の肺結核死亡数は六万六四〇八人、死亡率は人口一〇万に対して一五三であった。そして一九二〇(大正九)年には肺結核死亡者が一〇万人を超え、その死亡率は人口一〇万に対して二三四となった。結核は、明治・大正期の主要死因順位では二位・三位を占め、一九三五(昭和十)年から一九五〇年までは死因順位の一位を占めるに至ったが、第二次世界大戦後は、抗結核薬の開発や人々の生活水準の向上により、死因順位はしだいに下がったのである[立川 一九七一、厚生省五十年史編集委員会編 一九八八b]。

結核菌はロベルト・コッホにより一八八二年に発見された。その後、診断や多岐にわたる病状の解明が進んだが、結核は、多くが空気感染で肺などの呼吸器官での発症が多いが、感染者の大部分は症状を出さず、無症状性、潜伏感染が一般的であり、長い経過をもつ慢性伝染病である。栄養状態や生活条件が良好であれば、そのままになることが多く、潜伏感染の約一〇分の一が発症し、治療をしない場合は発症者の半分が死亡に至る病気で、感染しても外から見て明確な症状がわからず、容易には診断できないため、その対策には難しさがあった[村上 一九九六、加藤 二〇一三]。

一九一一年に工場法が成立した背景には、法案審議に参考資料として提出された『工場衛生調査資料』(農商務省工務局、一九一〇年)が大きく影響した。そこには一九一〇年における国内の若年層を中心とする労働者の疾病状況が、詳細なデータから浮き彫りにされたのである。当時この調査を担当した石原修《いしはらおさむ》は、その後に判明した大阪府外二七県の調査結果を加え、女工に関する調査研究を『衛生學上ヨリ見タル女工之現況』(国家醫學会、一九一三年)として発表した。石原は、農村からの出稼ぎ型賃労働と工場労働および寄宿舎生活における衛生環境の劣悪さの中で、若年労働者が結核に罹患し、彼らが帰郷することで農村に結核が蔓延していく詳細を明らかにして、世に訴えたのである。[篭山 一九七〇、福田 一九九六]。

一九一三年、政府と結核医療関係者により、日本結核予防協会が設立され、翌年には「肺結核療養所ノ設置及国庫補助ニ関スル法律」が制定されて、東京、大阪、神戸に結核療養所の設置を命じた。この法律は、人口三〇万人以上の市に肺結核療養所を設置し、国の経費補助を規定したものである。明治二十年代から兵庫県の須磨浦《すまうら》療病院など私設の結核療養所は建設されていたが、財政的理由で結核療養所の開設は遅れており、同法律は日本の結核対策上に重要な意義をもった。一九一七年には最初の公立療養所として大阪市立刀根山《とねやま》療養所が開設された[福田 一九九六年、青木 二〇〇四年]。

保健衛生調査会と衛生体制

若年層の労働者層の結核感染に加え、明治・大正期には乳児死亡率の高さが問題と認識された。政府は、国民の健康状態、国民の健康を損なう原因とその除去並びに健康の保持増進について調査研究するため、一九一六(大正五)年「保健衛生調査会」を設置した。同調査会の調査事項は、(ア)乳児、幼児、学齢児及び青年、(イ)結核、(ウ)花柳病、(エ)らい、(オ)精神病、(カ)衣食住、(キ)農村衛生状態、(ク)統計の八項目であった。これは当時の公衆衛生問題の重要事項を網羅している。同調査会はつぎつぎに対策を打ち出し、大正時代から昭和初期にかけて公衆衛生法体系の整備と公衆衛生行政の発展に寄与したのである。

一九一九年には結核予防法が制定され、同年十一月一日から施行された。この法律の考え方は、急性伝染病の予防対策に近く、感染源除去対策に重点がおかれていたが、条文には、患者を行政官庁などに報告する届出制度が盛り込まれなかった[厚生省五十年史編集委員会編 一九八八a、青木 二〇〇四]。結核予防法が施行された時期は、ちょうどスペイン・インフルエンザの流行期に重なる。超過死亡にもとづく推計では、一九一八年十月に始まる「前流行」で約二六万人、一九一九年十二月に始まる「後流行」で約一九万人が亡くなっている［速水 二〇〇六］。結核流行にインフルエンザ流行が重なり、一九一八年の結核死亡率は人口一〇万人当たり二五七という最高値を記録した。このような状況下で労働者の健康を保持するため一九二二年四月二十二日に健康保険法が公布され、強制加入方式を採る日本初の公的医療保険が成立したのである［榎 二〇二三］。健康保険法が一九二六年七月一日に施行されてからは、工場法適用の事業所などに健康保険が適用され、結核にも一八〇日間は療養の給付および傷病手当金の支給が行われるようになった［厚生省五十年史編集委員会編 一九八八a］。

しかし、昭和期に入っても結核の治療法自体には変わりはなく、発病すると患者の多くは自宅療養した。結核についての健康相談所は、すでに一九二三年に東京市立江古田療養所の分室として大塚に健康相談所が設けられ、結核に関する外来相談と家庭訪問を行ったのである。政府は、結核予防対策を個人の衛生思想の啓発におくようになり、一九三二(昭和七)年には、日本放送協会(ＮＨＫ)のラジオ納付金の一部を資金として、公立結核予防相談所が全国に設置されることになった［福田 一九九六］。なお、日本の保健相談事業は、母子健康の分野をその起源とする。すでに一九一四年には日本赤十字社京都支部が乳幼児健康相談事業を開始していたが、一九一九年には大阪市立児童相談所が設置され、その後、関東大震災の直前に東京市に児童相談所が設置されるなど、各都市に同種の施設の設置が進められていた［厚生省五十年史編集委員会編 一九八八a、樋上 二〇一六］。

その一方で日本の乳児死亡率は、一九一八年には一八八・六‰《パーミル》と、一八九九年以降の統計上最高値に達して、国際比較でみても大きな問題であると政府は認識していた。保健衛生調査会は、一九二六年、政府に乳児死亡率低減に関する答申を行い、その中で小児保健所の設置を勧告した。政府は、主要都市に小児保健所の設置を奨励し、各都市に医師のほか、訪問指導を行う保健婦をおく小児保健相談所が設置された。さらに一九三六年にジュネーブで開かれた国際連盟主催の欧州農村衛生会議では、当時ヨーロッパで大きな業績を挙げていたヘルスセンターの定義や内容が紹介され、日本でも全般的な健康の指導相談を行う機関として、ヘルスセンターを設置しようという機運が高まっていった。また一九三五年には米国ロックフェラー財団が、公衆衛生学の教育機関として、国立「公衆衛生院」と東京市には都市保健館を、埼玉県に農村保健館を設置するための莫大な寄付をした。同財団は保健館に対し三年間の事業費の補助金も寄付し、同年には公設「京橋特別衛生地区保健館」が、一九三八年には「所沢保健館」が設立された。二つの保健館には、医師、保健婦などがおり、「ヘルスセンター」活動を行う機関で、保健所の原型といわれている[中山二〇〇一]。

こうした中で結核死亡者は、第一次世界大戦後にやや低減傾向であったが、昭和初期から再び増えはじめた。この情勢から政府は一九三三年一月、保健衛生調査会に「結核予防の根本対策」を諮問したのである。一九三四年二月、同調査会の答申において、療養所の飛躍的な整備とともに結核予防相談所網の確立が指摘され、結核対策を国策として強力に推進すべきであるとした。保健衛生調査会の答申を受け、政府は一九三六年に結核予防国民運動を展開し、翌年四月五日には結核予防法の改正を行い、同法は同年七月十日に施行された。改正された結核予防法では、結核患者の届出制、公立結核療養所への入所患者の拡大、結核療養所の設置主体として道府県が追加された。初めて結核患者の届出が規定されたが、届出対象者は開放性(感染性)結核患者に限定されたため、問題が残されたのであ

る。〔厚生省五十年史編集委員会編 一九八八a、福田 一九九六〕。

保健所法の制定と厚生省の設置

一九三七(昭和十二)年七月七日に中国の北京郊外で盧溝橋《ろこうきょう》事件が発生したが、それはやがて日中戦争に発展し、日本は戦時体制に移行した。戦時体制下の衛生行政では、従来からの結核や乳児死亡率の高さなどへの対応に加えて、人口を増加させ、国民の体力を向上させて国防の目的に資する、いわゆる「健兵健民」政策が展開したのである〔高岡 二〇一一〕。

一九三七年四月五日、「保健所法」は、結核予防法の改正と同日に公布され、同年七月十五日から施行された。同法の第一条では、「保健所ハ国民ノ体位ヲ向上セシムル為地方ニ於テ保健上必要ナル指導ヲ為ス所トス」と規定されたが、一九三七年度には全国で四九カ所、その後の五年間で一八七カ所が整備されるに止まった。一九三八年一月十一日に、厚生省とその外局である保険院が設置された。これ以後、保健所に関する事項を含む衛生行政は、厚生省衛生局の所管とされたのである〔厚生省五十年史編集委員会編 一九八八a〕。

一九四〇年には「未成年国民の体力を国権をもって管理」し、「国民は自己の健康を保持増進すべき公法的義務をもつ」とした「国民体力法」が制定された。国民体力法により満一七歳以上一九歳以下の男子(一九四二年以降は、満一五歳から満二五歳までの男子および乳幼児も対象)に、毎年、体力検査が行われた。当時の結核の状況は、一九三九年の結核死亡者数約一五万四〇〇〇人のうち一五歳から三九歳までの若年層が約一一万人弱と七割を超えている状況であり、「国民体力法」は結核予防も目的としていたのである。体力検査では身体計測のほかに、疾病異状検診としてはとくに結核に重点がおかれ、ツベルクリン反応検査・X線検査の集団検診が行われた。この職務を担ったのが、保健所である［厚生省五十年史編集委員会編 一九八八a、中山 二〇〇一］。

さらに一九四二年の「国民体力法」の改正では、体力向上についての指示や療養に関する処置命令の権限など、地方長官の権限の一部が保健所長に移譲された。このため保健所は、たんなる指導機関ではなく、行政機関としての性格も併せもつことになり、保健所網の全国的な整備が急がれた。しかし、戦時下で新たに保健所を整備することは難しく、一九四四年五月、厚生省は、公立健康相談所や小児結核予防所などを保健所に統合整備し、計七七〇カ所からなる保健所網を形成したのである。

保健所網の完成を機会に、その運営について刷新するため、一九四四年十月、関係局長などの連名で「保健所運営ノ刷新ニ関スル件」が通達されて、保健所は、地域における保健・衛生問題に対応する行政庁としての機能を発揮する機関となったが、一九四五年に入ってから戦災を被り、保健所の機能はほとんど壊滅に瀕《ひん》し、終戦を迎えたのである［厚生省医務局編 一九七六a］。

4　戦後の感染症と衛生

第二次世界大戦直後の日本は、多数の人々が疎開先から帰郷し、海外からは引揚げや復員が始まり、加えて食糧事情が悪化しており、コレラ、発疹チフス、痘瘡、性病その他の伝染病が大規模に流行し、マラリアも蔓延するなど公衆衛生水準は、きわめて低い状態にあった。一九四五(昭和二十)年九月二十二日にGHQ(連合国軍最高司令官総司令部)より発せられた覚書「公衆衛生対策ニ関スル件」が出され、そこに示された各種の対策の多くは、保健所が担うものであったが、空襲による施設の破壊や職員の四散で壊滅状態にある中で、保健所を六七五カ所に整理し、これを基礎に再出発し、防疫活動の第一線機関として活動した。一九四七年の地方自治法改正で、都道府県に衛生部と民生部の設置が義務づけられ、同年の警察制度の改革で警察が所管していた衛生警察事務は、全面的に衛生行政部門に移管されることになる。一九四七年九月には「保健所法」の全面改正があり、同法は翌年一月から施行された。保健所が、地方衛生行政機関として位置づけられたのである[厚生省五十年史編集委員会編 一九八八a、杉山 二〇〇六b]。

厚生省は、GHQの強力な指示にもとづいて検疫やDDT(有機塩素系の殺虫剤)散布による防疫対策を徹底する一方、連合国軍によりもたらされた予防接種に関する進歩的医学を取り入れ、当時の緊急伝染病対策として行政措置による予防接種を広範に実施したのである。一九四五年末から流行した発疹チフスに予防接種を実施した結果、その効果を確認し、一九四六年から四七年の腸チフス・パラチフスの流行でも、予防接種の徹底で患者発生数が激減し、効果が確認されたため、一九四八年六月に「予防接種法」を制定した。「予防接種法」は、従来からの天然痘のほか腸チフスなど一二の疾病について予防接種を受けることを国民に義務づけたものである。なお一九九四(平成六)年に予防接種法は改正され、接種は義務規定から努力規定へと改正された[厚生省医務局編 一九七六年a、厚生労働省編 二〇一四年]。

また一九四六年に「国民体力法」は廃止されたが、同年春以降、海外からの復員者および引揚者への結核検診が行われた。そうした中、医学の発達でストレプトマイシン、パスカルシウムをはじめ化学療法剤が出現し、それらの使用で結核の治療効果は著しく上がった。この二つの薬剤は、一九五〇年に社会保険の給付対象となって広く使われ、結核医療への貢献は大きかった。そうした結核医療の進展をうけ、翌年には、新「結核予防法」が制定された。この法律では、戦後の医学の進歩を背景に結核予防体系の確立を図ったが、重要なことは、結核対策を社会保障制度の一環として、医療保険制度の活用に加えて、患者の医療費負担を公費により軽減する制度を設けたことである。戦後の結核対策で、結核の死亡者数は著しく減少し、一九四三年には死亡率(人口一〇万人当たりの死亡者数)は二三五・三であったが、一九五一年には死亡者数が一〇万人を割り、死亡率は一一〇・三と半分以下にまで改善した[厚生省五十年史編集委員会編 一九八八a]。なお二〇〇六年には戦後に規定された新「結核予防法」は廃止となり、結核は、感染症法(一九九八年公布)に定める二類感染症に分類されて位置づけられ、現在に至るのである[国立感染症研究所編 二〇一七]。

結核の死亡者数は著しく減少したが、その一方で脳血管疾患、悪性新生物(がん)、心疾患の死因順位がしだいに上昇し、一九五一年には結核に代わり脳血管疾患が第一位になった。その後、一九五三年には悪性新生物が第二位、五八年には心疾患が第三位となり、いわゆる成人病(生活習慣病)が死因順位の上位を占め、第二次世界大戦後の結核対策が効力を示し、感染症が死亡順位の上位を占めた戦前日本の疾病構造から転換したのである[厚生労働省編 二〇一四]。

おわりに

一九九四(平成六)年に、保健所法が改正され地域保健法になり、一九九七年から施行された。地域保健法の実施で、都道府県保健所だけでなく、政令指定都市・特別区の保健所も含め、保健所は戦時・戦後直後のような地域保健の第一線の機関としての位置づけはされず、保健所は、市町村保健センターを専門的・広域的見地から支援する機関として位置づけられたのである。このため都道府県の保健所は二次医療圏または老人保健福祉圏に一致した区域に設置される方針が厚生省から示され、一九九四年当時六二五カ所あった都道府県保健所は、二〇一七年には三六三カ所にまで減少したのである。『平成五年版　厚生白書』では、その背景には、急激な人口の高齢化、慢性疾患を中心とした疾病構造の変化など地域保健対策をめぐる状況が、保健所の設置を推進した時代から大きく変化したことを指摘している。[厚生労働統計協会編 二〇一八]。

しかしながら四年後の『平成九年版　厚生白書』では、国際化時代の新たな脅威としてエボラ出血熱など新興・再興感染症のリスクを大きく取り上げている。一九九六年にWHOが世界保健報告で「我々は、今や地球的な規模で感染症による危機に瀕している。もはや、どの国も安全ではない」と警告を発し、過去の二〇年間に少なくとも三〇以上の新興感染症が出現し、結核などの古い感染症(再興感染症)が再び猛威を振るい始めたことを指摘していたのである[厚生省編 一九九七]。

二〇二〇年にパンデミックとなった新型コロナウイルス感染症は、感染症の脅威を忘れていた日本社会を揺るがし、二十世紀末には、すでに地域保健行政での役割と位置づけを変えてしまっていた保健所に、本来の役割を要請したのである。

〈**参考文献**〉

青木純一　二〇〇四年『結核の社会史――国民病対策の組織化と結核患者の実像を追って』(御茶の水書房)

青木歳幸　二〇〇六年「近世の西洋医学と医療」(新村拓編『日本医療史』吉川弘文館)五章

榎　一江　二〇二三年「一九二二年健康保険法の再検討」(『社会政策』一五巻二号)

榎本尚行　二〇二〇年「「緊急事態宣言」をめぐる経緯と課題――特措法に基づく新型コロナウイルス感染症対策を中心に」(『立法と調査』四二七号)

大曽根暢彦　二〇二〇年「新型インフルエンザ等対策特別措置法の課題――特措法の概要と国会論議」(『立法と調査』四二七号)

篭山京編集・解説　一九七〇年『女工と結核　生活古典叢書五巻』(光生館)

加藤茂孝　二〇一三年『人類と感染症の歴史――未知なる恐怖を超えて』(丸善出版)

厚生省編　一九九七年『平成九年版　厚生白書』(厚生問題研究会)

厚生省医務局編　一九七六年a『医制百年史　記述編』(ぎょうせい)

厚生省医務局編　一九七六年b『医制百年史　資料編』(ぎょうせい)

厚生省五十年史編集委員会編　一九八八年a『厚生省五十年史(記述編)』(厚生問題研究会)

厚生省五十年史編集委員会編　一九八八年b『厚生省五十年史(資料編)』(厚生問題研究会)

厚生労働省編　二〇一四年『平成二六年版　厚生労働白書』(日経印刷)

厚生労働省編　二〇二一年『令和三年版　厚生労働白書』（日経印刷）
国立感染症研究所編　二〇一七年「〈特集〉結核　二〇一六年現在」（『月報　病原微生物検出情報（ＩＡＳＲ）』三八巻一一号）
厚生労働統計協会編　二〇一八年「地域の医療と介護を知るために——わかりやすい医療と介護の制度・政策　第二三回　保健所と地域保健法」（『厚生の指標』六五巻七号）
杉山章子　二〇〇六年ａ「西洋医学体制の確立」（前掲『日本医療史』）六章
杉山章子　二〇〇六年ｂ「戦後の医療」（前掲『日本医療史』）八章
鈴木則子　二〇二一年「安政五年コレラ流行をめぐる〈疫病経験〉——駿州大宮町桝屋弥兵衛の日記から」（『歴史学研究』一〇一一号）
高岡裕之　二〇一一年『総力戦体制と「福祉国家」——戦時期日本の「社会改革」構想』（岩波書店）
竹原万雄　二〇二〇年『近代日本の感染症対策と地域社会』（清文堂出版）
立川昭二　一九七一年『病気の社会史——文明に探る病因』（ＮＨＫブックス、のち岩波現代文庫二〇〇七年）
中山まき子　二〇〇一年『身体をめぐる政策と個人——母子健康センター事業の研究』（勁草書房）
速水　融　二〇〇六年『日本を襲ったスペイン・インフルエンザ——人類とウイルスの第一次世界戦争』（藤原書店）
樋上恵美子　二〇一六年『近代大阪の乳児死亡と社会事業』（大阪大学出版会）
福田眞人　一九九六年『結核の文化史——近代日本における病のイメージ』（名古屋大学出版会）
二谷智子　二〇〇九年「一八七九年コレラ流行時の有力船主による防疫活動——宮林彦九郎家の事例」

（『社会経済史学』七五巻三号）
村上陽一郎　一九九六年『医療——高齢社会へ向かって　20世紀の日本9』(読売新聞社)

あとがき

最終巻の「あとがき」ということもあり、このシリーズの成り立ちについて触れておくのも、あながち無駄ではないだろう。ただ、以下の記述は、あくまでも編者の一人である私の目に映じたものであることを、あらかじめ断っておきたい。

私がこの企画に関わったのは、二〇二〇年の秋のことだった。少人数の打ち合わせを終え、編者全員が集まる会議を翌年一月に開く計画を進めていたが、新型コロナウイルス感染症対策として二度目の緊急事態宣言が発令され、いったん頓挫する。その頃の資料を見ると、『シリーズ 日本史の論点』(仮称)、全四巻、二〇二三年四月刊行予定といった文字が並んでいる。

延期となった会議が開催されたのは八月の末だった。この席で、全六巻とすることなどとともに、高等学校の歴史教科書を鏡としながら、研究の「現在」を描き出すという方向性を明確に打ち出すことが決まった。編者の顔ぶれや刊行元の得意分野を考慮するとともに、類似の企画に対し独自性を強調するためだったように思うが、もはや記憶もあやふやである。それよりも、オンラインを併用して会議をしたこと、そして終了後に参加者がみな粛々と帰途に就いたことの方を、鮮明に憶えている。まだそうした時期だった。

きびしい残暑の中、この方針のもと、まずは項目の選定に着手した。近現代の編者三名がそれぞれの案をもち寄って協議し、その後に決起集会を開催して気勢を上げた直後の十一月、私が病で急に入院することとなる。しばらく共同作業ができず、近現代の二巻は停滞を余儀なくされる。

翌二二年の一月にゆるゆると作業を再開。夏までには、項目の確定、執筆者の選定と依頼をほぼ終えた。ここから先は執筆者のご尽力により、それまでの難航が嘘のようなスピード感で動き出し、ついにこうして読者のお手許にこの本をお届けするところまで漕ぎつけることができた。

この過程で、編者がもっとも苦労したのは、やはり項目の選定であった。選定の方針は、教科書を基準においたこともあってそれなりに明確で、大きく二種類があった。一つは、教科書でまとまった記述のある古典的な論点のうち、研究の進展などによって、理解が変わりつつあるもの。もう一つは、教科書にまとまった記述はいまだないが、そろそろ検討すべき時期に来ているかもしれないようなもの。前者は、従来の枠組みに沿いながら、それが深化ないし動揺しているようなもの、後者は、そうした枠組みとは異なる試みと言いかえることもできよう。

しかし言うは易く行うは難し。例えば後者についていうと、研究関心も手法も多様化し、いったいいくつあるかもわからないそうした新たな諸研究の中で、編者の知っているのは、自分の関心と響くところのある若干のものに限られ、どう足掻いてみても「全体」を俯瞰することなど不可能である。まして、それらについて、紙数の限られる『日本史の現在』に採り上げるべきかどうかを判断するなど、どだい無理というものだ。

ほかの巻と異なり、編者を三人とすることで視野を少しでも拡げようと試み、その効果はあったと確信してはいる。しかしそれでも、あの項目がない、この項目がないといったご批判は到底免れまい。ただ、むしろそうした批判が出るほどの研究の拡がりこそが、日本近現代史の「現在」にほかならず、一望するのが難しい多様性こそが、いまやかえって日本近現代史の魅力をつくり出しているのではあるまいか。そうであるなら、ここはむしろ悦んでご批判を甘受すべきなのであろう。

一方それと比べれば、前者については、編者に土地勘のあるものも多く、項目もそう大きく外してはいないと自負している。ただこちらの作業をしながらつくづく感じたのは、教科書という出版物の不思議さと、その「現在」である。

高等学校の歴史教科書も、改訂のたびに、少しずつではあるが、変わっている。そのため、主要部分は古典的な学説に依拠しながら、細部までよく読んでみると、最近の学説とも齟齬《そご》がないよう微妙な修正を施したと思わしき箇所もある。教科書を鏡にすると、どうしても「教科書ではこうなっているが、いまの研究ではこうなっている」という、定型的な文章になりがちである。そして現にそうであるなら、それでなんらの問題もない。しかし本シリーズにそうした文章があまりみられないのは、教科書のそういった機微を汲みとることのできる一流の専門家を執筆陣に揃えたことによる。

しかし、同時に教科書は、新しい学説にすぐさま飛びつくようなこともない。そうした傾向が日本史ではもとから強かったことに加え、二〇〇〇年に発覚した旧石器遺跡捏造事件への反省が、まだ生きているからだろう。その意味で、教科書は、社会からの監視や国家による検定によってそれらと緊張感をもつとともに、学界という教科書執筆者たちが属するコミュニティとも、ある種の緊張関係を有していることになる。そうした教科書はいま、研究の圧倒的な多様化の前に、どうしようかと思い悩みつつ、たたずんでいるかのようにみえる。教科書は今後どうあるべきなのか？　読者には、本書を通じて、そういったことについても、思いを馳せてもらえたら幸いである。

ここまで、編者の苦労を書き連ねてきたが、そんなのは高が知れたもので、さらに大変だったのは間違いなく執筆者の方々だろう。人文・社会系の諸学問の中で、歴史学は、高等学校の教科書との距離が比較的近い分野ではある。教科書の執筆に携わっていたり、またそうでなくとも、入学試験の出題その他で教科書に目を通さざるを得なかったりと、それに触れる機会も少なくはないからだ。

だからといって、常日頃から教科書のことを気にして研究している歴史家など、どこにもいないだろう。その意味で、この『日本史の現在』という企画は、執筆者に、普段はまずすることのない作業を強いたことになる。それにもかかわらず、文句も言わずに玉稿を寄せてくださったことに対し、あらためて心より感謝申し上げる。

やや内向きの話に終始したが、とにかく編者と執筆者はそれなりに努力をした。そしてそれはひとえに読者のためになると信じてのことである。それこそが読者の要望に応えるものとなると思ってのことである。ただ、こうした思いが適切であったかどうかの判断は、読者に委ねるほかない。

山口　輝臣

執筆者一覧（執筆順）

沼尻 晃伸（ぬまじり　あきのぶ）　立教大学教授
古川 隆久（ふるかわ　たかひさ）　日本大学教授
福家 崇洋（ふけ　たかひろ）　京都大学准教授
小野沢 あかね（おのざわ　あかね）　立教大学教授
外村 大（とのむら　まさる）　東京大学教授
安達 宏昭（あだち　ひろあき）　東北大学教授
山口 輝臣（やまぐち　てるおみ）　東京大学教授
大串 潤児（おおぐし　じゅんじ）　国立歴史民俗博物館教授
齋藤 邦明（さいとう　くにあき）　東洋大学准教授
河西 秀哉（かわにし　ひでや）　名古屋大学准教授
加藤 千香子（かとう　ちかこ）　横浜国立大学名誉教授
戸邉 秀明（とべ　ひであき）　東京経済大学教授
老川 慶喜（おいかわ　よしのぶ）　立教大学名誉教授
小堀 聡（こぼり　さとる）　京都大学准教授
塩出 浩之（しおで　ひろゆき）　京都大学教授
中林 真幸（なかばやし　まさき）　東京大学教授
二谷 智子（ふたや　ともこ）　愛知学院大学教授

日本史《にほんし》の現在《げんざい》6　近現代《きんげんだい》②

2024年7月10日　第1版第1刷印刷　　2024年7月20日　第1版第1刷発行

編　者　　鈴木《すずき》 淳《じゅん》・山口輝臣《やまぐちてるおみ》・沼尻晃伸《ぬまじりあきのぶ》

発行者　　野澤武史

発行所　　株式会社　山川出版社

〒101-0047　東京都千代田区内神田1-13-13

電話　03(3293)8131(営業)　03(3293)8135(編集)

https://www.yamakawa.co.jp/

印刷所　　半七写真印刷工業株式会社

製本所　　株式会社　ブロケード

装幀・本文デザイン　　黒岩二三［Fomalhaut］

ISBN978-4-634-59144-8

●造本には十分注意しておりますが，万一，落丁・乱丁本などがございましたら，小社営業部宛にお送りください。送料小社負担にてお取り替えいたします。

●定価はカバーに表示してあります。